프랑스 여자는 늙지 않는다°

나이들수록 아름다운 프랑스 여자들의 비밀

프랑스 여자는 늙지 않는다

초판 1쇄 발행 2016년 1월 18일
초판 9쇄 발행 2022년 3월 2일

지은이 미레유 길리아노
옮긴이 박미경
펴낸이 유정연

이사 임충진 김귀분
기획편집 신성식 조현주 심설아 김경애 이가람 **디자인** 안수진 김소진
마케팅 박중혁 김예은 **제작** 임정호 **경영지원** 박소영

펴낸곳 흐름출판(주) **출판등록** 제313-2003-199호(2003년 5월 28일)
주소 서울시 마포구 월드컵북로5길 48-9
전화 (02)325-4944 **팩스** (02)325-4945 **이메일** book@hbooks.co.kr
홈페이지 http://www.hbooks.co.kr **블로그** blog.naver.com/nextwave7
출력 · 인쇄 · 제본 성광 인쇄 **용지** 월드페이퍼(주) **후가공** (주)이지앤비(특허 제10-1081185호)

ISBN 978-89-6596-177-2 03320

나이들수록 아름다운 프랑스 여자들의 비밀

미레유 길리아노 지음 | 박미경 옮김

프랑스 여자는 늙지 않는다°

흐름출판

마흔이 넘으면 그 누구도 젊지 않다.
하지만 나이와 상관없이 거부할 수 없을 만큼 매력적일 수 있다.

Personne n'est jeune après quarante ans mais on peut être irrésistible à tout âge.

— 코코 샤넬(1883-1971)

French women
Don't get facelifts°

프롤로그

나이 먹기는 마음먹기에 달렸다

지난 해 여름, 프로방스에서 있었던 일이다. 한 꼬마가 내게 다가와 "아줌마 참 늙었네요."라는 말을 했다. 프랑스인과 인도인 피가 반반씩 섞인 네 살짜리 꼬마의 당돌한 발언에 나는 "그래, 아줌만 늙었단다."라고 대꾸해주었다. 달리 뭐라고 말을 하겠는가? 어린아이의 눈에는 마흔 살만 넘어도 다 늙어 보이는 법인데. 꼬마의 아버지가 놀라 얼른 사과했지만, 예순을 넘기고 나니 나도 거울에 비치는 내 모습이 어떤지 누구보다 잘 안다. 게다가 이젠 TGV 열차를 탈 때 경로 우대용 티켓을 구입한다. 그렇지만 우대받을 만큼 쇠약하고 기운이 없다고는 생각하지 않는다.

늙었다는 소리를 듣고, 경로 우대를 받긴 해도 머릿속으로는 전혀 그렇게 생각하지 않는다. 물론 가끔은 내가 늙었구나 생각할 때도 있고 실제로 늙어 보일 때도 있다. 하지만 대체로 나이를 의식하지 않고 산다. 언제부터인지 나이 헤아리는 걸 그만뒀다. 시간 여행자처럼 옛날

사진 속의 내가 지금 이 순간을 사는 것 같다.

TGV를 타고 여행하다 보면 그 어느 때보다 행복하다는 생각이 든다. 참 이상하다. 사람들은 흔히 나이 들고 늙는 걸 두려워한다. 그래서 요즘엔 예순, 심지어 일흔이 되어도 자신이 늙었다고 생각하지 않고 아흔은 돼야 늙었다고 느낀다.

그런데 내가 태어난 프랑스에서는 나이가 들어 좋은 점이 많다고 생각하는 사람이 의외로 많다. 대체로 예순다섯에서 일흔 사이의 사람들이 가장 행복함을 느낀다고 한다. 이해가 안 간다고? 전문가는 그것이 사람들의 성숙도와 관련된다고 말한다. 성숙한 사람은 남녀를 불문하고 현명하게 선택하고 가진 것에 만족한다는 것이다. 확실히 그 나이가 되면 아등바등하지 않고 인생을 관조하는 경향이 있다. 뭔가가 되려 하기보다는 존재 자체에서 기쁨을 느낀다. 더 높은 자리나 더 나은 직업에 연연하지 않고 친한 사람들과 즐겁게 교류하며 자신의 호불호와 한계를 있는 그대로 받아들인다. 아울러 젊었을 때처럼 매달 찾아오는 생리나 생리 전 증후군에 시달리지도 않는다.

한편 미국은 모든 일이 젊은층 위주로 돌아가고 결과에 집착하는 문화가 팽배해 있기 때문에 나이 먹는 것을 부정적으로 바라본다. 우리처럼 나이 든 사람은 멀티태스킹에 능하지 못하다. 아흔네 살 먹은 내 미국 친구는 "늙는 건 정말 끔찍해."라는 소리를 자주 한다. 아, 물론 10대로 사는 게 더 끔찍할 거라고 말하는 사람도 더러 있다. 어쨌거나 나는 현명한 조언을 해주는 주변 사람의 말을 새겨듣는데, 그들은 인생의 다음 단계를 즐겁게 맞이하려면 지금 할 수 있는 것을 생각하라고 말한다. 프랑스 사람은 거창한 '행복'보다는 삶의 만족을 추구한다. 그래서 경제학자는 물론 사회학자와 심리학자까지, 만족스러운 삶을 살기 위한 요소가 무엇인지 알아내려고 애쓴다. 그들의 연구 결과에 따르면 스무 살에서 쉰 살 사이에 속하는 사람들이 가장 행복하지 않다. 특히 마흔다섯 살부터 쉰 살 사이의 만족도가 가장 낮고, 그러다가 일흔 살에 이를 때까지 꾸준히 높아진다. 그러니 행복의 길로 새롭게 접어드는 쉰 살 생일을 확실히 기념하도록 하자.

30대와 40대에 나는 나이 먹거나 늙는 것에 크게 신경 쓰지 않았다. 내가 처한 상황에서 늘 최선을 다해 열심히 살았다. 하지만 바쁜 중에도 건전한 생활 방식을 고수하려고 애썼다.

나는 앞으로도 살아갈 날이 아주 많다. 그 시간을 최대한 즐겁게 보내기 위해 노화에 제대로 대처할 방법을 알고 싶다. 나만 이런 생각을 하는 건 아닐 것이다. 내가 아는 어떤 사람은 아흔네 살까지 살게 될 줄 몰랐다며 말년을 제대로 준비하지 못한 걸 늘 후회했다. 그렇게 오래 살 욕심은 없지만 앞으로 살아가야 할 날들을 멋지고 건강하게 보내고 싶은 마음은 있다.

세계는 고령화 사회로 접어들었다. 유럽과 미국, 중국을 비롯한 대부분 나라가 점점 늙어가고 있다. 나는 베이비붐 세대이다. 날마다 7천 명이 넘는 미국인이 예순다섯 살 생일을 맞는다. 미국의 노년층 인구는 현재 12%이고 2030년까지 18%로 늘어날 전망이다. 이런 추세는 다른 나라도 예외가 아니다. 2025년에는 일본 전체 인구의 3분의 1이 예순다섯 살이 넘을 것이다.

내가 프랑스 출신이라는 이유로 사람들은 내게 '우아하게 나이 먹는' 비결이 뭐냐고 자주 물어본다. 그런데 나는 '우아하게' 나이 먹는다는 표현을 좋아하지 않는다. 나이 먹기는 마음먹기에 달려 있기 때문에 나는 '당당하게 나이 먹자'고 주장한다.

프랑스에서 태어났지만 미국에 살고 여러 나라를 두루 다니다 보니 다양한 문화를 접할 기회가 많았다. 나는 각 문화의 장단점을 접하면서 어떤 문화가 여자에게 좋은지, 혹은 나쁜지 알게 되었다. 우선, 주름 제거를 위해 얼굴에 칼을 대는 미용 성형수술에 대해 말해보자.

요즘 사람들은 성형수술을 종교처럼 맹신한다. 성형외과를 문턱이 닳도록 드나들며 얼굴을 하도 당겨대는 바람에 표정을 제대로 짓지 못하는 사람도 있다. 프랑스 여성 역시 아름다움에 관심이 많지만 미국 여성처럼 주름을 없애려고 얼굴에 칼을 대지는 않는다. 그런데도 프랑스 여자는 나이와 상관없이 우아함과 치명적 매력을 고루 갖춘 선망의 대상이다. 프랑스 여자는 특히 자연스러운 외모와 분위기를 추구한다. 그래서 영양크림과 스크럽제를 많이 사용하고 간혹 보톡스나 필러를 맞는다. 얼굴에 칼을 대기보다는 먹는 음식과 바르는 화장품에 신경 쓴다. 굳이 의술의 힘을 빌린다면 지방 흡입술일 때가 많다.

그렇다고 나날이 팽창하는 미용 성형수술에 반기를 들겠다는 건 아니다. 통계치를 보면 아시아인들이 성형을 얼마나 좋아하는지 금세 알 수 있다. 미국 가정에 에어컨 보급률이 87%에 이를 정도로 보편화된 것과 비슷하다. 에어컨을 온도를 통제하는 효율적이고 현명한 방법이라고 생각하듯이, 사람들은 성형수술을 4천 년 전통의 유서 깊은 방법이라고 생각한다. 하지만 성형수술은 우리를 더 젊게 해주거나 수명을 늘려주지는 못한다. 그저 한 사람의 전체 모습 중 일부만 바꿔놓을 뿐이다. 나는 당당하게 나이 먹기 위해 겉모습을 손보는 것보다 속부터 손보기를 바란다.

인생 중반기 이후를 시작하기 전에 방침을 정해야 한다. 아울러 '너 자신을 알라'는 원칙에 입각해 전략과 상식, 삶의 열정을 두루 갖춰야 한다. 사는 동안 다양한 경험을 하면서 '나는 내 피부에 만족하자bien dans sa peau'라는 원칙을 지키며 살고 있다. 당신과 나는 유전적으로 같지 않다. 사는 곳도 다르고 사용하는 자원도 다르다. 하지만 기본적인 마음가짐은 같을 수 있다. 자신의 피부에 만족하고 겉모습을 있는 그대로 받아들이며 사는 것이다. 사람은 누구나 특별하기에 모두에게 통하는 방법이란 없다. 그러므로 당신에게 맞는 고유한 방법을 찾아야 한다. 당신을 위해 대신 숙제해줄 사람은 없으니 당신의 숙제는 당신이 해야 한다. 당신이 명심해야 할 첫 번째는 바로 정신적 접근 방식, 즉 마음가짐이다.

오늘날 미디어에 등장하는 일부 연예인 때문에 상황이 아주 심각해졌다. 우리는 전보다 더 오래 살지만 젊음에 대한 숭배로 여자들은 남의 시선을 의식하고 어떻게든 더 어려 보이려 안달한다. 혹은 정반대로 일찌감치 포기하는 여자들이 속출한다. 마흔을 넘기면 많은 여자들이 흔히 말해 '될 대로 되라'는 식으로 포기해버린다. 주변을 둘러보라. 뚱뚱한 몸매를 가리려고 헐렁한 옷만 걸치고 다니는 여자가 얼마나 많은가? 그러다 토크쇼에 나온 유명인의 다이어트 성공담을 듣고 문득 자신을 돌아본다. 그리고 각종 여성 잡지와 블로그에 나온 온갖 비법과 팁, '전문가'입네 떠벌리는 사람들이 추천하는 묘책에 현혹된다. 내가 보기에 미국 여자들은 대개 극단적으로 행동하는 경향이 있다. 죽기 살기로 덤비든가, 아니면 될 대로 되라는 식으로 포기하든가 둘 중 하나다. 다이어트뿐 아니라 노화에도 그런 식으로 접근한다. 젊고 완벽하게 보이려고 안달하지만 노화라는 미끄러운 비탈길에서 균형을 잡지 못해 마구 비틀거린다. 그러다 늙었다는 생각이 들면 금방 포기해버린다. 왜 그럴까? 바로 마음가짐이 문제이다. 결국 심리적, 정서적 상태가 우리의 '겉모습'에 지대한 영향을 미치는 것이다.

우리를 젊고 늘씬하고 아름답게 변신시키려는 새로운 요리법과 다이어트 비법, 제품이 거의 매주 등장한다. 그런 방법들이 다 효과가 있을까? 대부분 그렇지 않다. 오히려 당신에게 맞는 자연스럽고 즐거운 방법을 스스로 고안하는 게 낫다. 날마다 규칙적으로 할 수 있는 간편한 의식을 만들어 실천하고, 해가 갈수록 조금씩 수정해서 행하라. 극단적이거나 고통스러워서는 안 된다. 일찍 시작할수록 좋고 아무리 늦어도 마흔에는 시작해야 한다. 마흔은 자연이 보내는 출발 신호이다. 마흔을 넘겼더라도 포기하지 말고 얼른 합류하라.

이 책에는 마흔 이후 노화에 대처하는 접근 방식이 다양하게 제시되어 있다. 부지런히 준비한다면 인생의 중반기 이후를 기쁘고 즐겁게 맞이할 수 있을 것이다. 쉰 살이 넘었다고? 이러한 비법을 배우고 공유하는 데 너무 늦은 시기란 없다. 다양한 방법 중 당신에게 맞는 것을 골라 실천하라. 유익하고 좋은 방법은 반복해서 실었다. 손쉽게 성공할 수 있도록 다양한 정보와 새로운 팁은 물론 내가 겪었던 재미있는 에피소드도 소개한다. 젊음의 샘물은 책이나 인터넷에서 저절로 솟아나지 않는다. 마음을 단단히 먹고 끝까지 파고들어야 얻을 수 있다. 이 책은 여자들이, (넓게는 남자들도) 자신의 외모와 건강을 좋게 변화시키고 즐겁게 살아갈 방법을 찾도록 이끌어줄 것이다. 아울러 몇 살이든 자신의 피부에 만족하도록 도와줄 것이다. 나는 여러분 모두에게 노화의 맹렬한 공격에 맞설 무기를 갖추라고 촉구하는 바이다. 무기만 잘 갖춰도 몸과 마음에서 10년은 덜어낼 수 있다.

자, 지금부터 돌격 앞으로!

Chapter
01

프랑스 여자들의
마음가짐 °

———

거울을 들여다볼 때 자신에게 물어봐야 할 구체적 질문은 나중
에 살펴볼 것이다. 일단은 이 '마음가짐'이 어떤 힘을 발휘하는
지 알아보도록 하자. 우리 인간에게는 존재하는 그 순간부터 노
화를 방지할 마법의 약이 있다. '마음가짐'이 바로 그 묘약이다.

01°

평생 금발 콧수염을 멋지게 길러온 남편이 얼마 전에 뜬금없이 이런 말을 했다.

"여보, 내 콧수염이 하얗게 셌어."

흠, 허옇게 센 지 3년은 된 것 같은데 이제야 알아차렸나?

날아다니는 파리가 생각이란 걸 할 줄 안다면 거울을 보고 무슨 생각을 할까? 그거야 나는 모르는 일이다. 하지만 노화 문제를 어떻게 다스려야 할지는 확실히 안다. 바로, 나이를 먹을수록 거울을 볼 때 자신의 겉과 속을 제대로 봐야 한다는 것이다. 그런데 실제로 그렇지 못한 사람이 많다. 우리는 거울 속에서 현재의 자신을 보지 못하고 흔히 과거의 자신을 본다. 때로는 우리가 되고 싶은 모습이나 생각하는 모습에 사로잡혀 있기도 하다.

곱게 나이 먹고 늘어지는 피부를 여유 있게 바라보고 나이 든다는 사실을 즐겁게 받아들이려면, 자기 자신을 제대로 알아야 한다. 그리고 자기 자신을 제대로 알려면, 이따금 거울에 비친 자신을 냉철하게 관찰해야 한다.

또 무엇을 해야 할까? 노화 방지에 관한 책이나 잡지를 집어 들면, 혹은 관련 프로그램을 보거나 들으면, 으레 건강과 외모, 운동, 영양, 라이프스타일, 기적의 의술(흔히 미용 성형외과로 알려진 의료 분야), 인간관계 등이 빠지지 않고 등장한다.

나는 여기에 '마음가짐'이라는 항목을 추가하고 싶다. 그래야 자기자신을 제대로 평가하고 나아가 그런 자신을 개선할 수 있다.

거울을 들여다볼 때 자신에게 물어봐야 할 구체적 질문은 나중에 살펴볼 것이다. 일단은 이 '마음가짐'이 어떤 힘을 발휘하는지 알아보도록 하자. 우리 인간에게는 존재하는 그 순간부터 노화를 방지할 마법의 약이 있다. '마음가짐'이 바로 그 묘약이다.

French women's attitude
프랑스 여자들의 마음가짐

중력은 프랑스를 비롯해 세계 어디서나 똑같이 작용한다. 얼굴이 축축 처지는 60대나 70대에 이르면 특히 그렇다. 그런데 노화에 관한 한, 프랑스 여자들은 다른 문화권 여자들과 다른 사고방식으로 접근한다. 프랑스 여자들이 몸치장이나 의상, 영양 섭취, 얼굴과 피부 관리에 더 유난을 떠는 건 결코 아니다. 프랑스와 다른 문화권 여자들의 차이는 '마음가짐' 면에서 두드러지게 나타난다. 우선 프랑스 여자들은 나이 먹는 것을 다르게 정의한다. 세계 각국에서 최근 진행된 한 여론조사에 따르면, 프랑스 사람들이 노화를 가장 적게 걱정한다고 한다. 그리고 프랑스 사람 중 3분의 1 정도가 여든은 되어야 '늙었다'고 생각한다.

프랑스에서는 40대나 50대 여성도 여전히 매혹적이며 뭇 남성의 마음을 설레게 한다. 그들은 자신의 매력을 당당하게 드러내지만 그렇다고 풋풋한 청춘인 척 행동하지는 않는다. 대체로 현재의 자기 자신에게 만족하며 살아간다. 자신을 돌보고 체중과 외모에 어느 정도 신경 쓰지만, 20대처럼 보이려고 애쓰지 않는 것이다. 미국을 비롯한 대다수 나라는 청년 문화가 우세하지만 프랑스는 그렇지 않다. 프랑스 여배우 하면 떠오르는 인물을 한번 말해보라. 인형처럼 예쁘고 상큼한 10대나 20대 여배우가 떠오르는가? 천만에! 필시 우아하고 매혹적인 분위기의 나이 지긋한 여배우가 떠오를 것이다. 줄리엣 비노쉬는 어떤가? 그녀는 1964년생이다. 여전히 만인의 우상인 카트린느 드뇌브는? 놀라지 마시라. 그녀는 1943년생이다. 마리옹 코티야르 같은 30대 후반 여배우도 연륜이 쌓이면서 '원숙미'가 더해졌다.

물론 프랑스 영화에도 젊은 여배우가 등장한다. 하지만 그들도 하나같이 쭉쭉빵빵한 미녀는 아니다. 가슴은 납작하지만 생기발랄한 아멜리에를 생각해보라. 50대가 넘은 프랑스 여자를 자기보다 어린 애인과 노닥거리는 인물로 그리는 영화는 거의 없다. 영화에서 프랑스 여자는 주로 하급 공무원으로 나오거나 은밀한 욕망의 대상으로 그려지지만, 실제 생활에서는 정도의 차이는 있으나 대개 '지식인'으로 존경받는다. 프랑스 여자는 고등학교 시절부터 루소와 데카르트를 인용할 줄 알고, 식탁에 오르는 요리에서 최신 정치 스캔들까지 어떤 주제를 놓고도 열띤 토론을 벌일 수 있다. 어른이 됐다는 말은 철이 들었다는 뜻이다. 철이 들었다는 말은 중력 때문에 피부가 늘어진다는 따위의 쓸데없는 걱정을 덜 한다는 뜻이다. 프랑스 여자는 어느 연령이든 현재 삶에 충실하게 살아간다.

요즘의 50대는 예전의 40대나 마찬가지라는 얘기를 들어봤을 것이다. 결국 나이는 숫자에 불과하다. 나는 쉰아홉이 지나면 완전히 새로운 60대를 맞이할 것이라는 글을 쓴 적도 있다. 아, 갑자기 생각났는데 〈뉴요커〉 잡지에 '일흔다섯이 되면 갈 데까지 간 것이다'라는 카툰이 실린 일이 있었다. 나는 그렇지 않기를 진심으로 바란다. 어쨌거나 70대가 되었다고 해서 나이를 거꾸로 먹을 수는 없잖은가! 60대나 50대도 마찬가지다. 그러니 마음가짐을 프랑스 여자들처럼 지니도록 하자. 카르페디엠 Carpe diem! 나이보다 젊어 보이려 애쓰지 말고 오늘 하루 최선을 다하자!

Feeling groovy
유쾌하게 살기

"세상만사 마음먹기에 달렸다."

"자꾸 생각해봤자 머리만 아프다."

사람들은 이런 말을 자주 한다. 하늘 아래 새로운 것은 없으니 처한 상황을 받아들이고 슬기롭게 이겨내자는 얘기일 것이다. 그런데 우리 주변에서는 이런 말도 심심찮게 들린다.

"안타깝게도 그 여자는 삶의 의욕을 잃은 것 같다."

아무리 새로운 게 없는 세상이라지만 '인생은 오십부터'라는 말에 희망을 걸어보자. 이 주문은 확실히 효과가 있을 뿐만 아니라 인문과학이라는 과학적 증거도 확보했다. 그리고 '정신 신경 면역학'이라는 그럴듯한 이름도 붙었다. 믿음은 그만큼 강력한 치료제다.

'플라시보 효과'라는 말을 들어봤는가? 어떤 치료나 약물의 효과를 굳게 믿을수록 건강이나 행동이 개선될 가능성이 크다는 말이다. 심리적 효과 덕분에 불안과 통증, 우울증 같은 다양한 이상 증상이 확실히 줄어든다. 면역 체계가 뇌와 연결되어 있으며 신경전달물질과 호르몬이 복잡하게 교류한다는 사실은 이미 수십 년 전에 과학적으로 입증된 사실이다.

물론 의식적 믿음과 무의식적 조건화가 노화를 막는 만병통치약은 아니다. 하지만 면역반응과 호르몬 분비 같은 신체 기능을 조절하는 데는 탁월한 효과가 있다. 아이에게 밴드를 붙여주면 특별한 의학적 이유가 없는데도 아이의 흥분이 가라앉는 것을 볼 수 있다. 유대 관계가 끈끈한 사람이 암 같은 심각한 병도 더 잘 이겨낸다고 한다. 이것들은 엄밀히 따졌을 때 플라시보는 아니지만, 뇌가 신체 건강에 지대한 영향을 미치며 정신 건강에도 분명히 연관되어 있는 건 사실이다. 명상은 망상과 스트레스를 사라지게 하며 마음의 평정을 얻는 데 효과적이다. 명상으로 혈압을 낮추고 통증을 누그러뜨리며 뇌를 비롯한 여러 신체 기능을 긍정적으로 변화시킬 수 있다. 다시 말해 우리에겐 스스로를 기분을 좋아지게 할 힘이 있다. 이 놀라운 능력을 충분히 인식하고 제대로 활용해야 한다.

실현 가능한 계획을 세우고 다양한 상황을 고려한 다음, 중반기 이후 삶의 여러 단계에서 우리가 할 수 있고 또 해야 할 것을 제대로 준비해야 한다. 이렇게 정신적으로 무장하면 병에 쉽게 걸리지 않고 평생 즐겁게 살아갈 힘을 기를 수 있다. 당신은 유쾌하게 살고 있는가? 나는 그렇게 살려고 늘 노력한다.

Meet eighty plus yvette
매 순간 즐겁게 사는 이베트

나는 프랑스 동부에 있는 로렌 지방에서 자랐는데, 여름이면 알자스에 사시는 할머니의 농가에서 한두 달을 보내곤 했다. 그때마다 보모인 이베트가 짐을 챙겨 나를 데리고 갔고 할머니 집에서 지내는 동안 살뜰하게 챙겨주었다. 할머니가 손녀를 엄하게 대할 때마다 보듬어준 사람도 이베트였다. 한 가족이나 마찬가지였던 이베트는 나중에 결혼해 우리 집을 떠났다. 그리고 얼마 후엔 돌봐야 할 자신의 아들과 딸이 생겼다. 그즈음 나도 보스턴 근교의 어느 고등학교에 교환학생으로 떠났다. 대학은 파리에서 다녔지만 결혼한 뒤로는 뉴욕에 정착해 쭉 살고 있다. 그래서 우리는 주로 우리 어머니를 통해 소식을 주고받았고, 어쩌다 내가 프랑스에 방문할 때면 만나곤 했다. 자주 연락하거나 만나지 못해도 마음으로는 아주 가까운 사이이고, 어머니가 은퇴하고 프랑스 남부 지역에 정착한 뒤로는 이베트가 우리 어머니를 챙겨주고 있다. 이베트도 남편이 세상을 뜬 뒤 프랑스 남부 지역, 정확히 말하면 항공기 제작사 에어버스의 본사가 있는 툴롱에 자리를 잡았다. 툴롱은 프랑스의 대표적 휴양지 리비에라에 있는 도시로, 그곳에서 이베트는 새로운 동반자를 만나 80대를 아주 멋지게 보내고 있다. 그들은 끝내주게 멋진 트레일러를 구입해 아파트에서 30분 거리에 있는 트레일러 공원에서 캠핑을 즐기기도 한다. 내가 여름에 프로방스에서 지내는 동안에는 한 번씩 나를 보러 온다.

지난여름에는 이베트의 유쾌한 동반자와 프랑스 북쪽에 사는 아들 클라우드도 함께 왔다. 우리는 커피를 마시고 트로페지엔 타르트를 먹으며 담소를 나눴다. 브리짓 바르도가 이름 붙인 이 타르트는 둘이 먹다 하나가 죽어도 모를 만큼 맛있다. 이베트와 나는 미식가라 트로페지엔 타르트를 무척 좋아한다. 아무튼 그날의 대화는 뉴욕에 대한 얘기로 흘렀다. 클라우드는 몇 년 전에 세 딸을 데리고 뉴욕을 방문했었는데, 딸들이 또다시 뉴욕에 가고 싶다고 졸라댄다고 했다. 그러자 이베트도 거들고 나섰다.

"실은 나도 뉴욕에 꼭 가보고 싶구나. 미레유 네가 사는 모습도 보고 뉴욕이 얼마나 멋진지 둘러보고 싶어."

이베트는 마지막으로 이 말을 강조했다.

"이왕이면 '늙기 전 avant de vieillir'에 갔다 왔으면 해."

그야말로 당당하게 나이 먹는 사람다운 말이었다. 쇠뿔도 단김에 빼랬다고, 우리는 그 자리에서 11월 첫째 주로 약속을 잡았다. 이베트가 자리를 뜬 뒤 함께 커피를 마시던 다른 손님이 말했다.

"이베트는 나이보다 젊어 보이는군요. 아니, 나이보다 훨씬 젊게 산다고 하는 편이 맞겠네요."

맞는 말이다. 이베트는 어떤 자리에서 누구를 만나든 늘 유쾌하다. 눈빛만 봐도 그녀가 삶을 사랑하고 매 순간 즐겁게 산다는 사실을 단번에 알 수 있다.

몇 달 뒤, 나는 이베트의 방문 일정을 조율하려고 클라우드에게 이메일을 보냈다. 클라우드는 어머니가 아주 건강하며 삶의 활력이 넘치고, 아직도 호기심이 많고 유머 감각도 여전하다고 전했다. 식사량은 전보다 좀 줄었지만 여전히 잘 챙겨 먹고, 살이 약간 빠졌지만 자신의 건강 상태에 만족한다고도 했다. 내가 사는 곳을 구경하는 것 외에 무엇을 더 하고 싶어 하는지 물었더니, 뮤지컬과 오페라를 보고 싶어 한다고 알려주었다. 몇 주 뒤에 보낸 메일에서는 프로 농구 경기도 관람할 수 있는지 물어왔다. 아마도 매디슨 스퀘어 가든이 세계에서 가장 유명한 경기장이라는 얘기를 들었나 보다. (나는 지금까지 로마의 콜로세움이 그렇다고 생각했다.) 불편한 곳은 없느냐고 물었더니 계단을 오르내리는 것만 힘들 뿐 걸어 다니는 건 너끈하다고 했다. 그건 아무 문제도 아니었다. 우리 아파트엔 15층까지 엘리베이터가 운행하니 전혀 걱정하지 말라고 답장을 보냈다.

Meet jack
물구나무서기 하는 잭

잭은 암을 이겨냈다. 그리고 날마다 중력과 씨름하고 있다. 잭을 처음 만난 건 뉴욕에서 홍보 일을 막 시작하던 즈음이었다. 나는 다양한 프로젝트 때문에 인쇄를 부탁할 일이 많았다. 인쇄업자인 잭이 인쇄물을 가져다주러 일주일에 두 번씩 우리 사무실에 들렀다. 잭에게 나이가 몇인지 묻지는 않았지만 분명히 일흔은 넘겼으리라고 짐작했다. 그런데도 그는 40대 못지않게 열정적으로 일했다. 하루는 잭이 내게 프랑스를 무척 좋아한다고 말하기에, 나도 평소 그에게 궁금했던 것을 물어봤다. 성격 좋고 유머 감각이 뛰어난 데다 항상 낙천적이고 활기가 넘치는 '비결'이 뭔지 늘 궁금했기 때문이다. 그는 50대 때 암에 걸려 죽을 고비를 넘긴 뒤 인생이 확 바뀌었다고 말했다. 처음 뉴욕에서 암 치료를 받을 때는 병세가 전혀 호전되지 않았고, 결국 병을 고치려고 대체의학으로 방향을 틀었다. 그는 멕시코를 시작으로 여러 나라를 돌아다니고 이런저런 치료를 받으면서 생활 방식을 바꾸고 마음가짐을 고쳐먹었다. 현재는 요가와 건전한 식생활을 꾸준히 실천하고 있다고 했다. 브루클린 출신에 화통하고 자유분방한 성격인 잭은 참으로 오랜 여정 끝에 그런 깨달음을 얻었다.

그의 방법이 궁금한가? 잭의 대답은 아주 간단했다.

"아침마다 요가를 하고, 물구나무서기를 20분 동안 해요. 그리고 몸에 좋은 음식을 먹죠."

그는 어리둥절한 내 표정을 보더니 즉석에서 머리를 바닥에 대고 물구나무를 섰다. 내가 놀라 아무 말도 못하자 똑바로 일어서더니 이런 말을 덧붙였다.

"난 음식을 적게 먹어요. 고기와 생선은 일주일에 한 번만 먹죠. 그 대신 곡물과 계란, 과일과 채소를 많이 먹어요. 그리고 토요일마다 빵을 직접 구워 먹고요."

"빵을 굽는 동안 마음이 차분해지지요. 아, 그리고 중요한 게 한 가지 더 있군요. 향신료를 듬뿍 넣은 수프와 허브, 요구르트도 많이 먹어요." (흠, 이건 프랑스 여자들이 달고 사는 음식이다.)

그는 상점에서 파는 (그의 표현을 빌자면) '쓰레기'는 절대 먹지 않는다고 힘주어 말했다. 아, 천연 요구르트는 '쓰레기'에 해당되지 않는다. 하지만 대다수 요구르트는 잭과 내가 정크푸드라고 비하해도 할 말이 없을 것이다. 방부제는 물론 옥수수 시럽과 달달한 과일 등 당분이 너무 많이 들어 있기 때문이다.

나는 그가 전생에 불교도였거나 프랑스 사람이었을 것 같다고 말했다. 그는 둘 다였을 거라고 대답했고, 50대 중반 이후로 암이 재발하지 않아서 더없이 좋다고 했다. 나는 잭이 양복 차림으로 물구나무서기를 했을 때 누가 갑자기 사무실에 들어왔더라면 어땠을까 생각하며 혼자

킬킬거리곤 했다. 나는 잭을 무척 좋아했고, 그가 방문할 날을 늘 손꼽 아 기다렸다.

잭도 플라시보 효과 덕을 봤을까? 필시 그 효과도 있었겠지만, 무엇보다도 그는 살고자 하는 의지와 마음가짐이 남달랐다. 요가를 하고 건강식을 고수한 것도 그가 누리는 건강하고 즐거운 삶에 기여했을 것이다. 그 두 가지는 장수 비결로 과학적으로도 입증되었으니까.

Meet Denise
자포자기한 데니스

우리 주변에는 거울을 전혀 보지 않거나 보더라도 자신의 모습을 감지하지 못하는 사람이 더러 있다.

내 대학 친구 데니스가 딱 그런 사람이다. 우리는 20대와 30대 초반에 아주 친하게 지냈다. 요즘엔 1년에 한 번 정도 만나는데, 그녀를 만날 때마다 나는 너무 안타깝고 속상하다. 데니스는 거울을 보면서 진짜 객관적으로 자신을 바라볼 필요가 있다. 하긴 누구나 다 그래야 하지만. 핼러윈 데이가 아닌데도 핼러윈 분장을 하고 다닌다면? 흠, 옆에서 누가 좀 말려줘야 하지 않을까?

그래서 나는 가끔 데니스에게 머리나 화장에 대해 조언해야 하지 않을까 심각하게 고민한다. 불가피하게 정신과 육신이 시들어간다 해도 건강하고 행복하게 살아갈 방법은 아주 많다. 나는 그녀의 기분을 건드리지 않으면서 조언할 방법을 찾고 싶다. 그런데 혹시 그녀가 자신의 외모에 아주 흡족한 상태라면 어떡하지?

사실 데니스는 자기 모습에 전혀 만족하지 않는다. 단지 외모 가꾸는 것을 '포기한' 것 같다. '포기'의 징후는 어렵지 않게 포착할 수 있다. 데니스는 늘 유행이 지난 옷만 입고, 그마저도 늘 검은색이나 어두운색 뿐이다. 립스틱과 아이섀도는 어디서 그런 촌스러운 색을 구했는지 얼굴과 전혀 어울리지 않는다. 물론 헤어스타일도 완전히 구식이다. 전체적으로 보면 1940년대 유럽의 촌부가 연상된다. 이렇게 생각하고 싶지 않지만 어쩔 수 없다. 데니스의 가족력과 유전자를 놓고 볼 때 앞으로도 수십 년은 더 살아야 하니 어떻게든 조치를 취해야 한다.

안타깝게도 시간이 갈수록 우리의 '마음가짐'은 자꾸만 격차가 벌어지고 있다. 나는 당당하게 나이 먹고 목적의식을 가지고 있으며 자신감이 붙은 반면, 데니스는 나이 먹는 것에 무관심하고 자꾸만 위축되고 있다.

친구한테 너무 비판적이라고? 자신을 제대로 보지 못하고 당당하게 나이 먹지 못하는 사례를 사실적으로 보여주고자 다소 직설적으로 표현한 면도 있다. 나는 노화에 긍정적으로 접근하기 위해 무척 애쓰는 사람이다. 또한 그런 방식을 널리 퍼뜨리려고 노력한다. 하지만 '자포

자기하고' 마구잡이로 사는 사람을 만나면 괜히 덩달아 우울해진다.

내 옛 친구가 무기력 속에서 빠져나올 수 있을까? 이 책에서 제시한 조언을 따른다면 데니스도 몇 가지 비법을 자신의 것으로 만들어 기적과도 같은 결과를 얻을 수 있을 것이다. 하지만 먼저 자신을 있는 그대로 바라볼 줄 알아야 한다. 어떤 여자는 거울에 비친 자신을 직시하는데 영 서툴다.

여자 친구들과 끈끈한 우정을 유지하면 살아가는 내내 힘이 된다. 나이가 들수록 주변에 긍정적인 사람이 많아야 한다. 삶을 바라보는 관점이 비슷한 사람과 어울리는 것이 좋다. '나이는 숫자에 불과하다'는 옛말도 있잖은가. 마음이 젊고, 몸과 마음을 스스로 돌보는 사람들과 어울리도록 하라. 그러면 당신도 더 젊고 더 건강한 삶을 영위할 수 있을 것이다.

Forget the sphinx
거울을 보며 나 자신에게 물어야 할 것들

당당하게 나이 먹기 위해 어떻게 생각하고 행동하는 게 좋을까? 일단 네 발로 기다가 두 발로 걷다가 세 발로 걷는다는 스핑크스의 수수께끼는 잊자. 노년기를 인간의 마지막 단계로 구분 지으면 왠지 우울해진다. 속부터 당당하게 나이 먹기 위한 접근 방식으로 나는 색다른 구분법을 제안한다. 바로 '정신과 육체와 외면'으로 구분하는 것이다. (영어에서 '외모 혹은 겉모습appearance'이라는 단어는 드물게도 형용사가 없다. 이책에서 내가 말하는 '외모 혹은 겉모습'은 페르소나, 즉 다른 사람을 대할 때쓰는 가면을 뜻한다.) 우리는 우리 자신과 다른 사람들에게 어떤 모습으로 비칠까? 육체적으로는 어떻게 느낄까? 정신적으로는 어떻게 생각하고 느낄까?

나이 먹는 과정을 육체적, 정신적, 외면적 모습으로 구분했을 때 유아기에서 성인기로 나아가듯 직선형으로 뻗어 있지는 않다. 세 가지를 따로따로 구분하기도 어렵다. 피부를 잘 관리하면 탱탱하고 윤기 있는 피부를 얻게 되고, 그러면 자신감이 생기고 기분도 좋아진다. 또한 건강이 외모나 마음가짐에 영향을 미치기도 하고, 반대로 외모나 마음가짐이 신체 건강에 영향을 미치기도 한다.

나이가 들수록 거울을 볼 때 우리 자신에게 물어야 할 질문이 아주많다. 자신을 제대로 평가하려면 일반적 질문에서 구체적 질문까지, 속속들이 따져 봐야 한다.

가장 일반적인 질문으로, 먼저 당신의 외모를 좋아하는가? 외모를 개선하기 위해 당신이 할 수 있는 일이 있는가? 그런 일을 하고 싶은가? 중력을 거스르는 일은 어렵긴 하지만 효과는 상당히 좋다. 당신의건강은 어떠한가? 건강을 개선하기 위해 당신이 할 수 있는 일이 있는가? 그런 일을 하고 싶은가? 늙어가는 자신을 바라보는 마음가짐은 어떠한가? 마음가짐을 개선하기 위해 당신이 할 수 있는 일이 있는가? 언젠가는 비키니를 벗어야 한다. 그때가 지금인가? 하이힐을 벗어야 할 때는? 섹스는?

New year, new you
'조금씩 꾸준히' 법칙

새해를 맞이할 때마다 기업은 온갖 마케팅 전략을 동원해 작심삼일로 끝나고 말 계획을 부추긴다. 헬스클럽은 특별 회원권을 내세워 회원을 잔뜩 모집한다. 대부분 한두 달 다니다 말 거라는 걸 알기 때문이다. 기적의 다이어트 비법이 담긴 잡지와 책과 비디오가 쏟아져 나오고, 진급에 유리하도록 공부를 더하라거나 전직을 위해 새로운 기술을 배우라고 조언하는 광고가 판을 친다.

　연초는 확실히 새로운 계획을 수립하고 결의를 다지는 데 좋은 시기이다. (물론 오늘이나 내일도 열두 달 계획을 수립해 실천하는 데 똑같이 좋은 시기이다.) 하지만 그렇게 세운 계획은 작심삼일로 끝나기 십상이다. 너무도 비현실적이고 꾸준히 실천하기 어려운 계획을 세우기 때문이다. 신년 다이어트 계획, 여름이 오기 전 혹은 결혼식 같은 큰 행사를 앞두고 반짝 실천하는 다이어트는 반짝 효과만 보고 끝난다. 한 달에 2, 3킬로그램은 어렵지 않게 뺄 수 있다. 문제는 뺀 살보다 더 찌는 요요 현상이 찾아온다는 점이다. 짧은 기간 살을 확 빼서 날씬해진 몸매를 연말까지 유지할 수 있을까? 그럴 가능성은 별로 없다. 그러니 해마다 1월이면 기적의 다이어트 비법이 넘쳐나는 것이다.

그래서 나는 변신의 핵심 요소로 '조금씩 꾸준히'를 꼽는다. 급격한 변화는 대개 오래가지 못한다. 하지만 조금씩 꾸준히 실천하면 목적지에 서서히 다다르게 된다. 도중에 길에서 좀 벗어나도 금세 제자리로 돌아올 수 있다. 실패가 아니라 조금 지체될 뿐이다. 내가 변신의 핵심 요소로 꼽는 또 다른 요소는 긍정적 태도이다. 할 수 없는 것보다는 할 수 있는 것에 집중한다. 초콜릿을 먹거나 와인을 한 잔 마신다고 살이 확 찌지는 않는다.

매사를 긍정적으로 보면 더 오래, 더 즐겁게 살 수 있다. 하지만 긍정적 태도만으로 인생의 중반기 이후가 저절로 굴러가지는 않는다. 당당하게 나이 먹으려면 앞으로 다가올 세월에 대비해 정신적, 육체적, 외면적 변화를 끌어낼 수 있도록 개인별 맞춤 계획을 수립해야 한다. 이 책을 읽는 동안 괜찮은 아이디어를 대여섯 개 정도 골라 꾸준히 실천한다면 앞으로 다가올 인생을 더 즐겁게, 더 오래 살 수 있을 것이다. 더 많은 아이디어를 고를 수도 있지만 한꺼번에 너무 많이 시도하다간 집중력이 떨어져 실패할 가능성이 크다. 책을 읽다가 몇 가지 아이디어가 눈에 확 들어올 것이다. 일단 그런 아이디어에 중점을 두고 시도하라. 나처럼 정신이 깜빡깜빡 한다면 메모해서 여기저기 붙여놔도 좋다. 그게 시작이다. 생활 방식을 바꾸기 위해 첫 발을 내디뎌라. 그리고 꾸준히 나아가라. 당당하게 나이 먹는 프로그램을 꾸준히 실천하면 1년 뒤 거울에 비친 당신의 모습이 몰라보게 달라져 있을 것이다.

French women
Don't get facelifts °

Dressing with style and attitude

스타일은 마음가짐의
발현이다°

당신의 외모는 무엇을 드러내는가? 물론 그것은 당신의 얼굴과 몸이 투영하는 것과 당신이 입는 의상에 따라 달라질 것이다. 중요한 점은 그런 것들을 우리가 통제할 수 있다는 것이다.

02°

"스타일 죽이네요 Quelle coquette!"

멋지게 차려입은 여자를 보고 주변 사람들이 칭찬의 말을 던진다. 물론 프랑스어는 억양으로 많은 의미를 전달하기 때문에 글자만으로 그 뜻을 모두 드러내긴 어렵다. 아무튼 이 말은 외모에 신경 쓰는 사람에게 하는 말이다. 상대의 환심을 사려고 말쑥하게 차려입은 사람일 수도 있고, 상황에 따라 애교를 부리거나 아양을 떠는 사람일 수도 있다. 자기 자신을 알고, 있는 그대로 받아들이는 사람일 수도 있다. 하지만 겉모습만 억지로 꾸민다고 들을 수 있는 말은 아니다. 아마도 발자크가 이 단어를 가장 잘 표현한 것 같다.

"애교도 행복한 여자가 부려야 먹힌다 La coquetterie ne va bien qu'à une femme heureuse."

스타일은 결국 마음가짐의 발현이라는 소리다. 겉모습만 꾸미거나 마음만 가꾼다고 스타일이 살아나지는 않는다.

죽이는 스타일은 결국 멋지고 당당하게 차려입어야 살아난다. 프랑스에서 가장 중요한 단어 중 하나는 '매혹Seduction'이다. 사람들과 어울리는 자리에서는 남의 환심을 사려고 매혹의 기술이 동원된다. 그런데 이 기술이 먹히려면 멋지고 당당해야 한다. 다른 사람의 환심을 사려고 잘 차려입긴 하지만, 누군가를 침대로 끌어들일 작정으로 유혹하는 건 아니다. (물론 그럴 때도 있겠지만!) 아울러 프랑스 여자들은 지긋한 나이가 돼서도 자신의 스타일을 포기하지 않는다. '입고 말하고 생각하고 행동하는' 바를 늘 신경 쓴다. 거울을 한번 보라. 멋지고 당당하게 보이는가? 그렇지 않다면 거울에 비친 자신에게 왜 그런지 물어보라. 안타깝게도 어떤 친구는 '죽지 못해 사니까'라고 대답하기도 했다.

루이비통 모에헤네시LVMH 그룹의 계열사를 이끌던 시절, 나는 결산과 전망을 보고하기 위해 1년에 두 번씩 베르나르 아르노Bernard Arnault 회장을 직접 만나야 했다. 아르노 회장은 프랑스에서 가장 부유한 사람이다. (두 번째로 순위가 밀리는 해도 있긴 하지만.) 그를 처음 대면하던 때가 생생하게 기억난다. 아르노 회장은 말수가 별로 없다. 성격은 칼같이 냉정하고, 예리한 업무 능력과 함께 미술, 음악, 스타일 면에 탁월한 감각을 지녔다. 어쨌거나 그도 프랑스 남자이다.

처음 대면하는 자리에서 그는 프랑스 남자답게 나를 아주 찬찬히 뜯어봤다. 머리끝부터 발끝까지 천천히 훑어 내려오더니 다시 발끝에서 머리끝까지 천천히 훑어 올라갔다. 마치 나를 '발가벗기는Il m'a déshabillée'것 같았다. 그 시간이 영원처럼 느껴졌다.

'이 사람이 도대체 무슨 생각을 하는 걸까?'

너무 궁금했지만 그 속을 누가 알겠는가? 당시 내 머릿속에는 바보 같은 생각이 몇 가지 떠올랐다.

'아, 오늘 같은 날엔 디오르 옷을 입었어야 했는데.'(디오르는 루이비통과 더불어 LVMH 그룹의 대표 브랜드이다.)

게다가 나는 루이비통이 아니라 보테가 베네타의 서류 가방을 들고 갔다. 아뿔싸. 아르노 회장은 나와 악수하며 "봉주르, 마담 길리아노."라고 말했다. 그게 끝이었다.

우리는 대체로 겉으로 드러난 모습으로 사람을 평가한다. 겉모습은 우리가 어떤 사람인지 극명하게 드러낸다. 물론 아르노 회장은 나를 만나기 전에 이미 나에 대해 대강 알고 있었다. 내가 이끄는 팀이 뛰어난 성과를 내고 있다는 점도 주지하고 있었다. 하지만 그는 '나'를 정확히 알지는 못했다.

내 외모가 당시 그에게 무엇을 드러냈을까? 또한 오늘 내가 비행기에서, 시장에서, 혹은 파티에서 만난 사람들에게는 무엇을 드러낼까? 당신의 외모는 무엇을 드러내는가? 물론 그것은 당신의 얼굴과 몸이 투영하는 것과 당신이 입는 의상에 따라 달라질 것이다. 중요한 점은

그런 것들을 우리가 통제할 수 있다는 것이다. 문제는 얼마나 멋지고
당당하게 스타일을 살려내느냐는 데 있다.

Our biggest fear?
우리가 가장 두려워하는 것?

여자는 나이를 먹으면서 매력을 잃는 것을 제일 두려워한다. 주름이 늘어나고 엉덩이가 처지고 머리카락이 가늘어지고 옆구리 살이 잡히는 것을 걱정한다. 아, 가슴이 처지는 것도 신경 쓴다. 나이가 들면 이런 곳은 절대로 좋아지지 않는다. 거기에 보청기를 껴야 할 수도 있다. (다행히 남의 눈에 띄지 않도록 보청기 크기가 작아졌다.) 키도 2, 3센티미터가량 줄고 등도 구부정해진다. 결국 우리는 이런 노인으로 변하는 자신을 보게 될까봐 두려워한다.

이런 두려움에 맞서는 프랑스식 마음가짐은 다음과 같다.

"나는 거울에 비친 내 모습을 있는 그대로 바라본다. 그 모습을 받아들이고 편안하게 생각한다. 하지만 내가 보내는 메시지를 통제하기 위해 무슨 일이든 할 것이다. 나 자신을 돌보고 현재의 내 이미지를 가장 멋지게 드러내기 위해 최선을 다할 것이다."

이것이야말로 프랑스식으로 멋지고 당당하게 나이 먹는 방식이다. 겉으로 드러나는 모습을 기분 좋게 인정하고 더 나은 방향으로 나아가고자 애쓴다. 속과 겉을 동시에 가꾼다. 아울러 남들과 똑같이 하기보다는 개성을 중시한다. 내면의 스타일과 아름다움이 겉모습에 묻어난다. "남들이 뭐라 하든 신경 안 써."라며 자기 스타일을 고수한다. (그렇게 자신감이 넘치지만 아침에 바게트를 사러갈 때도 여전히 꾸미고 나간다.)

하지만 미국을 비롯한 다른 나라 사람들은 거울 앞에서 자신의 '옛 모습'을 보거나 자기 모습을 지나치게 비판적으로 평가하는 것 같다. 여자들끼리 모였다 하면 허벅지가 너무 두껍다, 눈가의 잔주름이 늘었다, 턱이 늘어졌다, 살이 쪄서 옷태가 안 산다 등 자기 험담을 늘어놓는다. 자기 자신에게 가장 가혹한 사람들이 모여 자기 흠을 가장 많이 지적하는 대회라도 여는 것 같다. 다들 자신을 있는 그대로 받아들이지 못하고 겉으로 보이는 모습을 왜곡해서 바라보거나 자기 비하에 빠진다. 도대체 왜 그럴까? 그에 비해 프랑스 여자는 완벽함을 추구하지 않는다. 의상뿐만 아니라 삶의 여러 측면에서도 다양하게 시도하며 조금씩 나아지려고 노력한다.

The tells
나를 드러내는 단서들

아르노 회장의 엑스레이 투시에서 내가 살아남게 된 것은 순전히 헤어스타일과 신발 때문이었다. 우리의 '정체성'을 드러내는 가장 중요한 '단서'가 바로 헤어스타일과 신발이다. 나는 이 말을 어렸을 때부터 어머니에게 누누이 들었다.

멋진 헤어스타일은 당신을 더 건강하게 보이도록 해준다. 더 젊고 매력적으로 보이게도 해준다. 그리고 아무리 멋지게 차려입는다 해도 신발이 촌스러우면 말짱 꽝이다. 신발이 옷과 어울리지 않거나 싸구려라면 아무리 비싼 옷을 입어도 호의적인 메시지를 전하기 어렵다. (한편 옷은 비싸지 않아도 신발이 고급스러우면 괜찮은 스타일로 통한다.)

나이가 들수록 스타일과 이미지를 잡고 싶으면 일단 신발과 헤어로 시작하는 게 좋다. 헤어는 몸치장과 관련된 부분이라 뒤에서 더 자세히 다룰 것이다. 신발은 스타일을 대변하는 핵심 단서이다. 당신의 스타일은 무엇인가? 무엇이 당신의 스타일을 대변하는가? 어떤 종류의 신발을 애용하는가? 밑창이 평평하고 편한 버켄스탁 샌들? 전 세계 어디를 가도 미국인 여행자를 만날 수 있다. 그들의 이미지가 떠오르는가? 그들의 발에 무엇이 신겨 있는가? 일단 신발은 편해야 한다고 생각하지만 편하자고 매력이나 정체성을 포기할 필요는 없다. 편한 신발이라도 자기 스타일과 매력을 돋보이게 할 수 있다.

하이힐은 대단히 섹시한 매력을 풍긴다. 실생활에 애용되는 예술 작품 같다. 그런데 이 하이힐이 어느 연령대 여성에게나 다 적합할까? 유혹의 전형이라고 해도 좋을 스틸레토 힐을 생각해보자. 내 친구 오렐리는 스틸레토 힐을 비교적 덜 노골적인 포르노물이라는 뜻으로 '소프트 포르노'라고 부른다.

Style and the stiletto
스타일과 스틸레토 힐

스틸레토 힐은 1950년대 초반 이탈리아 영화에 처음 등장하면서 유명해졌다. 당시에는 굽 높이가 10센티미터였지만 요새는 13센티미터에 달한다. 이런 힐을 신으면 키가 훨씬 커 보이고 발이 작아 보인다. 스틸레토 힐은 에로티시즘의 상징으로, 어떤 사람은 이것으로 성적 쾌감을 얻기도 한다. 아찔한 스틸레토 힐은 자세를 곧게 세워주고 다리를 가늘고 길어 보이게 한다. 또한 엉덩이와 가슴을 도드라져 보이게 하고 걸음걸이도 섹시해 보이게 한다.

그런데 우리 몸은 하이힐에 맞도록 생겨먹지 않았다. 언젠가는 이 높은 힐에서 내려와야 한다. 그렇다면 도대체 언제 내려와야 할까? 각자가 지닌 균형감과 근육 상태에 따라 조금씩 다를 것이다. 나이 들수록 균형감과 근육 긴장도가 떨어지므로 굳이 낙상 위험까지 감수하며 하이힐을 고수할 필요는 없다. 그렇다고 낙심하지는 말자. 내 댄스 코치인 주주에 따르면 스틸레토 힐은 원래 자리에 앉아서 식사할 때만 신는 구두라고 한다. 실제로 한 친구는 스틸레토 힐에 중독됐지만 이 구두를 신고 걸을 일은 거의 없다고 주장한다. 택시나 리무진으로 이동하고 잠깐 서 있을 뿐 주로 앉아만 있기 때문이다. 그러니 나이에 상관없이 이 높은 힐을 신고 용감하게 집을 나설 수 있다. 하지만 스틸레토 힐을 신

고서 거리를 뛰어다니거나 춤을 출 생각은 아예 접어라. 밤새도록 이어
지는 파티에는 절대로 신고 나가면 안 된다. 파티나 특별한 모임에서
여자들이 하이힐을 벗어던지고 싶어 안달하는 모습을 보지 않았는가?
때로는 남들 모르게 테이블 밑에서 슬쩍 벗고 있기도 한다.

그러면서도 왜 하이힐을 포기하지는 않는 걸까? 하이힐을 신으면 젊
고 섹시하고 예뻐 보이기 때문인 것 같다. 이제 막 70대에 접어든 룰루
라는 친구는 지금도 하이힐을 고집한다. 어른이 된 뒤로 늘 신었기 때
문에 자기 발이 하이힐에 적합하게 변형됐다는 것이다. 룰루는 굽이 없
는 신발을 신으면 오히려 불편하다고 말한다. 납작한 신발을 신으면 마
음이 편치 않을 정도이니 하이힐은 이미 그녀의 브랜드와 정체성의 일
부로 자리 잡았다. 그렇다면 당신의 스타일 특징은 무엇이고, 앞으로 그
특징을 어떻게 고수할 생각인가?

제화 업계는 많은 여자들이 아름다운 구두를 거부하지 못한다는 사
실을 잘 알고 있다. 그래서 특이하고 매력적인 디자인의 구두를 계속해
서 쏟아낸다. 임상적으로 구두 중독자라 진단해도 무방한 여자들이 주
변에 상당히 많다. 확실히 우리는 필요치도 않은 신발을 계속 산다. 그
중에는 발을 아프게 하고 등에 무리를 주며 자세를 망치는 것도 있다.
때로는 은행 잔고를 바닥나게 하기도 한다.

우리는 판타지를 채우고 심리적으로 가려운 데를 긁고 순간적 충동
을 채우고자 잘못된 신발을 사는 실수를 거듭 저지른다. (그런 '요상한'

충동에 휩쓸리면 우리가 누구인지 망각하게 된다.) 때로는 그 신발을 어떤 의상에 받쳐 신을지 혹은 그 신발에 어울리는 의상이 있는지 생각하지도 않는다. 의상에 맞춰 신어야 한다는 사실을 잊고 신발 자체가 목적이 돼버린다. 신발은 액세서리와 같다. 의상을 보완하고 개성을 드러내는 수단이다. 아, 물론 발을 보호하는 역할도 한다.

플랫 슈즈든 펌프스든 스틸레토에 가까운 힐이든 내가 신발을 고를 때 가장 중요하게 생각하는 것은 '편안함'이다. (나는 왠지 스틸레토 힐을 보면 "행운을 빌어."라는 말이 떠오른다.) 하이힐은 어쩌다 한 번만 신는다. 9센티미터짜리 하이힐을 아직도 두 켤레나 간직하고 있지만 공식 행사나 옷차림에 특히 신경 써야 하는 특별한 모임에만 신고 나간다. 지금까지 구두를 사면서 수많은 실수를 저질렀지만 이 두 켤레는 돈이 아깝지 않았다. 수십 년이 지났지만 늘 새것 같고 유행에 뒤처지지도 않는다. 심지어 이 구두는 신고 춤을 춰도 발이 아프지 않다. 하나는 입생로랑, 다른 하나는 보테가 베네타 제품이다. 둘 다 이탈리아 명품 브랜드인데, 끝내주게 잘 만들어졌다. 신발은 일단 좋은 것을 사야 한다는 게 내 원칙이다. 그래서 그런지 내 발은 이탈리아 구두에 사족을 못 쓴다. (멋진 이탈리아 구두를 보면 가격표가 눈에 들어오지 않는다.) 요즘 내가 제일 즐겨 신는 구두는 스웨이드 재질의 페라가모 펌프스이다. 슬리퍼처럼 편하고 가벼우면서도 어느 자리에 신고 나가도 격이 떨어지지 않는다. 시내를 돌아다니거나 비행기에 오를 때도 신지만 저녁 모임 자리에도 부담 없이 신는다. 몇 년 전 암스테르담을 여행할 때 발견한 유나이티드 누드 제품도 즐겨 신는다. 값이 아주 싸지는 않지만 다른 명품 브랜드보다는 덜 비싸다. 게다가 끝내주게 멋지고 편하다.

내가 지금 고가의 명품 브랜드만 언급했다는 점을 인정한다. 하지만 이것은 괜찮은 '옷장'을 가지려면 적을수록 더 좋다는 프랑스인의 마음가짐을 드러낸다. 프랑스에서는 남자든 여자든 옷장에 옷을 잔뜩 쟁여 놓지 않는다. 그 대신, 품질이 뛰어나고 오래 입어도 유행 타지 않으며 어디에 걸쳐도 무난하게 어울리는 옷을 구비한다. 구두나 옷을 장만하는 것은 일종의 제로섬게임이다. 해지거나 유행에 뒤처진 것을 하나 빼야 새것을 장만한다. 물론 시간이 흐르면서 옷장 크기가 늘어나 프랑스 남자나 여자도 전보다 더 많은 의상과 구두를 구입하고 보관하게 되었다. 그렇긴 해도 극적으로 늘어나지는 않았다. 다 떨어질 때까지 걸치고 더 이상 입지 않는 옷이나 구두는 과감히 없애는 것도, 적을수록 더 좋다는 접근 방식의 일부이다.

그건 그렇고, 유행하는 스타일이라도 재질이 형편없는 구두는 싸구려로 보이고 발도 불편하다. 그러니 현명하게 투자하라. 그렇다고 꼭 이탈리아 명품 구두를 사라는 말은 아니다. 신어보면 잘 만든 구두인지 아닌지 바로 알 수 있다. 유명 브랜드도 가끔 할인 판매를 하고, 꼭 유명 브랜드가 아니라도 질 좋은 제품을 판매하는 곳도 있다. 소프트 Söfft 나 제이크루 J.Crew 같은 브랜드는 많이 비싸지 않으면서 괜찮은 여성용 구두를 판다. 이런 브랜드의 제품 중 상당수는 이탈리아에서 제작된다. 콜한Cole Hann, 에코Ecco, 클락스Clarks도 적당한 가격으로 구입할 만한 좋은 브랜드이다. 값이 저렴하든 적당하든 비싸든 신발은 일단 발에 잘 맞고 편해야 한다. 내게 선택권이 있다면 시행착오를 겪지 않고서 자기 발에 '딱 맞는' 신발을 고르도록 학교에서 구두 고르는 법을 가르치게 할 것이다.

몇 년 전, 반사요법으로 발 마사지를 받은 적이 있는데 느낌이 무척 좋았다. 그래서 반사요법이 뭔지 알아보려고 책을 구입해 읽어보고, 우리 발이 몸과 마음에서 분리될 수 없다는 사실을 알게 되었다. 발은 아래쪽에 자리 잡은 뇌라고 볼 수 있다. 불편한 신발로 발이 아팠던 적이 있는가? 그 순간 당신의 괴로운 표정을 한번 생각해보라. 타이트한 드레스를 입으려고 코르셋이나 셰이퍼를 억지로 입었을 때의 느낌과 비슷하지 않은가? (오스카 시상식에서 레드카펫을 걷는 여배우들을 보라. 숨도 못 쉴 만큼 괴롭지만 억지로 웃는 모습이라니…… 오밤중에 그들과 함께 있고 싶은 생각은 추호도 없다.) 별처럼 빛나 보이기 위한 최선의 선택은 아니라고 본다.

신체 변화가 두드러지는 40대 이후 구두를 살 때 디자인 외에 신경 써야 할 점은 무엇일까? 일단 발을 부드럽게 받쳐주고 걸을 때 편한지 살피면 실패하지 않을 것이다. 해부학적 구조를 잘 아는 디자이너가 만든 구두는 디자인이 특이해도 아주 편하고 안정감이 있다. 어떤 제품이

든 최종 결정은 신어보고 내려야 한다. 마음에 드는 구두에 거금을 투자하기 전에 다음과 같은 항목을 꼭 점검하도록 하라. 이런 건 학교에서 절대 가르쳐주지 않는다.

○ 양쪽을 다 신어보라. 우리 발은 좌우가 똑같지 않다. 급하다고 한쪽 구두만 신어보고 구입하는 여성이 의외로 많다.

○ 딱딱한 바닥에 서서 몇 걸음 걸어보라. 구두 볼이 충분히 넓은지 꼼꼼히 체크하라. 정확성을 기하기 위해 신발은 항상 오후에 사야 한다. 딱 맞는지 알아보려면 계단을 몇 번 오르내려보는 게 좋다.

○ 완벽하게 맞는 구두를 찾기는 지극히 어렵다. 당신 발이 아니라 원목 틀이나 플라스틱 틀에 맞춰 제작되기 때문이다. 앞으로는 당신 발에 맞는 맞춤 구두가 점점 더 일반화될 거라고 본다. 앞쪽이 살짝 들린 구두는 자세를 바로잡도록 더 강하게 받쳐준다.

○ 전신 거울에 비춰보고 균형이 잘 잡혀 있는지 확인하라. 체중이 신발 전체에 고르게 실려 있으며 구두의 볼과 굽이 몸을 골고루 받쳐주는지 확인하라.

○ 구두가 불편해 보인다는 말을 듣지 않도록 하라. 신다 보면 가죽이 늘어나기도 해서 더 편하게 신을 수도 있지만, 애초에 맞지 않았던 신발은 모양이 아무리 예뻐도 신발장 구석에서 먼지만 쌓일 공산이 높다.

Meet catherine deneuve
멋지고 당당한 카트린느 드뇌브

코코 샤넬의 사진을 죽 늘어놓고 보면, 나이를 먹으면서 그녀의 옷과 구두와 화장이 조금씩 바뀌는 걸 알 수 있다. 카트린느 드뇌브를 볼 때마다 사람도 '업데이트'를 해야 한다는 생각이 든다. 파리에서 한 동네사는 이웃이라 그녀가 후미진 식당에서 친구와 조용히 식사하거나 뤽상부르 공원을 산책하거나 작은 부티크에서 쇼핑하는 모습을 가끔 목격한다. 그녀는 이제 스틸레토 힐을 신지 않고 시뻘건 립스틱을 바르지 않는다. 의상도 바뀌고 헤어도 바뀌었다. 더 짧고 자유분방한 헤어스타일이지만 여전히 우아하다. 세월이 흘렀지만 전보다 더 자신감이 넘친다. 내가 학생이고 그녀가 마르첼로 마스토로야니와 데이트하던 시절부터 나는 카트린느 드뇌브를 지켜봤고 늘 존경하는 마음을 품어왔다. 두 사람이 손을 잡고 거닐거나 카페 드 라메리에서 담소를 나누는 모습을 심심찮게 봤다. 당시 그녀의 모습은 지금과 상당히 달랐다. 머리도 더 길고 몸매도 호리호리했으며 화장도 더 진했다. 더 높은 구두에 입생로랑을 걸치고 우아하고 세련된 자태를 뽐냈다. 요즘에도 카트린느 드뇌브를 보면 여전히 감탄하지 않을 수 없다. 살이 붙고 목에 주름도 잡혔지만 그녀는 전혀 숨기려 하지 않는다. 오히려 "이게 뭐 어때서?"라는 식으로 당당하게 행동한다. 그녀는 요즘도 오후 다섯 시에 레몬스

쿼시를 한 잔씩 마신다. 자신에게 만족하며, 멋지고 당당하게 나이 드는 여성의 훌륭한 본보기이다.

Branding
자신만의 브랜드 만들기

나는 명품 매장에서 똑같은 상품을 구입하기보다 자신을 알릴 수 있는 고유한 브랜드를 개발하라고 말하고 싶다. 당신의 고유한 브랜드는 다른 사람과 당신을 구별해주는 정체성이다. 당신을 분명하게 드러내고 오래도록 기억하게 해준다. 가령 당신이 늘 뿌리는 향수가 당신의 브랜드일 수 있다. 애용하는 액세서리나 의상일 수도 있다. 나는 오노 요코를 생각하면 항상 뉴스보이 캡이 먼저 떠오른다. 그녀는 둥근 크라운에 짧은 챙이 달린 뉴스보이 캡을 종류별로 갖춰놓고 언제 어디서나 즐겨 쓴다.

　정체성이 있다면 강산이 여러 번 바뀌어도 당신의 스타일을 지키며 살아갈 수 있다. 완벽한 변신을 시도하거나 딴사람으로 거듭나려 애쓰지 않고도 당신의 브랜드를 되살릴 수 있다. 속성 다이어트는 속성으로 망가지는 지름길이다. 천천히 조금씩 변하는 게 낫다. '업데이트'는 기존의 것을 버리는 게 아니라 필요에 따라 조금씩 수정하는 것이다.

나는 고유한 브랜드, 즉 '특징'을 드러내는 방법을 대모인 엘리스에게 배웠다. 그녀의 브랜드는 모자였다. 모자를 굉장히 많이 가지고 있던 엘리스는 모자가 자기의 분신이라고까지 했다. 키가 커서인지 모자를 쓰면 잘 어울렸다. 교회나 시장에 갈 때는 물론 산책 나갈 때나 정원 손질할 때도 모자를 썼다. 낮이고 밤이고 가리지 않았다. 엘리스가 모자를 쓰고 지나가면 남자들이 고개를 돌려 쳐다보곤 했다. 그녀는 모자 가게에 가면 빈손으로 나오는 법이 없었다. 내가 그녀의 차림새에 대해 칭찬하면 "우아한 모자 덕분이지."라고 말했다. 그러면 그녀의 남편은 "그게 아니라 당신이 우아해서 그래. 무엇을 입느냐는 중요하지 않아."라고 반박했다. 두 사람은 프랑스 사람답게 그 문제를 놓고 끝없이 논쟁을 벌였다. 이러쿵저러쿵 입씨름을 벌인다 한들 그녀의 품위와 스타일과 브랜드가 단순히 모자 때문이겠는가? 거울을 보면서 자기 자신을 있는 그대로 인정하고, 자신의 겉과 속을 편안하게 드러냈기 때문이다. 그 덕분에 엘리스에게서는 매혹적인 여성미가 물씬 풍겼다.

'여성미'를 드러내는 데 일가견이 있는 엘리스는 자신을 있는 그대로 받아들이면 여성미는 자연스럽게 드러난다고 강조했다. '여자가 되는 것이 그리 간단하지는 않지만' 사춘기를 넘기고 연륜이 쌓이면 도움이 된다. 그런 점에서 시몬 드 보부아르가 한 말을 명심하도록 하라.

"여자로 태어나는 게 아니라 여자로 길들여지는 것이다On ne naît pas femme, on le devient."

우리는 여자로 길들여지는 내내 자신의 내면을 탐색해야 한다. 그리고 여자가 된 뒤에는 나이 드는 것에 굴복하지 말아야 한다.

어떤 여자들은 각종 장신구로 자신의 특징을 드러내기도 한다. 나이 먹을수록 요란한 장신구는 좋지 않지만, 옷깃에 개구리 장식을 늘 부착했거나 손가락에 커다란 다이아 반지를 항상 끼고 다녔다면 이제 와서 포기할 이유는 없다. 그런 장식물이 당신을 드러내는 멋진 도구일 수 있으니까. 하지만 나이가 들면서 머리숱이 줄고 길이도 짧아지니 커다란 장신구나 인조 보석도 손을 좀 봐야 한다. 거울을 보고 어색하지 않은지 살펴보라.

피부에 낙서하듯이 마구 문신을 하는 사람은 이해할 수 없지만, 발목에 새긴 귀여운 나비 한 마리는 자기 브랜딩의 한 형태로 봐줄 수 있다. 하지만 젊음을 되찾으려는 시도로써 몸 여기저기에 문신을 새기는 건 곤란하다. 유행 지난 디자이너의 옷은 처치할 수 있으나 한번 새긴 문신은 지우기 어렵다.

나이를 먹을수록 스타일과 브랜드에 신경 써야 한다. 당신이 입고 있는 의상과 장신구로 당신의 마음가짐이 드러난다. 고유한 브랜드를 개발하라. 그리고 나이를 먹으면서 그 브랜드와 함께 성장하라.

Coquetterie and dressing with style
멋지게 차려입는다는 것

소피아 로렌이 아닌 이상 언제까지나 가슴골을 드러내고 다닐 수는 없다. 소피아 로렌에겐 가슴골이 자신의 브랜드일 테지만, 나야 딱히 드러낼 가슴도 없는지라 비키니는 진작 던져버리고 원피스 수영복을 애용한다. 50살이 넘은 나이에도 노출을 즐기는 사람에게 젊은 사람들은 '역겹다'고 거칠게 비난한다. 가슴골이 아닌 팔, 특히 팔죽지를 드러낼 경우엔 비난 수위가 다소 누그러진다. 그렇더라도 팔죽지 근육이 풀어져서 살이 출렁인다면 역시나 눈살을 찌푸린다. 그러니 소매 없는 원피스나 블라우스는 삼가도록 하라! 스카프나 숄, 긴팔 스웨터를 늘 들고 다니라. 유행에 따라 치맛단이 올라가기도 하고 내려가기도 하지만 60대나 70대 여성이 무릎 위로 3인치 이상 올라간 스커트를 입는 것은 아무래도 무리다. 딸이나 손녀들하고만 어울리는 자리가 아니라면 너무 짧은 스커트는 입지 마라.

   내가 프랑스 스타일 옷차림을 말할 때는 당연히 나이가 다소 지긋한 사람들을 본보기로 삼아 일반화하는 것이다. 30대 중반을 넘기고 몸과 마음이 건강한 그들은 '구舊' 프랑스를 대변한다. 그런데 어디에나 예외는 있기 마련이고, 패션과 스타일은 점점 더 세계화되고 균일화되는 추세이다. 프랑스는 특히 다문화의 영향을 많이 받고 있다. 그래서 '신新'

프랑스를 대변하는 새로운 풍조가 계속 등장한다. 아울러 어떤 풍조는 이미 막다른 길에 이르러 사라져버렸다. 그렇다 해도 은은한 색상의 카디건은 옷장의 필수 항목으로 제자리를 확고히 지키고 있다. (프랑스 여학생은 카디건이 포함된 심플한 교복을 입는다.) 다른 필수 항목으로는 검정 원피스, 하이칼라의 흰 블라우스, 테일러드 재킷, 깔끔하게 재단된 바지, 멋지고 편안한 여행복, 고급스러운 레인코트 등을 꼽을 수 있다. 거기에 스카프와 벨트를 적절히 매치하여 한 벌을 세 벌처럼 활용한다. 흠, 한 가지 더! 섹시한 속옷을 빼놓을 수 없다. 프랑스 여자는 해마다 란제리에 돈을 많이 투자한다. 하지만 속옷 브랜드를 드러내고 다니는 것도 아닌데 굳이 비싼 걸 장만할 필요는 없다. 나는 구입하자마자 라벨을 잘라버린다.

  힐러리 클린턴을 비롯해 나이가 지긋한 여성이나 직장 여성은 바지 정장을 고안한 입생로랑에게 고마워해야 한다. 입생로랑은 바지와 재킷을 한 벌로 입는 바지 정장을 고안해 널리 유행시켰다. 여자라면 누구나 멋스러운 원피스를 탐내지만, 멋지게 재단된 바지 정장도 나이에 상관없이 자신을 돋보이게 하는 아이템이다. 쉰 살이 넘은 나이에 입어도 상당히 멋스럽다. 세련되면서도 편한 바지 정장은 프랑스 여성에게 이미 필수 항목으로 자리 잡았다. 바지 정장을 멋지게 입으려면 자신의 몸매에 따라 어깨와 깃과 품의 여유를 잘 따져 골라야 한다. 검은색, 짙은 감색, 회색, 적갈색 정장은 어느 자리에나 무난하게 입을 수 있다. 특히 검은색은 격식을 갖춘 저녁 모임에도 좋다.

짙은 색 정장 바지에는 어떤 상의를 받쳐 입어도 무난하게 어울린다. 짙은 색이나 화려한 색의 블레이저를 받쳐 입어도 세련되고 늘씬해 보인다. 프랑스 여자는 옷을 하나 사면 기존의 다른 옷과 다양하게 매치해서 입는다. 한 가지 요리를 조금씩 변형해 세끼를 해결하는 것과 같다. 요령을 터득하면 누구나 이런 식으로 다양하게 연출할 수 있다. 나는 엉덩이를 살짝 가리는 테일러드 재킷을 좋아한다. 봄에서 가을까지는 전체적으로 부드러운 느낌의 파스텔톤 옷을 즐겨 입는다. 지난 봄, 파리에서 남편과 집 근처를 산책하다 60대 후반에서 70대 초반으로 보이는 노부인을 우연히 만났다. 그녀는 연분홍 재킷에 연보라 바지를 입고 있었다. 디자이너 엘리 사브 Elie Saab가 자신의 컬렉션에서 이런 색을 즐겨 사용하는데, 고상하고 절제된 우아함이 묻어난다. 좌안 지구에 사는 나의 대모는 노란빛이 살짝 도는 황백색 로퍼를 신고 은은한 색상의 토트백을 들고 다닌다. 연로한 나이임에도 참으로 세련되고 아름답게 보인다. 나이 든 여자는 군청색이나 선명한 파랑, 에메랄드그린을 포인트 아이템으로 하나 구비하고 나머지는 다소 어두운 색으로 장만하는 게 좋다. 전체적으로 자신의 피부와 헤어 색상에 따라 고르면 실패하지 않는다. 아울러 자기에게 잘 어울리는 색상이나 자기가 투영하고 싶은 이미지에 따라 고르면 된다. 그러니 당신의 DNA를 먼저 파악하도록 하라.

직장을 그만둘 때, 앞으로는 드레스를 살 일이 없을 거라고 생각했다. 그런데 2011년 11월, 파리에서 지내는 동안 내가 그즈음 정말 좋아했던 디자이너 베아트리스 페랑 Béatrice Ferrant 의 부티크를 우연히 지나가게 되었다. 쇼윈도에 걸린 드레스가 내 눈을 확 사로잡았다. 나는 무작정 안으로 들어갔다가 놀라운 정보를 들었다. 연말에 상점 문을 완전히 닫을 예정이라 모든 상품을 40% 할인된 가격으로 판다는 것이었다.

베아트리스의 의상은 로맨틱한 감성과 아름다운 라인으로 유명하다. 멋지고 우아하고 고급스러우면서도 편하게 입을 수 있고 가격도 부담스럽지 않다. 나는 짙은 자색의 심플한 원피스를 입어보았다. 얇은 가죽벨트로 허리를 잡아주니 나한테 썩 잘 어울렸다.

'앞으로 이런 원피스를 입을 일은 거의 없을 거야.'

속으로는 이렇게 생각하면서도 이 예쁜 원피스를 포기할 수 없었다. 결국 크리스마스 선물을 일찍 장만하는 셈치고 덜컥 사버렸다. (흠, 우리는 원하는 걸 얻기 위해 어떤 식으로든 합리화한다.) 몇 달 뒤, 뉴욕에서 열린 한 파티에 이 원피스를 입고 나갔다. 의상에 대해 그렇게 많은 찬사를 들어본 적이 없을 정도로 호평을 들었다. 남편도 내 모습을 보고 감탄하며 앞으로 원피스를 더 자주 입으라고 말했다. 자기에게 어울리는 옷을 입으면 기분이 아주 좋다. 남들에게 듣는 칭찬은 덤으로 얻는 즐거움이다.

나중에 보니 베아트리스의 부티크는 폐점하지 않고 '사전 예약'에 의해서만 운영되는 것으로 바뀌었다. 최근 그녀를 만나 패션과 트렌드, 여자가 입어야 할 것과 입지 말아야 할 것 등에 대해 한참 얘기를 나눴다. 그녀는 중국에 진출해 바쁜 나날을 보내고 있었다. 중국의 직장 여성들이 프랑스 패션을 무척 좋아하는데, 복식 문화와 규정을 잘 몰라서 가르칠 게 많다고 했다. 미국 진출도 염두에 두고 있다는 말에 공연히 내가 설레었다. 베아트리스는 자기주장이 분명한 디자이너다. 그럼, 어떤 옷이 여자에게 어울리는지 잘 아는 디자이너의 얘기를 찬찬히 들어보자.

베아트리스는 자신의 부티크를 오픈하기 전에 유명 브랜드 회사에서 두루 경력을 쌓았다. 여행도 많이 다니고 세상 경험도 많이 했다. 그녀의 고객은 18세에서 80세까지 폭넓게 분포하지만, 40대 후반에서 60대 직장 여성을 주요 타깃으로 삼고 있다. 그녀는 나이가 들수록 검은색은 피하라고 조언했다. 내가 놀라워하자 그녀는 대부분의 여성은 검은색을 피해야 한다고 거듭 강조했다. 그녀와 얘기하던 순간에도 나는 검은색 옷을 입고 있었다. 우리는 그 점에서 의견이 일치하지 않았다. 결국 검은색이 나한테 잘 어울리는 색이라며 그녀가 한 발 양보했다. 검은색 옷이 당신에게 잘 어울린다면 계속 입어도 무방하다. 하지만 나이 지긋한 여성이 검정 일색으로 입으면 더 나이 들어 보인다. 그 점에는 나도 베아트리스의 주장에 동의한다. 게다가 프랑스에서 검은색은 미망인이 입는 옷 색깔이라는 의식이 깔려 있어서 나이 먹을수록 검은색은 피하려고 한다. 물론 요즘엔 검정 상복을 입는 전통이 많이 퇴색하긴 했다. 우리 집에서도 아버지가 돌아가셨을 때 어머니는 검정 상복을 장례식 날밖에 입지 않았다. 어머니는 검정 의상을 입으면 기운이 더 빠지고 처지는 것 같다고 했다. 베아트리스를 비롯한 많은 프랑스 여자들이 검은색 대신 감청색, 암회색, 가지색, 암적색, 진보라색을 즐겨 입는다. 이런 색상은 검정보다 더 부드럽고 은은하다. 색상은 사람에게 생기를 불어넣는다. 50세가 지나 주황이나 빨강을 고를 때는 신중해야겠지만, 체형을 커버한다고 너무 시커먼 색만 고집하지는 않는 게 좋다.

프랑스 여자들은 성숙한 여자에게 소녀 같은 의상이 어울리지 않는다고 생각한다. 물론 요즘처럼 선택의 폭이 넓은 시대에 굳이 나이 들어 보이게 입을 필요는 없다. 하지만 의상이 그 사람을 대변하므로 너무 튀게 입는 것도 좋지 않다. 그 대신 액세서리로 개성을 표출한다. 멋진 선글라스나 빈티지 스카프, 특이한 벨트나 장신구로 한껏 멋을 낼수 있다. 파리에 사는 내 친구 멜라니는 자타가 공인하는 패셔니스타이다. 50대 후반인 멜라니는 짙은 블레이저에 달린 평범한 단추를 떼어 버리고, 파리에서 가장 큰 원단 가게인 마르셰 세인트 피에르Marché St. Pierre에서 구입한 예쁜 진주 단추를 달았다. 낡은 검정 원피스에 레이스로 깃을 달아 색다른 옷으로 만들기도 했다. 패션 디자이너의 꿈은 오래전에 접었지만 개성 있는 연출로 남다른 재미를 즐긴다.

색상 외에 옷감의 재질과 감촉도 중요하다. 프랑스 여자는 면과 울, 플란넬, 저지, 벨벳, 캐시미어 등 부드럽고 따뜻하고 편안한 소재를 선호한다. 면과 캐시미어, 비스코스와 캐시미어, 실크와 면을 혼합해 가격도 적당하고 편하게 입을 수 있는 원단도 애용한다.

베아트리스는 면바지나 청바지 입는 것을 결사반대한다. 외출할 때 레깅스를 바지 대용으로 입는 것도 반대한다. 멜빵바지나 헐렁한 티셔츠도 반대한다. (요즘엔 체중이 많이 나가는 여자들이 체형을 커버하려고 박스형 티셔츠를 즐겨 입는다.) 그리고 운동화, 통굽 구두, 장화를 신는 것도 반대한다. 앞에서 언급했듯이 그녀는 자기주장이 분명하다. 편안함을 추구하는 건 좋지만 너무 헐렁한 옷은 삼가야 한다고 강조한다. 비행기로 여행할 때뿐만 아니라 거리를 거닐 때도 마찬가지다. 그녀는 폭이 좁은 펜슬 스커트를 아주 좋아한다. 쉰 살이 넘은 나이라면 스커트 길이가 너무 짧거나 품이 꽉 끼지 않지 않는 게 좋다. 바지에는 긴 카디건을 걸치고, 색다른 분위기를 주기 위해 벨트를 활용한다. 그녀는 또 원피스도 아주 좋아한다. 원피스 위에 깔끔한 재킷을 걸치면 어느 자리에서나 돋보일 수 있다. 아울러 괜찮은 코트에 투자한 돈은 절대 아깝지 않다. 오버사이즈 코트는 유행이 지나면 손이 가지 않으므로 몸에 맞는 스타일이 좋다. 그녀는 몸매를 숨기는 게 아니라 드러내는 옷을 즐겨 만든다.

코코 샤넬은 이런 말을 했다.

"여성이 어떻게 조금도 꾸미지 않고 집을 나설 수 있는지 난 이해할 수 없다."

우리 어머니는 같은 말을 이렇게 표현했다.

"밖에 나갔다가 누구를 만나게 될지 모르잖니."

어머니는 토요일 오후만 되면 꽃을 들고 가족 묘지에 갔다. 나도 가끔 어머니를 따라나섰다. 어머니는 집 안에서도 깔끔하게 차려입었지만 외출할 땐 꼭 다른 옷으로 갈아입었다. 묘지가 집에서 멀리 떨어져 있지도 않았다. 어머니는 멋지게 꾸미는 것이 자기 자신과 타인에 대한 존중이라고 말했다. 너무 편한 복장으로 돌아다니는 것은 예절에 어긋난다는 것이다. 실제로 어머니와 다니면서 아는 사람을 자주 만났다. 그럴 때마다 어머니는 '내가 뭐랬니?'라는 표정으로 나를 쳐다봤다.

사실 스타일이란 한 마디로 정의하기 어렵다. 개인의 고유한 브랜드이자 살면서 터득하는 재능이기 때문이다. 타고날 수도 있고 무의식적으로 생겨날 수도 있다. 스타일이 멋진 사람을 보면 누구나 금방 알아차린다. 스타일은 개성과 관련된다. (아마도 이런 이유로 프랑스 여자들, 특히 파리지엔들이 완고한 개인주의자가 아닌가 싶다.) 아울러 생기, 열정, 상쾌함, 호기심과도 밀접하게 관련된다.

옷이란 그저 겉치레에 불과하다고 생각하는 사람에게는 이런 얘기가 하찮게 들릴지 모르겠다. 하지만 옷은 단순히 피상적 수단이 아니다. 한 사람과 그 사람을 바라보는 다수 간에 이뤄지는 의사소통 수단이다. 나는 옷차림을 보고 상대를 판단하는 것은 인간의 기본적이며 보편적인 본능이라고 생각한다. 우리는 모두 옷을 입고 살며, 계속해서 옷을 선택한다. 타인의 옷을 판단하면서 양심의 가책을 느끼는 사람은 없을 것이다.

내 어머니는 매혹과 아름다움, 우아함이나 세련미가 따로따로 존재하는 게 아니라 서로 밀접하게 연관되어 있다고 생각했다. 어머니의 모토는 아주 단순했다.

"너무 꾸미려 하지 마라. 유머 감각을 유지해라. 자기 자신에게 만족할 수 있도록 무슨 일이든 하되 자신을 학대하지는 마라."

나이와 마찬가지로 아름다움도 마음가짐에 달려 있다. 우아함은 실루엣과 표정과 미소에서 비롯된다. 이런 게 있는 사람은 억지로 꾸미지 않아도 남들이 다 알아본다.

다이애나 브릴랜드 Diane Vreeland 는 파리에서 태어나 미국에서 패션아이콘으로 우뚝 섰다. 그녀는 스타일과 우아함에 대해 이렇게 말했다.

"스타일이 전부다. …… 스타일은 삶의 방식이다. 스타일이 없다면 당신은 아무것도 아니다."

그리고 이런 말도 했다.

"스타일을 지니려면 파리에서 태어나야 한다."

흠, 물론 도움은 될 것이다. 우아함과 관련해서는 이렇게 말했다.

"진정한 우아함은 마음에서 비롯된다. 우아함을 갖췄다면 나머지는 그 안에서 우러나온다. 우아함은 타고난다. 나이가 들어도 빛을 발하며, 언제까지나 고수해야 하는 자질이다."

멋지고 당당하게 차려입고 스타일을 갖추면 나이를 모르고 살 수 있다. 감성과 개성, (극단으로 치닫지 않는) 대담성과 자연스러움을 골고루 갖춰야 멋진 스타일을 연출할 수 있다. 특히 자연스러운 우아함은 누구나 열망하지만 가장 얻기 힘든 자질이다. 남자가 여자에게 해줄 수 있는 최고의 찬사는 "스타일 멋지네요!"가 아닐까?

꾸민 듯 꾸미지 않은 자연스러움 속에서 최고의 스타일이 살아난다. 스타일을 잊고 살다가도 누군가가 알아봐주면 여자는 자기에게 스타일이 있음을 알아차린다.

Chapter

03

피부는 어떻게
관리할 것인가°

프랑스 여자들이 유명 연예인을 무작정 따라하거나 '시간을 되돌려준다'고 약속하는 비싼 화장품을 무조건 구입하는 게 아니라 제 나름의 비법을 고안해 꾸준히 실천한다는 점을 알리고 싶어서다. 그들은 얼굴에 칼부터 대는 게 아니라 자신의 피부 타입에 맞춰 평소에 꾸준히 관리를 한다.

03°

알자스 출신인 어머니는 저녁 식사를 끝내면 동네 여자들과 커피를 마시며 담소를 나누곤 했다. 그러나 '카피클라치Kaffeeklatsch'라 부르는 이런 모임에서 보톡스가 좋은지, 아니면 아르간 오일 같은 안티에이징 비법이 좋은지 대화를 나눈 적은 없었다.

세월이 많이 흘러 이젠 나도 카피클라치를 열게 되었다. 지난여름, 프랑스 남부에 있는 우리 집에 네 사람이 모였다. 우리는 커피 대신 다양한 허브티를 마시며 수다를 떨었다. 두 여자는 파리지엔이었고 나와 남자 한 명은 프랑스 출신 뉴요커였다. 여자 셋에 남자 하나였지만 전혀 어색하지 않았다. 실은 그 뉴요커 사내가 여자들보다 더 수다스러웠다!

막 50세가 된 그는 오는 길에 파리에 들러 보톡스 시술을 받았다고 했다. 1년에 두 차례씩 보톡스를 맞는 걸 마사지 받는 것처럼 아무렇지 않게 얘기했고, 우리에게도 꼭 맞으라고 권했다.

"엄청 빠르고 편해요. 가격도 비싸지 않고……"

프랑스에도 보톡스를 맞는 여자들이 더러 있지만 뉴욕이 아닌 프랑스에서 그런 말을 들으니 왠지 낯설었다. 그 자리에 있던 세 여자는 보톡스를 한 번도 맞지 않았고, 맞아볼까 생각해본 적도 없었다. 하지만 10년 전에는 이런 대화를 나누리라고 생각도 못했으니, 누가 알겠는가?

우리는 혹시 있을지도 모를 부작용과 비용, 반복된 시술, 지속 기간, 주사의 효과 등에 대해 열띤 토론을 벌였다. 아울러 실력이 뛰어난 의사는 유명 인사를 상대하느라 바쁠 터라, 이류 의사한테 얼굴을 맡기는 게 꺼림칙하다는 얘기도 오갔다. 얼굴이 비대칭인 사람이나 주름이 아주 깊게 팬 사람이라면 보톡스를 맞을 수도 있겠지만, 자연스러운 잔주름까지 쫙 펴야 할까? 시술을 받아 한동안 매끈했던 피부가 시간이 흘러 다시 예전 상태로 돌아오면 어떡하나? 이마를 비롯해 그가 보톡스를 맞은 부분은 탱탱하지만 다른 곳은? 목이나 손등과 비교하면 탱탱한 얼굴이 영 어색했다. 프랑스 사람들은 기본적으로 이런 것을 좋게 보지 않는다. 자연스럽지 않은 행위를 하면 어딘지 모르게 어색하다고 여긴다. 부자연스러우면 '기적'의 치료법도 말짱 꽝이다.

그렇긴 해도 가능하면 곱게 늙고 싶은 게 우리의 소망이다. 나이가 들면서 생기는 주름을 완전히 막을 수 없다면 가능한 천천히, 덜 생기게 하고 싶다. 사실 프랑스 여자는 이런 얘기를 터놓고 하지는 않는 편이다. 하지만 그 자리에서 우리는 지금의 얼굴과 미소와 표정을 오래 간직하고자 몇 가지 비법을 서로 공개했다.

베로니크는 줄담배를 피우고 틈만 나면 선탠을 즐기곤 했다. 그러다 보니 40대 중반부터 피부가 망가지기 시작했다. 세 여자 중 제일 젊었지만 얼굴은 제일 늙어 보였다. 셰프의 아내이자 잘 나가는 레스토랑의 여주인으로 사느라 스트레스도 많이 받았다. 그녀는 두 달 동안 죽어라 일하고 일주일 동안 강렬한 태양 아래 푹 쉬는 생활을 20년 넘게 해왔다. 바람직한 생활 방식은 아니었지만 일에서 오는 스트레스를 푸는 데는 그만이었다. 그 결과, 베로니크는 기적의 치료법을 갈구하게 되었다.

우리 중에서는 나딘의 피부가 제일 좋았다. 그녀는 모로코 출신의 사촌과 함께 자랐는데, 그 사촌 덕분에 아르간 오일을 꾸준히 사용했다. 밤 세안을 마치면 아르간 오일을 빼놓지 않고 발랐기 때문에 피부에 윤기가 자르르 흘렀다. 잡티도 없고 모공도 눈에 잘 띄지 않았다. 그녀의 피부는 약간 지성 타입인데, 쉰 살이 넘으면 건조한 것보다 훨씬 좋다.

아르간 오일은 모로코에서 자라는 아르간 나무의 열매에서 주로 추출한다. 아르간 오일에는 천연 비타민 E가 굉장히 많이 함유되어 있다. 그리고 페놀과 페놀산, 카로틴, 스쿠알렌, 필수 지방산이 풍부하고 불포화 지방산도 약간 들어 있다. 전에는 구하기 어려웠지만 요즘엔 쉽게 구입할 수 있고, 화장품 회사들도 노화방지용 크림에 아르간 오일을 첨가하는 추세이다. 하지만 아르간 나무 한 그루가 1년에 생산할 수 있는 오일이 1리터밖에 되지 않아 가격이 꽤 비싸다. (물론 그 정도 양이면 상당히 오래 사용할 수 있다.)

그렇다면 나딘의 탄력 있는 피부가 순전히 아르간 오일 때문일까? 그럴지도 모르지만 나딘 스스로 자기 여동생보다 젊어 보인다고 하는 걸로 봐서는 유전적 요인도 어느 정도 작용했을 것이다. 게다가 나딘은 세심하게 '피부를 관리한다'. 카모마일 스팀을 얼굴에 쐬고 레몬주스를 많이 마시며 진흙 마스크팩도 자주 한다. 이 모든 것을 집에서 혼자 한다. 또한 평소에 물을 많이 마시고 과일과 채소를 즐겨 먹으며 웬만한 거리는 걸어 다닌다. 한동안 게으름을 피우면 그 결과가 금세 나타난다며 나딘은 이런 습관이 복합적으로 피부에 좋게 작용했다고 믿는다고 했다. 나도 그녀의 믿음에 전적으로 공감한다.

나딘은 이렇게 꾸준히 관리하는 것으로도 모자라 얼마 전부터 아침마다 루핀 오일을 추가로 바른다고 했다. 루핀 오일도 민간요법으로 널리 애용되는 오일이다. 제약회사인 오비드 테크놀로지는 루핀 오일의 효과를 누누이 강조하면서 자고 일어나 루핀 오일을 바르면 피부에 더없이 좋다고 광고한다. 어렸을 때 어머니가 텃밭 한쪽에 키우던 루핀 덤불이 기억난다. 기다란 줄기에 파란색과 흰색 꽃이 층층이 피어났다. 나는 장미 다음으로 루핀 꽃을 좋아했다. 최근 실시한 여러 연구에서 루핀 꽃의 효능이 새롭게 밝혀졌는데, 단백질 성분이 지질로 변하면서 피지막을 보호하여 벨벳같이 매끄러운 피부를 선사한다고 한다. 게다가 루핀 단백질은 세포 재생을 촉진하고 피부 톤을 맑게 해준다. 일본의 한 기업이 루핀을 원료로 한 화장품을 출시한 이후, 여러 글로벌 브랜드에서 이 식물을 활용한 제품을 속속 출시하고 있다.

나딘은 '너 자신을 알라'는 프랑스 여성의 신조를 몸소 실천하는 사람이다. 예전엔 나딘도 몇 가지 '괴상한' 방법을 시도한 적이 있지만 이젠 인생의 다음 단계를 착실히 준비하고 있다.

"결국 세 가지 P로 요약할 수 있어요. 예방Prevention, 계획Planning, 준비 Preparation! 이 세 가지면 끝이에요."

그러자 베로니크가 물었다.

"그렇다면 당신의 넘치는 에너지는 어디에서 나오는 거죠?"

나딘은 모든 게 마음먹기에 달렸다며 이렇게 말했다.

"3분의 2는 정신에서 비롯되는 거예요."

정확한 수치를 알 수는 없지만 어쨌든 긍정적 마음가짐을 유지하고 정신적, 육체적, 외면적 변화를 이끌어내기 위해 계획을 세우고 실천한다면 한결 젊게 살 수 있을 것이다. 조금 늦은 감이 없지 않지만 베로니크도 이젠 아르간 오일을 날마다 사용하고 있다.

이런 얘기를 하는 이유는, 프랑스 여자들이 유명 연예인을 무작정 따라하거나 '시간을 되돌려준다'고 약속하는 비싼 화장품을 무조건 구입하는 게 아니라 제 나름의 비법을 고안해 꾸준히 실천한다는 점을 알리고 싶어서다. 그들은 얼굴에 칼부터 대는 게 아니라 자신의 피부 타입에 맞춰 평소에 꾸준히 관리한다.

프랑스는 피부를 관리하고자 하는 사람들에게 천국 같은 곳이다. 진열대에 놓인 수많은 화장품 중에서 자기에게 맞는 제품을 고르는 재미도 상당하다. 최근에 글로벌 브랜드로 부상한 화장품 제조사로는 세포라Sephora를 꼽을 수 있다. 예나 지금이나 프랑스 여자들은 피부 관리에 남다른 노력을 기울인다. 그런 노력 덕분에 지난 20여 년 동안 화장품이 수출에 효자 노릇을 톡톡히 했다. 크림이 주사 요법처럼 깊은 주름을 금세 펴주진 못하지만, 꾸준히 바르면 확실히 긍정적 효과를 안겨준다. 극단적이고 부자연스러운 결과를 기대하지 않고서 자신의 '외면'을 보존하고 관리하는 데는 그만이다.

주름 제거 수술처럼 얼굴에 칼을 대는 처치는 최후의 수단이다. 아르간 오일을 사용하는 것 같은 예방 조치가 아직은 진가를 인정받지 못하고 있지만 지극히 기본적이고 중요하다. 피부 관리에서 가장 중요한 것은 피부를 촉촉하게 유지하는 것이다. 프랑스 여자들에게 수분 공급은 종교와도 같다. 그래서 죽을 때까지 니베아 라인을 손에서 떼

지 않는다. 미국 여자들이 바셀린 라인에 목매는 것도 같은 이치이
다. 가격이 저렴하고 품질이 좋아 얼굴은 물론 몸 구석구석에 바른
다. 이걸 살까 저걸 살까 고민되거나 가격 때문에 망설인다면, 이 두
브랜드가 괜찮은 해결책이 될 것이다.

Skin changes through decades
피부는 계속 변한다

1967년 영화 〈졸업〉에서 더스틴 호프만이 열연한 청년 벤저민은 앞으로 뭘 하며 살지 몰라 고민한다. 그러자 한 친구가 앞으로는 '성형'이 대세가 될 거라며 그쪽으로 직업을 알아보라고 적극 권한다. 그때나 지금이나 '성형'이 대세라는 말은 웃기면서도 서글프다. 피부 노화 문제에 빠지지 않고 등장하는 단어가 하나 있다. 피부가 왜, 어떻게 늙는지 그리고 노화를 막기 위해 무엇을 할 수 있는지 따질 때 우리는 이 단어에 집중한다. 바로 '콜라겐'이다.

콜라겐은 동물의 뼈와 피부에 존재하며 결합조직을 구성하는 주된 단백질이다. 대개 20대 중반부터 콜라겐 생성이 느려진다. 우리가 통제하기 어려운 유전적 조건과 통제 가능한 영양과 환경적 조건에 따라 조금씩은 다르지만, 처음엔 잔주름이 생기다가 40대에 접어들면 눈에 띄게 깊어진다. 수술 없이 주름을 완화시키고 젊어 보이려면 일단 콜라겐을 늘려야 한다.

외모에 크게 영향을 미치는 또 다른 요소는 탄력소인 '엘라스틴'이다. 콜라겐과 마찬가지로 엘라스틴도 결합조직에 존재하는 단백질이다. 피부의 4% 정도를 차지하며, 피부 탄력을 좌우한다. 나이가 들면 엘라스틴이 탄성을 잃어 원상태로 복구되지 못한다. 처음엔 망사형 탄력섬유였던 것이 시간이 갈수록 엘라스틴 함량이 줄어들고 파손되어, 결국 제 효과를 발휘하지 못한다.

피부는 계속 변한다. 특히 얼굴과 목, 팔과 손에 세월의 흔적이 두드러지게 나타난다. 하룻밤 사이에 확 변진 않지만 수년에 걸쳐 속부터 서서히 변하기 시작해 30대 중반에 이르면 확연히 드러난다.

20대 중반에서 30대에 이르면 주름이 생긴다. 처음에는 미세하게 잡히지만 점점 더 깊고 뚜렷해진다. 피부의 제일 바깥층이 얇아지면서 자극에 예민해진다. 아울러 상처가 생기면 회복이 더뎌진다. 전보다 두 배에서 네 배 정도 오래 걸린다. 멜라노사이트라는 멜라닌 색소 세포가 줄어들면서 안색이 창백해지거나 반투명해지기도 한다. 반면에 나머지 색소 세포는 늘어나서 작은 갈색 반점이나 검버섯이 생기기도 한다. 아울러 골밀도가 낮아지고 피하지방층이 얇아지면서 피부가 늘어지기 시작한다. 눈 밑에 다크서클이 생길 수도 있다. 피부가 처지는 것은 중력 때문이다. 중력은 우리 몸 전체에 영향을 미친다. 나이를 먹을수록 피부 탄력이 떨어지기 때문에 50대에 이르면 눈꺼풀이 처지고 귀가 길게 늘어지며 심지어 코도 낮아지기 시작한다. 나중에는 피부에 잡티나 쥐젖, 심지어 사마귀까지 생긴다.

Preventives
예방 조치로 시간을 늦추다

시계를 되돌릴 수는 없지만 다양한 예방 조치로 시간을 늦출 수는 있다. 일단 유력한 혐의자부터 파악해야 한다. 당신은 뭐가 문제인지 알고 있다. 너무 망가져서 주름 제거 수술을 하지 않고는 회복하기 어려운 상태에 처하기 전에 거울을 보고 어떠한 예방 조치를 취하는 게 좋을지 자신에게 물어보라.

피부 노화의 가장 큰 원인은 뭐니 뭐니 해도 자외선 노출이다. 자외선은 피부암을 비롯해 각종 피부 트러블을 일으킨다. 이런 자외선을 피하려면 어떻게 해야 하는지도 다들 알 것이다. 한낮의 태양은 피하고 피부 노출을 줄이며 자외선 차단제를 꼼꼼히 발라야 한다. 우리 피부는 햇빛에 오래 노출되면 콜라겐 단백질과 결합조직이 파괴되어 뻣뻣해진다. 심한 경우 피부가 가죽처럼 질겨지고 늙은 농부처럼 얼굴이 쪼글쪼글해진다.

남들보다 일찍 피부가 노화되는 걸 막으려면 담배부터 끊어야 한다. 담배 연기는 물론이고 오염된 공기에 노출되는 것도 줄이고 피부를 항상 촉촉하게 유지해야 한다. 추운 날씨에는 피부가 건조해지기 쉬우므로 수분을 더 많이 공급해야 한다. 영양을 충분히 공급하고 잠을 푹 자며 지나친 음주를 삼가야 한다. 이러한 예방 조치를 소홀히 하면 그 파장이 얼굴에 금세 나타난다.

　건강해 보이고 실제로도 건강한 피부를 유지하기 위해 가장 기본적이고 중요한 습관은 세안이다. 화장을 깨끗이 지우지 않고서 잠자리에 들지 마라. 모공을 활짝 열어주되, 세안제가 피부를 건조하게 하므로 세안 후에는 보습제를 꼭 발라주어라. 또한 좋은 세안제를 사용해야 한다. 쓸 만한 세안제를 찾기 어려우면 콜드크림을 사용하라.

　주기적으로 (대개 주1회 정도) 각질을 벗겨내야 한다. 뜨거운 물과 수건으로 가볍게 원을 그리며 얼굴을 문지르는 방법도 있지만 화장품 회사에서 판매하는 각질 제거용 스크럽제나 마스크를 이용할 수도 있다. (남자들은 좋은 면도기로 쓱쓱 얼굴을 문지르면서 각질을 제거한다. 물론 그들이 이런 사실을 알 리도 없고 알고 싶어 하지도 않겠지만!)

　다시 말하지만 세안 후, 특히 각질 제거 후에는 피부 타입에 맞는 보습제를 꼭 바르는 게 좋다. 단, 너무 듬뿍 발라서 모공을 막지는 마라.

　마지막으로 두 가지 사항을 가슴에 새기도록 하라. 물을 자주 마시고, 비타민 A, C, B3, E가 풍부한 음식을 섭취하라. 나는 잠자리에 들기 직전과 일어난 직후에 꼭 물을 한 잔씩 마신다.

Anti-aging cosmetic care
안티에이징 화장품

뉴욕과 파리를 자주 오가다 보니 공항 면세점을 지나칠 때가 많다. 면세점은 승무원을 비롯해 아시아인들로 늘 붐빈다. 특히 화장품과 향수 코너에는 발 디딜 틈이 없다. 자국에서 구입할 때보다 훨씬 저렴하기 때문이리라. JFK 공항의 에어프랑스 터미널에는 중국의 대형 항공사 두 곳이 자리 잡고 있어서 손님 중 상당수가 중국인이다. 중국에서 이런 '명품'은 수입 관세가 많이 붙는다. 뉴욕 JFK 공항의 면세점에 중국인과 중국어를 구사하는 판매원이 많은 게 충분히 이해가 간다.

놀랍게도 여자들이 빼놓지 않고 구입하는 항목은 안티에이징 관련 제품이다. 특히 많은 사람들이 에스티로더의 어드밴스드 나이트 리페어(싱크로나이즈드 리커버리 콤플렉스라는 부제가 붙어 있는, 갈색병으로 잘 알려진 화장품)를 대량으로 구매하는 것을 보았다. 에스티로더의 리뉴트리브 라인도 사람들이 대단히 많이 구매하는 품목이다.

에스티로더는 평판이 아주 좋다. 면세점에서 가장 사랑받는 브랜드라 해도 과언이 아니다. 그밖에 랑콤을 비롯한 수십 개 브랜드도 청춘의 샘물과도 같은 다양한 묘약을 판매한다.

이러한 안티에이징 크림은 값이 비싸다. 게다가 제조사에서 주장하는 효과를 얻으려면 오랫동안 사용해야 한다. 처지고 주름지고 착색된 피부를 탱탱하고 뽀얀 피부로 가꾸려면 날마다 꾸준히 사용해야 한다.

65세를 넘긴 미국인이 현재로는 4천만 명 정도지만 2050년에는 8천 8백만 명에 이를 전망이다. 화장품 회사 입장에서는 이런 수치가 그야말로 희소식이다. 2050년에 중국의 60세 이상 인구는 2억 명에 달하고, 60세를 넘긴 세계 인구는 20억 명에 육박할 것이다. 노령 인구를 돌보는 일은 21세기의 주요 과제로 부상했다. 글로벌 화장품 회사로서는 더없이 좋은 기회이다. 그들이 연구 개발의 초점을 어디에 맞춰야 하는지 눈 감고도 알 수 있다. 바야흐로 주름의 시대가 다가오고 있다.

이런 제품은 의학적 효과가 입증되지 않았기 때문에 아직은 화장품으로 분류된다. 그런데 (혈청이라는 뜻의) 세럼, DNA, 심지어 (실험실이라는 뜻의) 레버러터리 같은 용어를 사용하여 의약품으로 위장하거나 의약품 냄새를 풍긴다.

화장품 회사들이 대단히 효과적인 크림과 액상 제품을 개발하는 데 투자를 아끼지 않는다면, 언젠가는 효과적 '의약품'으로 인정받거나 적어도 입증된 결과를 지닌 치료제로 인정받을 날이 올 것이다. 현재도 주름 개선 효과가 5%에서 10%에 이르는 등 유명 브랜드에서 판매하는 제품은 어느 정도 효과를 발휘한다. 에스티로더는 자사의 어드벤스드 나이트 리페어 제품이 임상 실험을 거쳐서 효과가 입증됐다고 주장한다.

"88%의 여성들이 피부가 더 매끄러워지고 더 환해지고 더 촉촉해졌다고 합니다."

나는 그들의 주장을 믿는다. 실제로 제품을 사용해본 여자들도 피부가 확실히 좋아졌다고 믿는다. 좋아졌다는 믿음은 정신신경학적으로 중요한 효과를 지닌다. 앞에서도 썼듯이 믿음은 강력한 치료제니까.

이런 값비싼 안티에이징 '세럼'은 아무런 해가 없으며, 실제로 도움이 되기도 할 것이다. 하지만 세안을 제대로 하고 저렴한 보습제와 자외선 차단제만 잘 발라도 안티에이징 효과를 얻을 수 있다고 나는 굳게 믿는다.

Treatments
나만의 특별한 치료법을 찾다

여자라면 누구나 자신을 소중히 가꿔야 한다. 그리고 자신을 더 기분 좋게 바라보게 해줄 '특별한' 치료법이 있어야 한다. 그 치료법이 어떤 여자에게는 밤중에 마스크팩을 얹는 것 같은 간단한 처치를 뜻할 것이다. (나는 어머니가 가르쳐준 이 방법을 애용한다. 내가 어머니를 존경하는 마음에서 밤마다 마스크팩을 붙이는 걸까? 아니면 과거에 대한 향수? 그런 마음도 없지는 않겠지만 일단은 효과가 좋기 때문에 자주 사용한다.) 반면에 어떤 여자에게는 몸에 칼을 대는 방식을 뜻할 것이다.

다들 자기가 선호하는 방법을 실천한다. 그런데 어떤 결과를 얻을지도 모른 채 아무 방법이나 무작정 시도하는 여자들이 의외로 많다. 마법의 샘물 같은 수많은 미용 치료법 중 상당수는 약속한 결과를 보장하지 않는다. 그래서 새로운 치료법이 나올 때마다 비싼 돈을 들여 시도하지만 만족스러운 결과가 나오지 않는다. 사람마다 기대치도 다르다. 처방전 없이 살 수 있는 크림과 세럼, 각종 묘약이 주는 심리적 이점과 그런 제품을 발랐을 때 얻는 외적 효과는 확실히 구분해야 한다. 하지만 이것은 각자가 거울 앞에 서서 직접 따져봐야 할 문제이다.

또한 미용 치료는 종류가 너무 많다. 당황스러운가? 당신만 그런 게 아니다. 해도 해도 끝이 없을 만큼 다양한 방법이 있다. 첨단 기법을 동원하는 듯 이름은 그럴듯하지만 효과는 상당히 미심쩍거나(내 주름을 진짜로 쫙 펴줄 수 있을까?) 상당히 모호하다(화학적 박피로 내 피부가 어떻게 된다는 말인가?).

나는 미용 치료 전문가도 아니고 시술을 받아보지도 않아서 경험담을 들려줄 수는 없다. 그래도 마흔이 넘은 여자라면 이런 치료에 시간과 돈을 들이기 전에 각 치료법이 실제로 무슨 목적으로 시행되는지, 각각의 장점과 위험성이 무엇인지는 알아야 한다고 생각한다.

1. 화학적 박피

'화학적 박피'는 글리코산, 삼염화아세트산, 살리신산, 석탄산(페놀) 등을 얼굴에 발라 인위적으로 화상을 입혀 치료하는 방법이다. 상처가 치유되면서 딱지가 떨어지면 새살이 돋아나는 원리를 적용한다.

바르는 산의 종류에 따라 박피할 깊이가 결정된다. 순한 산은 표피층, 즉 각질만 제거하지만 강한 산은 표피 안으로 침투해 진피층까지 제거한다. 깊이 침투할수록 부작용 위험이 커진다.

부작용으로는 피부가 약간 화끈거리고 붉어지는 것부터 부어오르거나 색소 침착, 흉터까지 다양하다. 또한 어떤 화학적 박피를 시술하든 햇빛에 더 민감해진다는 점을 명심해야 한다.

화학적 박피를 옹호하는 사람들은 피부가 맑아지고 피부 결이 매끄러워진다고 주장한다. 실제로 시술받은 여자들은 화학적 박피 덕분에 더 환해지고 '더 젊어 보이는' 피부를 갖게 됐다고 말한다. 환경 요인으로 찌든 낡은 피부를 벗겨내고 신선한 속살을 꺼내고자 살갗이 타는 아픔을 이겨냈는데 그 정도 효과는 당연한 것 아닌가!

2. 미세연마술

미세연마술은 피부를 아주 얇게 벗겨내는 것으로, 고통이 덜하다. 표피의 각질을 제거하기 위해 특수 제작된 연마 도구를 사용한다. 이 시술은 피부에 혈류를 공급하도록 자극하므로 주름 개선 효과도 얻을 수 있다. 시술하는 동안 사포로 피부를 미는 것 같은 느낌이 든다. 홍조가 생기거나 피부가 예민해지기도 하지만 대개 몇 시간 후에 사라진다.

3. 광회춘술

흔히 IPL(Intense Pulsed Light, 복합 파장 광선)이라 불리는 광회춘술은 강한 파장의 빛을 피부에 침투시켜 각종 피부 트러블을 치료한다. 기미와 주근깨, 검버섯, 반점, 딸기코를 사라지게 하고 끊어진 혈관도 치료한다. 피부 전반을 상당히 개선할 수 있지만 주름 치료 수단으로는 권장하지 않는다. 부작용이 거의 없는 치료법이긴 해도 제대로 시술하지 않으면 (드물지만) 화상을 입을 수도 있다. 한 번의 시술로 끝나지 않고 3주에서 6주 간격으로 3회에서 5회 정도 받아야 한다. 홍조나 색소성 질환이 심하면 치료 횟수가 더 늘어난다. 시술 비용은 매번 수백 달러에 이르고, 여러 번 받아야 하니 천 달러에서 2천 달러 정도 든다. 시술 효과는 18개월에서 20개월 정도 지속된다.

4. 보톡스

미용 시술하면 누구나 떠올리는 단어가 바로 보톡스이다.

보톡스가 하도 성행하다 보니 오래된 치료법이라 생각하겠지만 실은 2002년에야 FDA의 승인을 받았고, 그때부터 할리우드와 연예계에 들불처럼 확 번졌다. 10년은 젊어 보이게 해주니 어떤 배우가 마다하겠는가!

곧이어 미국 전역의 미용 클리닉에 여자들의 발길이 이어졌다. 일상 대화에서 "나이에 비해 젊어 보인다."라는 표현이 예전보다 네 배 정도 늘어났다. 미국에서 작년에 시행된 보톡스 시술은 560만 번이고, 그 수는 매년 5%씩 증가하고 있다.

왜 이렇게 많으냐고? 그야 당연히 효과가 좋기 때문이다! 보톡스는 주름을 확실히 펴준다. 때로는 도가 지나쳐서 '무표정한 얼굴'이 되기도 한다. 보톡스 환자의 약 82%는 일주일 내에 뚜렷한 개선 효과가 나타난다고 말한다. 하지만 좋은 게 다 그렇듯이 영원히 지속되지는 않는다. 환상을 유지하기 위해 계속해서 보톡스 주사를 찾게 된다.

가격이 저렴하지도 않다. 뉴욕에서는 한 번 맞을 때 평균 380달러 정도 든다. 효과가 3, 4개월 정도 지속되므로 1년에 4회 정도 시술받아야 한다. 이것도 첫 해에만 그렇다.

어느 치료나 그렇듯이 보톡스에도 부작용이 따른다. 주사 맞은 부위가 따끔거리고 멍이 들 수도 있다. 머리가 아프고 일시적으로 근력이 저하되기도 한다. 드물게 구토나 호흡 곤란, 전신 통증, 무기력증 등 식중독 증세를 경험할 수도 있다.

그중 가장 큰 위험은 무표정한 인간이 될 정도로 보톡스 주사에 의존하게 되는 것이 아닐까? 그런 것은 당당하게 나이 먹는 태도가 아니다. 모르는 게 약이라고, 얼굴이 탱탱하니 나이를 모르고 살 수는 있겠다. 그렇지만 몸은 쪼그라드는데 얼굴은 갈수록 탱탱해진다면 얼마나 부자연스럽겠는가?

그래서 나는 주사 바늘에 반대한다. 하지만 누가 알겠는가? 편집자로 일하면서 미용과 건강에 관한 글을 쓰는 내 친구는 보톡스를 즐겨 맞고 내게도 그 장점을 역설한다. 흠, 그래도 나는 그 대열에 합류할 생각이 없다. 주름은 그냥 두고 시간과 돈을 다른 곳에 쓰겠다.

이젠 슬슬 얼굴에 칼 대는 문제를 논할 때가 됐다. 하지만 그 문제를 다루기 전에 우리가 할 수 있고 또 마땅히 해야 하는 일이 굉장히 많다는 사실을 알아야 한다. 주름을 제거하려고 얼굴에 칼을 대는 사람은 예전에도 있었고 앞으로도 있을 것이다. 그런 현실을 부정할 생각은 추호도 없다. 오히려 어느 정도는 필요하다고 본다.

TV 뉴스 앵커나 연예인처럼 얼굴이 먹고 사는 데 중요한 역할을 한다면, 밥줄이 끊기지 않기 위해 첨단 기기를 이용할 시기가 좀 더 일찍 올 수 있다. 기업체 임원실의 자리를 지키려고, 혹은 온라인에 올릴 사진을 멋지게 찍으려고 남자들도 이 대열에 속속 참여하고 있다. 잡지에는 포토샵으로 건드리지 않은 사진이 없다. 대체로 미국 사람들은 어떻게든 젊은 이미지를 가지려고 애쓰는 것 같고, 프랑스 사람들은 피부가 지쳐 보이지 않으려고 애쓰는 것 같다.

Adding a little heat
열 좀 쐬어보시라

주름이 깊어지는 베이비부머들이 워낙 많다 보니(이 범주에 속하는 인구가 역사를 통틀어 주름을 안고 살았던 인구보다 더 많다), 피부 관리에 목매는 사람도 덩달아 늘어났다. 그들은 칼을 대지 않고서 혹은 칼을 대기 전 단계로서 피부를 획기적으로 개선할 방법을 찾는다.

주름을 비롯한 각종 노화 신호에 맞서기 위해 조만간 과학과 기술과 비즈니스가 뭉쳐 새로운 치료법을 내놓을 것이다. 의술은 빠르게 바뀌고 있다. 기본 치료법과 절차가 개선되고, 발전 속도도 점점 더 빨라지고 있다. 10년 후에는 구급상자에 어떤 도구가 들어 있을지 아무도 예측할 수 없다. 과학은 끊임없이 발전하고 있다.

앞으로는 '성형'이 대세가 될 거라던 말을 기억하는가? 엄밀히 말하면, 콜라겐이 대세가 될 것이다. 칼을 대기 전에 앞으로는 콜라겐 생성을 높이고자 전파나 초음파를 활용하는 일이 많아질 것이다. 얼굴에 열을 쐬면 생각지도 못한 효과가 나타난다. 한 임상 실험 연구에 따르면 초음파 시술로 기존 주름 제거술에서 얻었던 피부 탄력도의 37%에 달하는 효과가 나타났다고 한다. 불가피하게 얼굴에 칼을 대는 사태를 연기할 방법이 드디어 나온 것이다.

다양한 종류의 온열 마사지는 피부에 40℃에서 65℃ 정도로 열을 가하지만 통증이 거의 없고 따로 회복 기간이 필요하지도 않다. 따라서 시술받고 나서 한동안 은둔하지 않아도 된다. 단 한 차례 시술로도 전보다 확실히 더 젊어 보인다. 몇 차례 받고 나면 턱선을 비롯해 처진 라인이 쫙 올라간다. 이 분야를 주도하는 회사와 제품으로는 솔타 메디컬의 서머지Thermage, 엘만 인터내셔널의 펠레베Pellevé, 울세러의 울세러피Ultherapy, 시네론 메디컬의 리펌ReFirme 등이 있다.

울세러피 제작사는 이 시술로 "늘어진 피부를 비침습적으로 당기고 끌어 올려 노화의 징후를 확실히 줄일 수 있다."고 주장한다. 초음파 열이 외과수술로 주름을 제거할 때처럼 피부 진피층까지 침투해 굳어 있는 세포를 활성화시킨다. 두세 달 정도 지나면 콜라겐이 재생되어 효과가 나타나고 한동안 유지된다. 시술 시간은 30분에서 한 시간 정도 걸린다. 인터넷에 올라온 시술 후기를 읽어보니, 처음에는 약간 따끔거린다고 한다. 총평은 전체적으로 괜찮았다.

효과는 대체로 1년 넘게 지속된다. 관리를 더 받으면 2년까지 지속될 수도 있다. FDA에서 공인한 이 시술을 제공하는 의사가 늘고 있다.

과학은 진짜로 발전하고 있다.

줄기세포를 이용해 주름을 개선하는 방법도 나왔다. 이 방법을 옹호하는 사람이 늘고는 있지만, 주장을 뒷받침할 사례 조사나 표준화된 시술 절차는 아직 나오지 않았다. 체지방 용액에 '잠재적' 재생 성분을 지닌 줄기세포를 더해 주름과 움푹 꺼진 얼굴 부위에 주사한다. 비수술적 치료이긴 하지만 아직 확실하게 입증되지 않았다. 그래도 안티에이징을 꿈꾸는 사람들에게는 새로운 시술법으로 각광받고 있다.

Did you say "facelift"?
얼굴에 칼을 댄다고?

흠, 장난스럽게 얘기한 것 같아 미안하지만 이 책은 얼굴에 칼 대는 것을 반대하거나 옹호하거나 둘 중 어떤 의도도 없다. 다만 당당하게 나이 먹자는 뜻에서 얼굴을 어떻게 관리하는 게 좋은지 논의하고자 한다. 그리고 나는 시간을 확 되돌리거나 자연을 거스르고자 여자들이 (그리고 남자들이) 저지르는 극적이고 침습적인 시도를 총괄하는 용어로서 '칼을 댄다'라는 말을 썼다.

Under the knife (or needle) across the globe
칼을 대거나 주사에 의존하는 지구촌 사람들

미국은 성형수술 분야에서 단연 세계 1위를 달리고 있다. 2위는 중국으로, 1위를 따라잡으려고 엄청난 속도로 쫓고 있다. 3위는 브라질이다.

그렇다면 여성의 아름다움에 헌신적으로 기여하고, 나이 지긋한 여성이 욕망과 우아함과 치명적 매력을 고루 갖춘 선망의 대상으로 추앙받는 프랑스는 몇 위일까? 10위권 안에 들지도 못했다. 자연스러운 외모와 느낌을 추구하는 프랑스 여자는 크림과 스크럽제를 선호하기 때문이다. 외과의사의 메스에 얼굴을 맡기기보다는 입고 먹고 가꾸는 데 집중한다. 프랑스 여자가 의술의 힘을 빌리고자 한다면 대개 지방 흡입술을 받고 싶을 때이다.

미국이 성형수술 대국으로 알려져 있긴 하지만 인구 비율로 따진다면 제일 높지는 않다. 그 타이틀을 차지할 국가는 대한민국이다. 실제로 2009년에 실시된 한 연구에 따르면, 한국인의 20%가 어떤 식으로든 성형수술을 받았다고 한다. 주로 지방 흡입술이나 쌍꺼풀 수술이었다. 서구인의 눈과 비슷해 보이도록 하는 쌍꺼풀 수술은 아시아 전역에서 대단히 성행한다.

그리스가 2위를 차지했다. 그들은 유방 확대 수술을 제일 많이 받았다. 자연미인의 본고장으로 알려진 이탈리아가 의외로 3위를 차지했다. 여기서는 보톡스 시술과 지방 흡입술이 상당히 많았다.

브라질이 4위를 차지한 것은 별로 놀랍지 않다. 성형수술을 부끄럽게 생각하기는커녕 신분의 상징으로 여길 정도이다. 실제로 정부에서 세금 감면 혜택까지 주기 때문에 수십만 명의 여자들이 유방 확대 수술을 위해 선뜻 수술대에 눕는다. 5위 자리에는 콜롬비아가 당당히 이름을 올렸다. 보다 저렴한 비용으로 성형수술을 받으려는 사람들이 콜롬비아로 향하고 있다.

인구비율로 따졌더니 미국은 겨우 6위에 올랐다. 하지만 칼을 대거나 주사를 맞은 횟수로는 작년에 1천3백만 번이 넘어 위에 열거한 대부분 나라보다 훨씬 더 많았다.

각 국가별로 성형수술 유형과 미의 기준 사이에 상관관계가 있음을 알 수 있다. 미국과 이탈리아, 그리스처럼 '서구화된' 나라에서는 유방 확대 수술과 지방 흡입술 비율이 상당히 높았다. 몸은 말라도 가슴은 큰 여자를 선호하기 때문이다.

아시아 쪽을 살펴보자. 서울에는 최고 의술을 자랑하는 의료 전문가와 최신 기술로 무장한 성형 클리닉이 200여 개나 밀집된 거리가 있다. 이른바 '뷰티 벨트Beauty Belt'라 불리는 이곳은 아시아는 물론 세계에 흩어져 사는 아시아인에게 명소로 꼽힌다. 가슴 수술과 지방 흡입술, 주름 제거술을 선호하는 서구와 달리 아시아인은 인기 연예인과 비슷한 얼굴과 몸으로 바꾸고 싶어 한다. 정말 그렇다. 눈꺼풀과 안면윤곽 수술이 주로 이뤄진다. 새로운 턱을 갖고 싶다면, 15만여 명의 의료 관광객 틈에 끼여 뷰티 벨트를 찾아가라. 하지만 그것은 '아름다움'과 환상을 좇는 것이지, 절대 당당하게 나이 먹는 것은 아니다.

Yes, I said "facelift": options
'정말로 필요할 때' 칼을 대자

칼을 댈지 말지 결정하는 건 여자의 권리라고 생각하는 것 같은데, 나는 그렇게 보지 않는다. 물론 얼굴이 흉하게 망가지는 사고를 당했다면 성형수술이 필요하다. 이때는 어차피 칼을 대야 하니, 성형도 하고 주름도 제거하는 것이 나쁘지 않을 것이다.

　60대에 이른 내 친구 하나는 뉴욕 시에서 택시를 타고 가다 큰 사고를 당했다. 택시가 과속으로 달리다 제동력을 잃고 레스토랑으로 돌진한 것이다. 친구는 운전석 뒤에 설치된 칸막이에 얼굴을 세게 부딪쳐 피를 철철 흘렸다. 그런데 호랑이 굴에 들어가도 정신만 차리면 산다고, 그녀는 앰뷸런스를 타고 가는 와중에 지인에게 전화를 걸어 자신이 다니는 성형외과 의사에게 대신 연락해 병원으로 당장 오라고 해줄 것을 부탁했다. 흉터를 비롯한 부작용을 최소화하려면 진짜 프로가 필요할 터였다. 다행히 찢어진 상처가 그리 심각하지는 않았다. 피가 많이 흐른 이유는 부러진 코뼈 때문이었다. 아무튼 그녀는 몇 주 동안 시퍼런 피멍과 꿰맨 상처를 안고 지내야 했다. 그래도 순발력 있게 대처한 덕분에 코도 고치고 주름도 활짝 펼 수 있었다. 두 달 후, 그녀는 더 젊고 건강해진 모습으로 병원을 나설 수 있었다. 병원비는 그녀의 의료 보험 회사와 기사의 사고 보험 회사에서 모두 지불했다.

예전에 나는 얼굴에 칼 대는 문제를 진지하게 생각하지 않았다. 내가 50대 때 남부 출신의 예쁜 아가씨가 이 문제에 대한 내 식견을 넓혀주고자 이웃과 함께 우리 집에 찾아온 적이 있었다. 인테리어 디자이너인 그녀는 멋지고 매력적이었다. 머리를 금발로 염색했고, 처음 보는 나한테 살갑게 대했으며 말주변도 아주 좋았다. 만난 지 5분 만에 그녀는 다음에 받을 주름 제거 수술에 대해 설명했다. 치과 예약에 대해 이야기하듯 스스럼이 없었다. 게다가 자신을 성형해준 의사를 소개해주겠다고도 했다. 나는 어이가 없었다. 프랑스인에게는 상상할 수 없는 행동이었다. 얼굴에 칼 대는 문제를 그렇게 대놓고 말하는 것도 낯설었지만 소개비라도 받는지 성형수술을 권하기까지 했다. 한두 가지 질문을 던지긴 했지만 그것은 대화라기보다는 기나긴 독백이었다.

10년도 더 지난 일인데 그때 일이 지금도 생생한 이유는 안 그래도 젊어 보이는 아가씨가 왜 군이 얼굴에 칼을 대려는지 이해할 수 없었기 때문이다. 만약 당신이 쉰다섯 살인데 나이보다 훨씬 젊어 보인다고 하자. 그래도 얼굴에 칼을 대서 주름을 쫙쫙 펴고 싶은가? 일흔 살까지 그런 수술을 서너 번 더 받으면 어떻게 보이겠는가? 당연히 부자연스러워 보일 것이다. 얼굴은 탱탱하더라도 쪼글쪼글 주름지고 늘어지고 얼룩진 손은 어떻게 위장할 것인가? 아, 새로운 기술과 치료법이 나와 손이고 어디고 다 위장하면 그만이라고 생각할지도 모르겠다.

그때나 지금이나 내 생각은 한결같다. 군이 메스를 대야 한다면 적합한 시기가 언제인지 진지하게 생각하라는 것이다. 갑자기 자동차 사고를 당했거나, 건강상의 이유가 아니라면 기다리는 게 좋다. 그런데도 (유방을 확대하거나 축소하는 숫자를 빼고도) 30대나 40대에 성형수술을 감행하는 여자들 수가 엄청나게 많다.

　실제로 주름을 없애려고 칼을 대는 경우 선택 사항이 많지는 않다. 하지만 기술은 날로 발전하고 특화되고 있다. 의학 전문 용어로는 주름살 절제술이라고 하며, 얼굴 근육과 피부를 팽팽하게 당겨 올리고 주름을 제거하는 일을 포함한다. 하관과 턱 아래의 늘어진 살, 목에 눈에 띄는 효과를 보인다. 선택 사항을 구체적으로 살펴보면 다음과 같다.

　　○ **이마 거상술** Browplasty : 말 그대로 이마를 위로 당기는 수술로, 하고 나면 눈썹이 살짝 올라간다.

　　○ **안검 성형술** Blepharoplasty : 미용이나 의학적 이유로 눈꺼풀을 줄이거나 교정하는 수술이다. 주로 윗꺼풀에 있는 여분의 지방과 피부를 제거한다. 수술 후에 바로 아이라인 문신을 하기도 한다.

　　○ **귀 성형술** Otoplasty : 돌출된 귀를 두개골에 가깝게 고정시키는 등 귀의 형태를 바로잡는 수술이다.

　　○ **중안면부 거상술** Midfacelift : 뺨을 팽팽하게 당기는 수술이다. 지방 이식과 병행하면 효과를 높일 수 있다.

　　○ **입술 성형** Lip Enhancement

○ **목주름 제거술**^{Necklift}

얼굴에 칼을 대볼까 생각한다면 아무 병원이나 불쑥 찾아가진 않을 것이다. 온갖 정보를 살펴보고 평이 좋은 곳을 물색할 것이다. 오랜 직장생활에서 얻은 경험을 바탕으로 충고하건대 세 군데는 알아보고 결정하는 것이 좋다. 온라인 검색과 입소문 정보를 모은 다음, 병원을 세 군데 정도 방문해서 어떤 수술이 괜찮은지, 그리고 언제, 누구에게 받아야 하는지 결정하도록 하라.

다시 원점으로 돌아가, 수술하지 않고 스스로 관리하는 방법을 살펴보자. 그러려면 프랑스 여자들이 주로 하는 방법을 다시 살펴볼 수밖에 없다. 앞에서도 언급했듯이 프랑스는 크림과 보습제의 나라이다. 한 가지 더 추가하자면 얼굴 마사지도 각광받는다. 이러한 제품과 절차가 주요 수출품 목록에도 올라 있다. 정체성이 많이 사라지긴 했지만 아직도 화장품 수출국 빅3는 프랑스, 일본, 미국이다. 그리고 다른 나라에서 생산하더라도 프랑스 브랜드라고 하면 최고 품질로 통하는 것 같다.

파리에서 대학에 다니던 시절, 주변 상점에는 놀라운 효과를 자랑하는 크림과 치료제가 가득했다. 프랑스 여자라면 누구나 그런 제품을 애용했고 피부 마사지도 부지런히 받았다. 내가 나고 자란 작은 동네에서도 어머니는 1년에 두 차례씩 마사지숍에 갔다. 맨해튼에 처음 정착했을 때 마사지를 받으러 어느 숍에 가느냐고 주변 사람들에게 물었더니 다들 나를 이상한 눈으로 쳐다봤다. 그들은 얼굴 마사지를 받지 않았다. 결국 쇼핑의 메카라는 삭스 피프스 애비뉴^{Saks Fifth Avenue}에서 운영하는 스파에 찾아갔더니 동유럽 출신 여식원들이 아주 세심하게 마사지를 해주었다. 비용이 만만찮아서 마음이 편치는 않았지만 사치라고는 생각하지 않았다. 치석을 제거하려고 치과에 가는 것처럼 건강한 피부를 유지하려면 꼭 받아야 하는 것이기 때문이다. 흠, 아주 똑같지는 않지만 어쨌든 유지 보수 차원에서 반드시 해야 하는 절차이다. 물론 요즘엔 많이 달라졌다. 뉴욕의 어느 레스토랑에서는 토끼 고기도 먹을 수 있다니, 마사지 숍도 어렵지 않게 찾을 수 있다.

Nature to the rescue: food lifts
자연에서 답을 찾다: 식품

피부에 좋은 음식을 꾸준히 섭취하면 각종 영양 성분이 피부 재생을 촉진하고 탄력 있는 피부를 가꾸게 해주기 때문에 얼굴에 칼 대는 시기를 늦출 수 있다. 수술대에 누워볼까 생각하기 전에 우리가 할 수 있는 일이 아주 많다. 특히 좋은 음식을 맛있게 먹는 일은 성형수술에 따른 통증과 회복 기간 동안의 은둔 생활보다 훨씬 더 즐겁다. 흠, 그런 의미에서 당신은 오늘 아침에 시금치를 먹었나?

시금치는 항산화 효과가 탁월한 루테인이 많이 들어 있다. 피부 수분을 유지해서 주름을 예방하고 피부 탄력도 높여준다. 일반적으로 항산화제와 오메가3 지방산이 풍부하게 든 식품은 피부에 좋다. 활성산소는 세포를 손상시켜 주름을 야기하는데, 항산화제가 바로 이 활성산소를 무찌른다. 그리고 지방질은 세포가 건조해지지 않게 해주고 피부를 촉촉하게 해준다.

기름기가 많은 생선이나 특정 오일 종류가 몸에 좋다는 사실은 이미 알고 있을 것이다. 블루베리를 비롯한 베리류에도 항산화제가 풍부하다. 시금치를 비롯한 녹색 채소는 비타민 K와 C의 좋은 공급원이다. 눈 밑의 다크서클이 유전적 요인이나 최근 며칠간 밤을 새우느라 생긴 게 아니라면, 이런 영양소는 다크서클을 완화하는 데도 좋다.

철분이나 비타민 B12 부족으로 생긴 다크서클이라면 굴이 특효약이다. 나는 굴을 굉장히 좋아한다. 매일 먹어도 질리지 않을 것 같다. 아직까지는 4일 이상 먹어보지 않아서 검증하지는 못했다. 아무튼 굴은 영양 덩어리이다. 칼로리는 낮지만 오메가3 지방산과 마그네슘, 아연, 칼륨, 단백질 등 몸에 좋은 성분이 풍부하게 들어 있다. 게다가 크기와 모양과 맛이 아주 다양하다. 굴은 피부에 수분과 탄력을 높여준다. 또한 콜라겐 생성을 촉진해 주름을 완화시켜준다. 그래도 안 먹는다고? 흠, 노화를 막는 또 다른 전사인 비타민 E 수치도 상당히 높다.

나는 시금치와 굴을 많이 먹으면서 자랐고, 지금도 어디에 가든 즐겨 먹는다. 그런데 아보카도는 먹을 기회가 거의 없었다. 뉴욕에 오고 나서야 아보카도를 먹어봤다. 이후 카리브해 지역에 갔을 때는 아주 실컷 먹었다. 다행히 요새는 맛이 끝내주는 이 과일을 어디서나 구할 수 있다. 아보카도는 항염증 성분이 풍부해서 피부 잡티를 비롯한 염증 치료에 탁월한 효과가 있다.

비타민 E는 대단히 강력한 항산화제로, 사악한 활성산소를 앞장서서 무찌른다. 30대 말에 이르면 우리 몸은 항산화제보다 활성산소를 더 많이 생성한다. 그래서 비타민 E를 충분히 공급해야 콜라겐 섬유를 보호해 주름 생성을 늦출 수 있다. 그런데 우리 몸은 비타민 E를 저장하지 못하기 때문에 식품으로 계속 보충해줘야 한다. 아보카도, 시금치, 굴은 비타민 E의 좋은 공급원이다. 비타민 E는 또한 견과류, 식물성 기름, 파파야, 계란에도 많이 들어 있다. 비타민 E는 동맥 내벽에 플라그가 쌓이는 것도 막아준다. 그 덕에 죽상동맥경화증 위험이 줄어들고 고혈압과 심장병 위험도 줄어든다. 그러니 아보카도, 굴, 시금치를 식단에서 빠뜨리지 않도록 하라.

바나나를 자주 먹으면 피부가 아주 고마워할 것이다. 바나나도 피부에 좋은 과일이다. 원산지와 크기는 달라도 성분과 효능은 같다. 체액이 배설되지 않고 체내에 머무는 체액저류 현상을 막아주어 눈 떨림과 안면 경련을 예방한다. (딸기와 마찬가지로) 바나나에는 칼륨이 풍부해서 가공식품과 패스트푸드, 짠 음식으로 인한 나트륨을 중화시켜 준다.

섬유소가 풍부하고 탄수화물 공급원이기도 한 바나나는 천연 고혈압 치료제이며, 비타민 B6가 풍부해서 항염증제로도 작용한다.

그럼 피부에 좋은 이 네 가지 식품을 식탁에 자주 올리기 위한 요리법을 몇 가지 살펴보자.

▌Beauty Recipe

버섯과 파르메산 치즈를 곁들인 시금치 샐러드

균형 잡힌 요리에 시금치, 버섯, 파르메산 치즈, 올리브 오일을 빼놓을 수 없다. 내가 아주 좋아하는 브런치 샐러드를 소개한다.

▌재료(4인분)

올리브 오일 4스푼, 표고버섯 7온스(깨끗이 씻어서 잘게 썬다, 크레미니 버섯이나 양송이 버섯도 괜찮다), 신선한 타임 1스푼(잘게 다진다), 셰리 식초 2스푼, 레몬즙과 레몬 껍질 다진 것, 어린 시금치 10온스(씻어서 물기를 뺀다), 잣 1/3컵, 파르메산 치즈 1/2컵(채칼로 간다), 소금과 갓 빻은 후추.

1. 프라이팬에 올리브 오일을 1스푼 넣고 중불로 예열한다. 버섯이 부드러워질 때까지 약 8분간 볶다가 입맛에 따라 간을 하고 타임을 뿌린다. 프라이팬을 불에서 내려 상온에서 식힌다.
2. 남은 올리브 오일 3스푼과 셰리 식초, 레몬즙과 레몬 껍질 다진 것을 작은 볼에 넣고 섞은 다음 입맛에 따라 간을 한다. 큰 볼에 시금치를 담고

잣과 버섯을 넣는다. 소스를 부어 골고루 섞은 다음, 파르메산 치즈를 살살 뿌린다. 바로 대접한다.

▌Beauty Recipe

시금치 퐁듀에 얹은 굴 에멀션

생굴을 먹지 못하는 사람도 이 조리법으로 익힌 굴에는 손이 갈 것이다. (잘게 썬 시금치, 양파, 버터 등을 굴에 얹어 오븐에 구운) 오이스터 록펠러 요리를 내 나름대로 변형한 것이다. 오이스터 록펠러는 맛이 좋긴 하지만 빵 부스러기와 마늘 때문에 굴 맛을 제대로 음미하기 어렵다. 그래서 나는 재료를 졸이는 방법을 선호한다. 졸이면 시간도 단축되고, 버터를 살짝 가미해 에멀션으로 만들 수도 있다. 까놓은 굴을 구입할 때 국물과 껍데기를 같이 넣어 달라고 부탁하라.

▌재료(4인분)

올리브 오일 1스푼, 어린 시금치 10온스(씻어서 물기를 뺀다), 생크림 1/4컵(사워크림도 괜찮다), 생굴 24개(껍데기는 까고 국물은 따로 보관한다, 1/4컵 정도의 굴 국물이 필요하다), 버터 2스푼(차게 보관해서 잘게 자른다), 소금과 갓 빻은 후추.

1. 프라이팬에 올리브 오일을 넣고 중불에서 예열한다. 시금치를 넣고 소금으로 간을 한 후 뚜껑을 덮는다. 4분간 익히면서 나무 주걱으로 이따금 저어준다. 뚜껑을 열고 시금치가 물러질 때까지 약 2분간 더 익힌다.

팬에서 물을 따라 버리고 생크림을 넣어 저어준다. 입맛에 따라 간을 하고 따뜻하게 보관한다.

2. 굴 국물을 냄비에 넣고 중불로 익히면서 거품을 거둬낸다. 굴을 넣고 1분 정도 살짝 익힌 다음 불에서 내린다.

3. 작고 얕은 볼을 네 개 준비해서 시금치를 나눠 담는다. 구멍이 뚫려 있는 큰 스푼으로 굴을 떠서 시금치 위에 올려놓는다. 굴 국물을 펄펄 끓인 다음 차가운 버터에 넣어 휘젓는다. 입맛에 따라 간을 하고 굴과 시금치 위에 끼얹는다. 바로 대접한다.

Beauty Recipe

레몬 비네그레트를 끼얹은 아보카도

잘 익은 아보카도는 샐러드드레싱만 살짝 뿌려 먹는 게 제일 맛있다. 나는 아보카도를 이렇게 해서 점심으로 먹거나 식사에 곁들여 자주 먹는다. 아보카도를 자연 그대로 먹는 방법을 제외한 수백 가지 요리 중에서 과카몰리가 가장 흔한 조리법이다. 과카몰리는 아보카도를 으깬 것에 양파, 토마토, 마늘 등을 섞어 만든 멕시코 요리인데, 나는 아보카도 본연의 맛을 느낄 수 없어서 즐기지 않는다. 아보카도와 토마토는 내가 제일 좋아하는 과일이지만 같이 섞어 먹는 것은 별로 좋아하지 않는다.

재료(4인분)

잘 익은 아보카도 2개, 굵은 소금과 갓 빻은 후추, 레몬 1개(즙을 낸다), 셰리 식초 1티스푼, 올리브 오일 1스푼, 바질 1스푼(잘게 다진다, 파슬리를 사용해도 좋다).

1. 아보카도 2개를 반으로 잘라 씨를 제거한다. 작은 접시에 따로 담아 입맛대로 간을 한다.
2. 레몬즙과 식초, 올리브 오일을 잘 섞은 다음 아보카도 위에 뿌린다. 그 위에 바질을 살짝 뿌리고 대접한다.

Beauty Recipe

바나나, 오렌지, 피넛버터 크로크마담

나는 바나나만 보면 사족을 못 쓴다. 바나나만큼 영양가 많고 먹기 편한 과일이 어디 있을까? 디저트로 바나나를 먹을 땐 절반을 뚝 잘라서 나이프와 포크로 썰어 먹기도 한다. 껍질을 벗겨서 들고 먹으면 한 개를 순식간에 먹어치우기 때문이다. 간편하게 먹는 방법을 선호하긴 하지만, 나는 미식가답게 바나나 조리법으로 요리책을 써도 될 만큼 다양한 조리법을 알고 있다. 시리얼과 요구르트에 곁들여 먹기도 하고, 플랑베 바나나로 먹기도 한다. 바나나에 럼주를 끼얹어 불을 살짝 붙이는 플랑베 바나나는 보기도 좋고 만들기도 쉽다. 바나나 케이크나 바나나 파이도 괜찮다. 매사추세츠 주 웨스턴에 교환학생으로 갔을 때 바나나 파이를 엄청 먹었다. 바나나 스무디는 너무 맛있어서 계속 먹다간 뚱보가 되기 쉽다.

몇 년 전, 프로방스에 있는 우리 집에 친구들이 잔뜩 모였다. 미국인 친구도 있었고, 뉴욕에서 살다온 파리지엔도 있었다. 우리는 집에 있는 재료로 크로크무슈를 만들어 먹기로 했다. 다들 피넛버터를 좋아해서 식빵에 피넛버터를 듬뿍 바른 다음, 바나나와 오렌지를 얹어 프랑스식 크로크무슈를 만들었다. 흠, 한번 먹어보면 바로 중독되는 맛이다. 크로크무슈에 계란노른자를 살짝 얹으면 크로크마담이 된다.

재료(2인분)

시큼한 맛이 나는 식빵 4장(통밀 빵이나 브리오슈도 괜찮다), 피넛버터 2스푼, 오렌지 껍질 다진 것(1개 분량), 중간 크기 바나나 1개(껍질을 벗겨서 얇게 썬다), 부드러운 버터 1스푼, 설탕 1티스푼, 카카오 가루(선택사항).

1. 식빵 2장에 피넛버터를 얇게 펴 바른다. 각각에 오렌지 껍질 다진 것을 뿌리고 그 위에 바나나를 올린다. 남은 식빵을 위에 올리고 양면에 버터를 살짝 바른 다음 설탕을 살살 뿌린다.
2. 프라이팬을 중불에 예열한다. 샌드위치를 올리고 살짝 눌러가며 굽는다. 양쪽 겉면이 황금색이 될 때까지 약 4분 정도 굽는다.
3. 샌드위치를 도마에 올리고 대각선으로 자른다. 원한다면 카카오 가루를 뿌리고 바로 대접한다.

French women
Don't get facelifts °

Chapter
04

The Art and Magic of Grooming

제 나이에 맞는
스타일을 찾을 것°

사람들은 타인을 볼 때 제일 먼저 머리를 본다는 얘기를 들은 적이 있다. 이어서 눈과 표정을 살핀 후 바로 구두를 본다고 한다. 어쩌면 이런 부분이 첫인상을 판단하는 기준이다.

04°

지난 25년 동안 내 머리를 다듬어준 마법의 헤어스타일리스트 피터가 얼마 전에 은퇴했다. 아, 노화에 맞서는 내 비밀 병기 하나가 사라졌다. 그동안 피터가 내 나이에서 5년은 덜어줬는데⋯⋯

세계에서 제일 느린 미용사를 꼽으라면 피터가 상석을 차지했을 것이다. 그는 가위를 들기 전에 손님의 머리와 얼굴, 옆모습, 두상을 찬찬히 살폈다. 말투와 옷매무새, 움직임 등 어느 하나 놓치지 않고 관찰해서 손님의 스타일을 최대한 돋보이게 해주었다. 업계 전문 용어로 이것을 '상담 기술'이라 부르는데, 좋은 스타일리스트일수록 꼼꼼하게 고객을 상담한다. 피터는 어느 누구도 똑같이 잘라주지 않았다. 지나고 보니 그동안 내 머리도 똑같은 스타일로 잘라준 적이 한 번도 없었다. 어떤 때는 스타일이 아주 미묘하게 바뀌었고, 어떤 때는 눈에 띄게 확 바뀌었다. 내가 나이를 먹을수록 스타일 변화가 두드러졌지만 유행을 좇지는 않았다. 그의 미용실을 나설 때면 나는 늘 기분이 최고였다.

다른 미용사들과 달리, 피터는 커트만 하는 데 한 시간이 걸렸다. 기본적으로 세 번을 다듬었다. 그가 가위를 내려놓을 때마다 나는 다 됐구나 생각했지만, 그는 내 모습을 찬찬히 뜯어본 뒤 다시 가위를 들었다. 말도 거의 하지 않고 자르는 일에만 집중했다. 솜씨가 워낙 좋아서 3, 4개월이 지나도 손질한 지 얼마 되지 않은 듯 완벽했다. 사업 수단은 꽝이었지만 진정한 아티스트였다.

괜찮은 헤어스타일리스트를 알고 있는가? 모른다고? 지금 헤어스타일이 마음에 드는가? 안 든다고? 이유는 무엇인가? 개성을 살리면서도 나이에 어울리는 스타일인가? 아니라고? 그렇다면 거울을 보고 뭐가 문제인지 따져보라.

아, 괜찮은 헤어스타일리스트를 찾고 있다고? 낯선 사람이 내 머리를 보고 "헤어스타일이 아주 멋지네요."라고 말하면 기분이 아주 좋다. 그들은 곧 "어디서 자르셨어요?"라고 묻는다. 나는 어깨를 으쓱하며 "파리에서 잘랐어요."라고 대답한다. 그러면 대부분 "그럴 줄 알았어요."라고 말한다. 헤어스타일이 마음에 드는 사람을 만나면 어디에서, 누구에게 잘랐는지 물어보라. 친구에게 괜찮은 헤어스타일리스트를 소개해달라고 부탁해도 좋다. 실은 나도 그렇게 해서 피터를 만났다. 물론 괜찮다고 소개받은 헤어스타일리스트가 마음에 들지 않을 수도 있다. 첫술에 배부르겠는가? 몇 번의 시행착오를 거치다 보면 마음에 쏙 드는 사람을 만날 날이 올 것이다. 전에 나도 어느 도시에서 머리를 잘랐다가 이틀 만에 다른 미용실에 가서 다시 지른 적이 있다.

사람을 볼 때 제일 먼저 머리를 본다는 얘기를 들었다. 이어서 눈과 표정을 살핀 후 바로 구두를 본다고 한다. 어쩌면 이런 부분이 첫인상을 판단하는 기준이다. 오랜만에 만난 사람이 당신에게 "좋아 보이네요."라고 말한다면, 무엇을 근거로 그렇게 말하는 것일까? 분명히 방금 말한 기준에 당신의 안색과 허리둘레를 순간 포착한 뒤 던진 말일 것이다.

아흔이 다 된 한 노부인을 알고 있는데, 그녀는 지긋한 나이에도 늘 외모를 가꾸고 정갈하게 차려입는다. 평소 화장과 피부 관리, 머리 스타일에 공을 많이 들이고, 미장원 나들이는 지금도 계속한다. 그녀가 머리를 막 손질하고 난 뒤에 보면 시간이 멈춘 것 같다. 10년이 넘게 알고 지냈는데 처음 만났을 때와 별반 차이가 없다.

그녀가 다니는 미장원은 노인들 머리를 매만지는 데 일가견이 있는 것 같다. 진짜로 '노인 헤어'를 전문으로 하는 미장원이 따로 있으면 좋겠다. 흠, 50대 이상을 위한 미장원도 있으면 좋겠다.

나이를 먹으면 머리가 가늘어지기만 하는 게 아니다. 숱도 엄청 줄어든다. 그와 더불어 얼굴도 점점 변한다.

How to discover the best style for your face
얼굴형에 딱 맞는 스타일 찾기

거울아, 거울아, 내 얼굴은 무슨 형이니? 계란형, 원형, 직사각형, 정사
각형, 삼각형, 역삼각형, 하트, 다이아몬드? 그나저나 당신이 선택한 헤
어스타일은 얼굴형과 어울리는가? 혹시 나이를 먹으면서 얼굴형이 변
하지 않았는가? 그놈의 중력이 늘 문제다. 피부 탄력이 떨어져 얼굴이
아래로 처지면서 계란형 얼굴이 후덕한 원형이나 사각형으로 변할 수
있다. 살이 찌면 변화가 더 심하다. 이럴 땐 어떡해야 할까?

얼굴형에 어울리는 헤어스타일 연출법이 따로 있다. 얼굴이 둥그스
름하면 눈과 귀 주변을 층지게 잘라주고, 얼굴이 길면 긴 생머리는 꿈
도 꾸지 말아야 한다. 안 그래도 긴 얼굴이 더 길어 보이기 때문이다.
하지만 그 정도로는 얼굴형에 딱 맞는 스타일을 찾기 어렵다. 따져야
할 사항이 아주 많기 때문이다. 곱슬머리인가 아니면 자연스러운 직모
인가? 머리카락이 가는가 아니면 굵은가? 머리숱이 많은가, 아니면 두
피가 보일 정도로 숱이 없는가? 머리색은 무엇인가?

구체적 조언과 명확한 답변을 제시하고 싶지만, 열 가지 얼굴형에
40가지 헤어스타일만 곱해도 수백 가지 스타일이 나오니 여기서 다 나
열할 수는 없다. 그러니 가끔은 잘나가는 스타일리스트에게 조언을 구
하는 것도 좋다. 당신의 얼굴형에 가장 어울리는 헤어스타일을 조언해

줄 것이다. 각종 웹사이트나 잡지, 책 등에도 다양한 정보가 실려 있다. 하지만 이런 정보에 너무 휘둘리면 더 복잡해질 수도 있다. 나이를 먹을수록 단순하게 사는 게 좋다. 컴퓨터를 이용해 가상으로 스타일을 연출해보는 것도 나쁘지 않지만, 머리를 실제로 만지면서 당신에게 어울리는 스타일을 찾는 게 더 실속 있다. 여유가 있으면 일주일에 한두 번 미용실에 가서 블로우 드라이를 받는 것도 좋다. 몸을 건강하게 관리하고 머리를 예쁘게 가꾸는 것은 매우 중요하다. 이 둘은 서로 연관되어 있다.

머리를 보면 노화에 대한 마음가짐을 알 수 있다.

그렇다고 유행에 따라 수시로 헤어스타일을 바꾸라는 말은 아니다. 얼굴과 개성과 생활 방식에 어울리는 스타일을 찾아야 한다. 그리고 시간이 지날수록 조금씩 변형하면 된다. 자기에게 어울리는 헤어스타일은 유행을 타지 않는 검은색 원피스와 같다. 그레이스 켈리, 오드리 헵번, 재클린 케네디, 카트린느 드뇌브 같은 고전미의 아이콘을 보라. 오랜 세월 동안 길이만 조금씩 달랐을 뿐, 헤어스타일은 거의 변하지 않았다. 피부와 마찬가지로 헤어도 꾸준히 관리해야 한다. 나이 먹을수록 머리카락 속의 단백질이 줄고 몸속의 호르몬이 교란을 일으킨다. 그러니 우리의 갈기가 너무 상하기 전에 잘 관리해야 한다.

1920년대와 1930년대 패션 아이콘 루이스 브룩스의 보브 스타일을 기억하는가? 나는 여섯 살부터 지금까지 줄곧 보브 스타일 단발을 고수하고 있다. (물론 뭘 해도 예쁜 열다섯 살에서 스물다섯 살까지는 다른 스타일을 시도한 적도 있다.) 변화를 주고자 길이를 길게도 하고 짧게 치기도 했다. 앞머리를 옆으로 넘기거나 자르기도 했다. 앞머리 길이도 짧거나 길게 변화를 주었다. 뒤는 짧게 자르고 옆쪽으로 층을 내면서 살짝 늘어뜨려 볼륨을 살리기도 했다. 가운데 가르마를 타다가 옆 가르마로 바꾸기도 했다. 하지만 아무리 변화를 줘도 기본형은 단발머리였다. 내 오랜 헤어스타일리스트 피터가 권해준 단발머리에서 크게 벗어나지 않았다. 내가 변화를 주고 싶어 사진을 몇 개 보여주면, 피터는 너무 짧거나 너무 긴 스타일은 퇴짜를 놓았다. 유행을 쫓아 변화를 줘도 얼마 안 가 익숙한 스타일로 되돌아가곤 했다. 단발머리는 클래식한 헤어스타일이면서도 유행을 타지 않는다. 나이를 먹고 유행이 바뀌어도 늘 돋보이는 스타일이다.

Maintenance
헤어 관리의 중요성

머리가 부스스해 보이지 않도록 2, 3개월에 한 번 정도는 다듬어줘야 한다. 나를 비롯한 프랑스 여자는 흔히 보름달이 뜨는 날 머리를 자르면 좋다고 믿는다. 자른 다음에는 건강하고 탄력 있는 머릿결을 위해 케라틴 단백질로 트리트먼트를 한다. 특히나 가을엔 당신의 헤어스타일이 괜찮은지 제대로 살펴야 한다. 과도한 유행을 무조건 따라가지 말고 개성과 생활 방식에 어울리는 스타일을 추구해야 한다. 머리카락이 가늘고 숱이 없다면 틀어 올리는 스타일은 곤란하다. 헤어 타입에 맞는 스타일로 연출하되 집에서 손쉽게 관리할 수 있어야 한다.

사춘기 소녀 시절엔 긴 머리, 짧은 머리, 땋은 머리 등 뭘 해도 어울리지만 마흔이 넘으면 고유한 헤어스타일을 선택해야 한다. 나이에 맞게 간편하면서 세련된 스타일로 이목을 끄는 거라면 얼마든지 환영하지만 너무 특이해서 지나가는 사람들이 돌아볼 정도면 곤란하다.

지난 봄, 친구 마기와 파리의 팔레 루아얄 카페의 야외 의자에 앉아 담소를 나누다 진짜로 특이한 머리를 한 여자를 목격했다. 우리랑 조금 떨어진 자리에 70대로 보이는 한 여자가 당근처럼 주황색 머리를 하고서 앉아 있었다. 뿌리 쪽에 흰 머리가 올라온 걸로 봐서 뿌리 염색할 때가 지난 것 같았다. 게다가 그녀는 같은 색깔의 속눈썹까지 길게 붙였고 그것으로도 모자랐는지 눈두덩에 시퍼런 아이섀도를 떡칠한 상태였다. 현란한 머리에 비해 옷차림은 평범해 보였다. 주변 사람들은 광대라도 보는 양 그녀를 쳐다봤다. 어떻게 저런 몰골로 집을 나섰을까? 집에 거울은 있나? 우리는 그녀의 국적을 짐작해보려고 애썼다. 요즘엔 어디 출신인지 가늠하기가 참 어렵다. 말도 없이 앉아 있었기에 단서가 없어서 결국 포기하고 말았다. 이런 얘기를 왜 하냐고? 도를 넘지

말라는 것이다. 청소년기를 넘긴 다음에는 너무 강렬한 색을 사용하지
마라. 그날 우리는 머리를 핑크색이나 파랑색으로 염색한 젊은이도 여
러 명 목격했지만 그다지 흉측해 보이지 않았다. 하지만 당근 머리를
한 노부인은 충격 그 자체였다. 괴상한 머리로 해외토픽에 오르고 싶지
않거든 뻘건 색이나 시퍼런 색으로 염색하지 마라.

　또한 주의해야 할 것은 나이가 들수록 피부가 칙칙해진다는 것이다.
시커먼 머리색은 주름과 칙칙한 피부를 두드러지게 한다. 어두운색 립
스틱도 마찬가지다. 반면에 은은한 색조는 안색을 환해 보이게 해준다.

A shampoo peut-être?
오늘 샴푸를 했던가?

미국인은 머리를 매일 감아야 좋다고 주장한다. 반면, 프랑스인은 머리
를 잘 감지 않고 이도 잘 닦지 않는다고 소문났다. 하지만 세계적인 여
성지와 브랜드를 통해 헤어 관리 규칙이 널리 소개되어 양쪽 다 근거가
없다고 드러났다. 이틀에 한 번씩 머리를 감는 프랑스 여자도 있지만
일주일에 달랑 두 번 감는 미국 여자도 있다.

　얄궂게도 미국에서는 체인점으로 운영하거나 특정 브랜드를 판촉하
는 때가 아니면 상당수 미장원이 프랑스 제품을 사용한다. 반면에 같은

조건의 프랑스 미장원은 미국 제품을 애용한다. 참 이해가 안 간다. '우리는 늘 갖지 못한 것을 갖고 싶어 한다'는 속성이 헤어제품에도 적용되나 보다.

자, 먼저 머리를 날마다 감지 않아도 된다는 프랑스 측 주장을 살펴보자. 프랑스 사람은 밤에 피부를 가꾸는 의식을 치른 후 바로 머리 손질에 들어간다. 고개를 앞으로 숙이고 (멧돼지털 브러시 같은) 질 좋은 브러시로 뒤에서 앞으로 정성껏 빗질한다. 이렇게 빗으면 먼지도 떨어낼 수 있고 혈액순환도 잘된다. 프랑스인들은 해변에 다녀왔을 때만 바로 샴푸한다. 그때도 순한 중성 샴푸를 사용한다. 라 로슈포제 La Rouche-Posay 사의 키리움 두 엑스트렘 Kerium Doux Extrême이 괜찮다. 가르니에 Garnier에서도 헤어 타입에 따라 다양한 제품을 판매한다.

실제로 프랑스인은 헤어 타입에 상관없이 매일 머리를 감으면 좋지 않다고 생각한다. 두피에 자극을 주고 피지 분비를 촉진하며 장기적으로 봤을 때 머리카락을 약화시키기 때문이다. 뭐든 좋은 것도 지나치면 해가 되는 법이다. 횟수도 중요하지만 방법도 중요하다. 너무 세게 마사지하면 샴푸의 화학물질이 두피 속에 침투하므로 좋지 않다. 손가락 끝(손톱 말고 지문 부분)으로 뿌리 부분을 빠르고 부드럽게 마사지하는 게 좋다. 샴푸를 헹궈낸 다음에는 좀 더 강하게 마사지해도 좋다. 프랑스계 미국인으로서 내가 내린 결론은, 일주일에 두세 번 정도면 충분하다는 것이다. 그러면 시간도 절약된다.

헤어 타입에 맞는 샴푸를 찾는 것도 중요한데, 거저 되진 않는다. 헤어 타입이 건성이든 지성이든 상관없이 두 가지 샴푸를 병용하는 것이 좋다. 그래야 머리카락이 똑같은 유효성분에 길들여지지 않는다. 피부와 달리 머리카락 섬유질은 매달 저절로 재생되지 않는다. 머리카락 수명은 대개 4, 5년이라 유효성분을 흡수하는 세포가 늘 같다. 그러니 가벼운 해독 효과를 주기 위해 한 달에 한 번은 평소에 쓰는 두 가지 샴푸와 전혀 다른 샴푸를 사용하는 게 좋다. 세 번째 샴푸는 평소 사용하는 제품의 찌꺼기를 정화하는 역할을 할 것이다. 페카이Fekkai에서 판매하는 클레리파잉 애플 사이다 샴푸Clarifying Apple Cider Shampoo는 윤기 있고 건강한 머리카락을 약속한다.

샴푸한 후에는 잘 헹궈야 한다. 컨디셔너를 사용하든 안 하든 마지막에는 찬물로 헹구는 것이 좋다. 여름뿐 아니라 한겨울에도 마지막엔 찬물로 헹구도록 하라. 과학적으로 입증할 자료가 있으면 좋겠지만 아무튼 찬물로 헹구면 모공과 모낭을 닫아준다고 한다. 모발의 생명력과 윤기에 관해서라면, 대대로 내려오는 조언과 경험담이 확실히 통한다. 머리카락 손실을 줄인다고 알려진 헹굼 방법을 하나 더 소개하자면, 사과식초 2스푼과 꿀 2스푼을 물 1리터에 풀어 헹구는 것이다. 이 물에 마지막으로 머리를 헹구면 마법같이 윤기가 흐른다고 한다. 나는 모발의 윤기를 극대화하기 위해 한 달에 두어 번은 레몬즙이나 식초로 헹군다. 이 방법도 번갈아 하는 것이 좋다. 그래야 당신의 머리카락이 지겨워하지 않는다!

샴푸 속 화학물질을 헹궈낸 다음에 두피를 가볍게 마사지하면 모근이 강화된다. 목덜미에서 시작해 귀 위쪽을 지나 성수리 순으로 마사지하라. 그리고 머리를 감을 때는 가능하면 고개를 앞으로 숙이고 감는 게 좋다. 그러면 혈액순환을 촉진시키고 모낭을 자극한다.

머리카락을 더 세심하게 관리하고 싶다면 일주일에 한 번씩 머리에 헤어팩을 씌워라. 로레알 L'Oréal 에서 판매하는 에버 퓨어 Ever Pure 보습팩은 간편하게 사용할 수 있다. 물론 집에서 아보카도에 올리브 오일과 레몬즙 몇 방울을 혼합한 뒤 머리카락에 고루 바르고 랩으로 감싸거나 샤워캡을 쓴 다음 20분 정도 지나서 헹궈도 훌륭한 헤어팩이 된다.

Brushing
브러싱의 중요성

모발을 브러시로 빗는 게 나쁘다면 내 머리는 남아나지 않았을 것이다. 앞에서 얘기했듯이 브러싱은 여러 모로 좋다.

우리 어머니는 머리카락에 자부심이 남다른 분이었다. 대대로 내려오는 방식으로 머리를 꼼꼼히 관리했다. 어머니 눈에 머리가 완벽해 보이지 않으면 방 밖으로 나오지도 않았다. 또한 머리를 정성껏 빗지 않고는 잠자리에 들지도 않았다. 어머니는 40대부터 흰 머리가 나기 시작하는 바람에 80대까지 줄곧 담적색으로 머리카락을 염색했다.

또한 나 말고는 어머니가 긴 머리라는 사실을 아는 사람이 드물었다. 머리를 허리까지 늘어뜨린 적이 거의 없었기 때문이다. 어머니는 시몬느 드 보봐르처럼 항상 시뇽 스타일로 머리를 틀어 올렸다. 시뇽Chignon은 프랑스어 '목덜미'라는 시뇽 듀 쿠Chignon Du Cou에서 유래한 말이다. 어머니는 일을 마치고 방에 들어가면 늘 머리를 풀고 빗었다. 그리고 아침이면 다시 틀어 올렸다. 그랬기에 누구도 어머니 머리가 어깨 아래로 내려간 모습을 보지 못했다.

미용실에서 머리를 드라이할 때 관건은 누가 어떻게 해주느냐에 달려 있다. 요즘엔 경험이 별로 없는 보조원이 드라이를 전담한다. (헤어스타일리스트가 커트에서 샴푸, 드라이까지 다 해주던 때가 그립다.) 보조원들은 제대로 훈련받지 않거나 바쁘다는 핑계로 샴푸를 과도하게 사용하고 드라이어의 온도를 최대로 높여 머리를 급하게 말린다. 그것도 모자라 드라이어를 두피에 바짝 대서 머릿결을 상하게 한다. 어쩌다 한 번 미용실에서 드라이를 한다면 문제되지 않겠지만 미용실에서 드라이를 자주 할 경우엔 좋지 않다. 집에서는 중간 온도로 천천히 말리도록 하라. 물론 타월로 머리를 감싸고 5분에서 10분 정도 자연 건조하는 것이 더 좋다. 그런 다음 손가락으로 머리카락을 털면서 남은 물기를 제거한다. 집에서 손수 드라이를 할 경우엔 이온 드라이어를 구비하는 것도 좋다. 바비리스 프로 2800 슈퍼 터보 BaByliss Pro 2800 Super Turbo 모델은 투자할 가치가 있다. 뿌리 부분의 볼륨을 살리고 싶다면 벨크로 롤러 같은 헤어세팅 도구를 사용해도 괜찮다. 이런 세딩 도구는 여행할 때나 바쁠 때 아주 요긴하다. 이따금 좋은 세럼을 사용하는 것도 좋다. 브러싱이나 드라이로 시간을 허비하지 않고도 머리를 멋지게 연출할 수 있다. 나이 들수록 자연스러운 것이 좋을 때가 많다.

To go gray or not to go gray, that is the question
염색을 하느냐 마느냐, 그것이 문제로다

"요즘 40대, 50대, 60대는 예전과 많이 달라 보입니다. 그럴 만한 이유가 있죠. 여권이 신장되거나 운동으로 몸매를 가꿔서 달라 보이는 건 절대 아닙니다."

〈뉴욕타임스〉 편집장을 지낸 노라 에프론 Nora Ephron 의 말이다.

"염색 때문입니다. 1950년대엔 미국 여성의 7% 정도만 염색했습니다. 요즘엔 맨해튼이나 로스앤젤레스의 어디를 다녀도 머리가 희끗희끗한 여자를 보기 어렵습니다."

나는 어머니를 닮아 뭐든 자연스러운 게 좋다고 주장하는 사람이다. 열정적이고 세련된 여자들이 넘치는 경쟁 사회에서 살아남고자 나는

50대부터 머리를 염색했다. 피터의 조언으로 피부색보다 한두 단계 밝은 색조로 염색했고 가끔은 더 밝은 색으로 부분 염색도 했다. 물론 프로방스의 여름 햇살은 뭘 해도 자연스럽게 보이게 해준다. 나는 약간 밝은 색조로 염색해야 더 젊어 보인다. 피부색과 머리색이 비슷해지면 기운이 없고 축 처져 보인다. 그래서 헤어컬러와 메이크업 제품을 선택할 때 고심한다. 헤어는 더 옅어지고 피부는 더 어두워지는 여름엔 더 신경 쓴다. 한낮에 외출할 때는 모자를 쓰고 평소에도 자외선 차단제를 꼼꼼히 바른다. 진한 색상의 파나마 모자는 내 비밀 병기이다. 아무튼 프로방스의 태양은 너무나 뜨거워 모자 색상이 바랠 정도이다. 모자를 즐겨 쓰던 나의 대모도 "모자가 다 가려주거든."이라는 말을 자주 할 정도로 말이다.

염색을 할까, 말까? 흰머리가 하나둘 보이는 40대 초반에는 친구들끼리 모였다 하면 이 문제로 고민한다. 처음에는 다들 염색하고 싶지 않다고 말한다. 이때는 반영구 헤어코팅을 시도해보는 것도 괜찮다. 색다른 헤어스타일을 연출해서 염색 시기를 뒤로 늦출 수도 있다. 더 이상 미루기 어렵게 되면 천연 염색제인 헤나를 시도해볼 수 있다. 유의해야 할 점이 하나 있는데, 일단 헤나로 염색한 뒤에는 일반 염색제로 다시 염색하기 어렵다. 아마도 헤나가 일부 염모제의 컬러 세트와 반응하기 때문인 것 같다. 나는 대학원에 다닐 때 모로코에 처음 갔다가 모로코 여자들의 아름다운 머리에 반하고 말았다. 그때 처음으로 아르간 오일과 헤나를 알게 되었다. 그리고 몇 가지 천연 트리트먼트제도 직접 보았다. 그들은 자연에서 얻은 재료를 제대로 활용할 줄 알았다.

그러다가 결국엔 흰머리가 너무 많아져서 노서히 감당할 수 없을 때가 온다. 백발이 될 때까지 그냥 참고 살 생각이 아니라면 선택의 여지가 없다. 물론 은백색 헤어로도 대단히 멋져 보이는 여자가 없지는 않다. 영화배우 헬렌 미렌과 제이미 리 커티스처럼 백발을 자신의 트레이드마크로 내세울 수도 있다! 하지만 평범하게 사회생활을 하는 대다수 사람은 희끗희끗해진 머리를 고집하기 어렵다. 얼굴이 하얗기 때문에 머리까지 허옇게 세면 볼품이 없다. 게다가 너무 늙어 보여 기분도 좋지 않다.

그렇다고 흰머리를 숨길 목적으로만 염색하는 건 아니다. 괜찮은 색으로 머리를 염색하면 훨씬 젊어 보인다. 특히 하이라이트 같은 부분 염색은 발랄한 스타일을 연출할 수 있다. 관건은 본래 머리카락과 유사한 색조에서 좀 더 밝아 보이게 염색하는 것이다.

염색하기로 결정했다면, 집에서 할까 아니면 미용실에서 할까? 역시나 어려운 문제이다. 미용실에서 염색하려면 가격도 비싸고 시간도 많이 걸린다. 집에서 할 경우엔 실패할 위험이 크다. 혼자 집에서 곧잘 염색을 해내는 사람도 있지만 대개는 운에 맡기는 경우가 많다. 나는 뜨거운 바람으로 머리를 말리고 매만지는 것도 잘 못하기 때문에 애초에 염색은 전문가에게 맡기기로 결정했다. 그나마 나는 운이 좋아서 어머니보다 훨씬 늦은 50대부터 염색을 시작했다. 어머니는 40대에도 흰머리가 많이 났다. 일단 염색을 시작하면 5주에서 6주마다 반복해야 해서영 성가시다. 다른 사람은 보통 한 달에 한 번씩 염색한다지만 나는 헤어 제품 판매대에서 찾은 컬러 스틱으로 한동안 더 버틴다. 컬러 스틱을 바르면 염색된 모발과 새로 자란 모발 사이가 자연스럽게 연결된다. 완벽하지는 않지만 한두 주 정도 시간을 벌기에 충분하다. 잦은 염색으로 인한 모발 손상을 조금이나마 줄일 수 있다. 염색이 영향을 주지 않는다고 하지만 아무렴 아무런 손상도 주지 않겠는가? 관련 업체들의연구 덕분에 암모니아가 없는 염색제가 나오고는 있지만 그런 제품은굉장히 비싸다. 게다가 실패할 염려도 있다.

이왕이면 가까운 데서 믿고 맡길 사람을 찾는 것이 좋다. 고객의 모발타입과 상태를 제대로 파악하려면 전문가라도 시간이 좀 걸린다. 다른나라나 도시에서 이런저런 염색을 해봤지만 마음에 쏙 들지는 않았다.프랑스는 다소 예외에 속한다. (적어도 몇 년 전까지는) 미용사가 염색이나 커팅을 담당하려면 다른 나라보다 더 엄격한 훈련을 받아야 했다. 내가 프랑스 출신이라고 너무 프랑스 편만 든다고? 흠, 프랑스에서는 친구들이 미용실을 나서면서 우는 모습을 거의 보지 못했다. 뉴욕은 이야기가 달라진다. 아주 비싼 미용실을 다녀온 친구도 울상을 짓는 경우가많았다. 자, 커트나 염색이 괜찮게 나왔다면 그곳을 단골로 삼아라.

여름은 머리카락에 좋지 않은 계절이다. 염색 모발에는 더 좋지 않

은데, 해변이나 수영장에서 시간을 보낸다면 정도가 더 심해진다. 햇볕
과 물 때문에 모발이 누렇게 변색되거나 심지어 초록빛을 띠기도 한다.
초록색으로 변색되는 경우는 생각보다 많은네, 이때는 그릇에 아스피
린 두 알을 넣고 물을 몇 방울 떨어뜨려 거품을 낸 후 샴푸를 적당량 넣
고 혼합한 다음 젖은 머리에 바른다. 그렇게 몇 분 간 방치했다가 평소
처럼 헹궈낸다. 로레알 에버퓨어 L'Oréal EverPure 나 범블앤범블 컨디셔너
Bumble and Bumble Conditioner 처럼 아황산염이 들지 않은 샴푸가 좋다. 해변
에 간다면 바닷물에 머리를 푹 담그지 말고, 오전 열한 시에서 오후 네
시 사이에 야외 활동을 할 때는 꼭 모자를 써라. 나처럼 짙은 금발은 햇
볕에 특히 취약하다. 잘 관리하지 않으면 칙칙한 색으로 바래기 쉽다.

여름에 칙칙해진 헤어컬러를 밝게 하고 싶다면, 프랑스 전통 방식대
로 올리브 오일을 머리에 발라 습포제로 써라. 진하고 걸쭉한 오일이
모발의 과도한 색과 녹청을 녹여낼 것이다.

A little more protection
머릿결, 정성껏 관리할 것

여름엔 뜨거운 바람으로 드라이를 하지 않고 손으로 가볍게 털어도 머
리가 금세 마른다. 이렇게 하면 이미 약해진 모낭에 손상이 덜 간다.

바람을 맞으며 자전거를 타거나 하이킹을 즐긴다면 머리를 뒤로 묶고 스카프로 감싸는 게 좋다. 모발에 햇볕을 직접 받지 않는 게 관건이다. 모자를 쓰지 않고는 절대 나가지 마라. 혹시나 눈치채지 못했을까봐 하는 말인데, 모자가 다시 유행하고 있다. 여름이 지나면 부분 염색은 피하고, 색조도 한 단계 낮추는 게 좋다. 아니면 전문가에게 어두운 색과 밝은색의 투톤으로 염색할 수 있는지 문의해보라.

큰 행사를 코앞에 두고 염색하는 것은 좋지 않다. 색상이 제대로 나오려면 시간이 좀 걸린다. 염색한 당일엔 머리카락이 충격을 받은 상태이다. (적어도 나는 그렇게 생각한다.) 드라이를 아무리 멋지게 해도 평소와 좀 다르다. 그러니 멋진 모습을 보여주고 싶은 날이 있다면 일주일 전에 염색하라.

생리 중일 때는 머리가 더 상할 수 있다. 더 쉽게 빠지고 더 칙칙해 보이며 더 취약한 상태이다. 이때는 식물을 돌보듯 모발에 수분을 더 많이 공급해줘야 한다. 몸이 계속 좋지 않다면 체내에 비타민이 부족하지 않은지 피 검사를 받아보라. 면역력이 떨어지거나 에스트로겐 호르몬이 감소했을 수도 있다. 50대 초반에 영양을 충분히 섭취해야 건강한 몸으로 다음 단계에 진입할 수 있다.

모발에도 영양을 공급해야 한다. 굴은 건강한 모발을 가꾸는 데 최고의 음식이다. 연어, 고등어, 정어리, 견과류, 푸른 잎채소, 당근, 신선한 과일도 모발에 좋다. 반면 가공식품, 카페인(탄산음료를 조심하라), 정크푸드, 밀가루와 설탕이 많이 든 케이크는 피해야 한다. 모발은 물론 몸과 마음에도 좋지 않다!

머리카락이 유난히 많이 빠실 때가 있다. 여름이 끝날 무렵에도 많이 빠지지만 곧 괜찮아진다. 비쉬Vichy와 델코스Dercos 같은 브랜드에서 미네랄이 함유된 농축액을 판매한다. 모발을 활성화시키는 로션을 발라도 좋다. 철분, 아연, 단백질이 부족하면 모발이 쉽게 빠진다. 그러니 굴을 듬뿍 먹도록 하라.

가늘고 성긴 모발은 고객에게나 스타일리스트에게나 최악이다. 첫 번째 해결책은 갈라진 끝부분을 쳐내면서 볼륨을 살려주는 것이다. 필시 상당한 커팅 기술이 필요할 것이다. 가는 모발은 대개 건조하기 때문에 수분을 공급해줘야 한다. 하지만 어떤 제품은 바르고 나면 모발이 끈적거리고 무거워질 수 있다. 범블앤범블 농축 샴푸Bumble and Bumble Thickening Shampoo나 슈바르츠코프 전문가용 샴푸Schwarzkopf Professional Shampoo처럼 보습력이 강한 제품이 좋다. 이런 제품에는 젖산과 케라틴이 함유되어 손상된 모발을 보호할 수 있다. 보습력이 강한 샴푸를 손에 덜어 거품을 낸 후에 머리에 부드럽게 바른다. 거품으로 두피를 씻어내고 나서는 컨디셔너를 꼭 사용해야 한다. 크림 린스도 도움이 된다. 가는 모발은 손가락으로 부드럽게 털어 말리는 것이 좋다. 또 다른 해결책은 미량원소나 아미노산, 비타민으로 치유하는 것이다.

(비타민 E 결핍으로) 손상된 모발이나 (비타민 A 결핍으로) 건조한 모

발은 헤어팩을 해주는 게 좋다. 페카이의 시어버터 Shea Butter 마스크팩은 모발을 유연하고 탄력 있게 해준다. 헤어팩을 한 다음 따뜻한 타월로 감싸 20분 정도 두면 유효성분이 잘 스며든다. 케라틴이 함유된 제품과 뜨거운 오일 트리트먼트도 같은 효과를 얻을 수 있다.

모발에 윤기가 없는 이유는 빛을 반사하지 못하기 때문이다. 윤기 없이 칙칙한 머리는 샴푸로 감기 전에 오일을 바르면 좋다. 아베다 Aveda 와 피토 Phyto 에서 괜찮은 제품을 판매한다. 특히 피토의 알레스 오일 Alès Oil 은 수분과 영양을 동시에 공급해 윤기와 탄력을 회복시켜준다. 모발을 섹션별로 나눠 모발 끝에서 두피 쪽으로 바르고 20분 정도 둔다. 미지근한 물로 씻어낸 후 평소대로 샴푸하면 된다.

스트레스를 많이 받거나 몸이 계속 피곤하면 머리도 푸석푸석해진다. 이럴 때는 브러싱 후 세럼을 발라주면 모발에 코팅한 것처럼 윤기가 흐른다. 슈바르츠코프의 갓투비 글로스 안티프리즈 샤인 세럼 Göt2B Glossy Anti-Frizz Shine Serum 처럼 실리콘이 함유된 제품은 모발을 한 올 한 올 코팅해서 큐티클을 매끈하게 해준다. 성긴 빗으로 세럼을 골고루 발라주고 손으로 매만져주라. 내 친구 클라우딘은 머리가 푸석해지면 존 프리다 John Frieda 제품으로 해결하는데, 이 제품도 바르고 나면 모발에 윤기가 자르르 흐른다. 모발이 너무 약해졌다면 추가로 딥컨디셔닝 마스크팩 Deep-conditioning Mask 을 주 1회 사용하라. 나는 모발 끝이 갈라지면 올리브 오일 몇 방울을 발라 해결한다. 우리의 갈기는 촉촉한 걸 아주 좋아한다.

주로 경험이나 신빙성 없는 연구로 입증되긴 했지만, 어쨌든 과학에 기반을 둔 헤어 제품과 해결책을 제시하고자 애썼다. 나닐이 빌진하는 안티에이징 스킨케어 제품과 주름 제거술처럼, 40대를 넘긴 베이비부머들은 과학 덕분에 새로운 헤어 제품을 계속 접할 것이다.

나이를 먹으면 어쩔 수 없이 여러 가지 변화가 생긴다. 우선 머리숱이 줄어드는데, 모낭의 30% 정도가 감소된다. 머릿결도 바뀌고 호르몬 변화도 심해진다. 우리가 사용하는 온갖 화학물질과 자외선에 지속적으로 노출되면서 모발 자체가 약해진다. 하지만 재주 많은 과학자와 화장품 업체가 이런 문제를 해결하기 위해 지금 이 순간도 애쓰고 있다. 과학과 상업이 뭉쳤으니 가까운 미래에 더 우수한 헤어트리트먼트 제품이 짠 하고 등장할 것이다.

머릿결을 보면 그 사람의 기질과 기분 상태를 알 수 있다. 피부만 가꾸지 말고 모발도 평소에 소중히 가꾸고 관리해야 한다. 영양을 충분히 섭취하고 건강하게 생활하면 모발 문제의 80%는 저절로 없어질 것이다. 나머지 20%는 정성껏 관리해야 해결할 수 있다.

Chapter
05

Beauty and Some Makeup and Manicures

나에게 딱 맞는
메이크업과 네일 스타일링°

우리는 보습제를 바르고 화장을 하고 손톱을 다듬고 산뜻한 옷
과 구두를 걸친다. 순전히 아름답게 보이고 싶기 때문이다. 그런
데 누구 눈에 아름답다는 말인가? 아름다움의 기준은 시대와 문
화에 따라 달랐고 지금도 계속 변화하고 있다.

05°

우리는 보습제를 바르고 화장을 하고 손톱을 다듬고 산뜻한 옷과 구두를 걸친다. 순전히 아름답게 보이고 싶기 때문이다. 그런데 누구눈에 아름답다는 말인가? 아름다움의 기준은 시대와 문화에 따라 달랐고 지금도 계속 진화하고 있다. 그렇지 않다면 패션 디자이너들은 설 자리를 잃을 것이다. 현재는 미국을 비롯한 서양의 관점이 글로벌 기준으로 고정된 것 같다. 즉, 늘씬한 몸에 가슴이 크고 코끝이 위로 살짝 들린 얼굴이 대세이다. 아시아인은 서양 사람처럼 보이려고 성형수술을 하고, 이란에서는 코를 낮추는 수술 비율이 치솟았다고 한다. 코가 크고 높은 이란 여자들은 좀 더 낮고 매끄러운 '서구적' 코가 예쁘다고 말한다. 노상 부르카를 입고 있어서 코를 드러낼 일이 거의 없는데도 코 수술이 워낙 성행하다 보니 테헤란을 전 세계의 '코 성형 수도'라 부른다.

또한 다들 패션쇼 모델처럼 큰 키를 선망한다. 서구의 패션 디자이너들이 온갖 매체에서 선동하는 비정상적 이미지가 여과 없이 소비된다. 엄청나게 높은 통굽 구두와 13센티미터 킬힐은 도대체 뭐란 말인가? 전 세계로 방송되는 오스카 시상식에서 모델처럼 차려 입은 여배우들을 보라. 그들은 유명 디자이너가 협찬한 드레스를 걸치려고 고통스러운 다이어트를 감행한다. 등이나 어깨가 훤히 드러나므로 어떻게든 군살을 빼려고 애쓴다. 그리고 대중에게 친숙하게 다가가고자 그 사실을 떠벌리기도 한다. 드레스와 어울리는 스타일로 머리를 틀어 올리고 카메라 화면에 아름답게 비치도록 공들여 화장한다. 마지막으로 10센티미터가 넘는 킬힐에 우뚝 올라선다. 그런 모습이 오늘날 아름다움의 전형으로 통한다. 하지만 그런 모습으로는 19세기 인상파 화가 르느와르의 모델 테스트에 통과하지 못할 것이다.

이러한 '극단적 아름다움'을 추구하는 현상을 보자면 정말이지 놀랍다. 그런 스타일이 누구에게나 다 어울릴 수는 없다. 그런 디자이너 드레스의 복제품을 누가 입을까? 유명인을 동경해서 뭐든 따라하는 여자들이 결혼식장에서 입으려나? 아무튼 당당하게 나이 드는 여자는 결코 입지 않을 것이다. 나는 유행에 휩쓸리는 사람을 보면 참으로 어리석다는 생각이 든다. 젊은이야 그럴 수 있다지만 우리처럼 나이 든 사람이 그러면 곤란하다.

누누이 말하지만 아름다움은 참으로 변덕스럽다. 1920년대 서구 영화나 잡지에서 추종하던 아름다움을 한번 생각해보자. 당시에는 창백할 정도로 하얀 얼굴에 발그레한 뺨, 시뻘건 립스틱이 유행을 선도했다. 그런데 어느 날 코코 샤넬이 요트 여행을 마치고 그을린 피부로 언론에 등장했다. 처음엔 아무도 흉내 내지 않았지만 구릿빛 피부를 동경하는 사람이 하나둘 생겨나더니 선탠 열풍이 불기 시작했다.

1920년대 말에 이르자 허여멀건 얼굴은 완전히 사라지고 구릿빛 피부가 대세를 이뤘다. 화장품 회사인 코티Coty는 햇볕에 태우지 않고도 피부를 갈색으로 만드는 제품을 내놓았다. 코티 텐Coty Tan 셀프 태닝 파우더와 리퀴드 제품이 불티나게 팔렸다. 수십 년이 지난 요즘도 화장품 업계는 '완벽한' 태닝 제품을 계속 내놓고 있다. 인위적으로 살갗을 태우는 기술까지 개발되어, 일각의 반대에도 불구하고 전국적으로 수많은 인공 태닝 살롱이 성업 중이다. 해로운 자외선을 피하고자 날마다 선크림을 바르지만 한편으로 건강한 구릿빛 피부는 여전히 선망의 대상이다. 하지만 루이 16세 시절 프랑스 궁정에서 추앙하던, 아기 피부처럼 뽀얗게 분칠한 얼굴에 애교점을 찍은 얼굴이 다시 아름다움의 전형으로 각광받을지 누가 알겠는가?

Five or six wise words on makeup
세련된 메이크업을 위한 몇 가지 조언

스킨케어와 화장이 같은 건 아니지만 좋은 쪽으로 겹치는 부분이 많다. 가령 립스틱을 살짝 바르면 입술을 촉촉하게 유지할 수 있다. 그렇다면 무슨 색 립스틱을 바르는 게 좋을까? 쥐 잡아 먹은 듯 새빨간 립스틱이 50세가 넘어서도 여전히 예쁠까? 물론 빨강 립스틱이 잘 팔리던 1930년대에는 80세가 넘어서 발라도 괜찮았다. 당시엔 붉은색이 가장 인기 있는 색조였다. (빨갛게 칠한 입술로 누군가와 입을 맞추면 상대방 입술도 빨갛게 물들었다!)

나이 든 사람이 화장할 때 현실적으로 고려해야 할 사항을 두 가지만 살펴보자.

하나, 진한 눈썹에 위아래 아이라인을 두껍게 그리고 색조 화장을 요란하게 하면 잘해야 광대처럼 보이고 최악의 경우엔 괴물처럼 보일 것이다.

둘, 화장을 진하게 할수록 역효과를 내는 경우가 많다. 나이가 들면 들수록 더욱 그렇다.

메이크업 전문가의 손에 얼굴을 맡기면 딴 사람으로 보일만큼 멋지게 변신할 수 있다. 적절한 화장은 그만큼 스타일을 돋보이게 하고 훨씬 젊어 보이게 해준다. 아이러니하게도, 젊을 때는 화장을 많이 안 해도 예쁘다. 하지만 나이를 먹으면서 화장이 진해지지만 더 예뻐지기는 커녕 아니함만 못한 경우가 많다.

화장과 관련된 조언은 대개 화장품을 판매하는 사람이나 발라주는 사람한테서 나온다. 그들은 비싼 제품을 많이 파는 게 목적이다. 그렇다면 나이 먹으면서 자기에게 맞는 제품을 어떻게 알아낼 수 있을까? 그저 시행착오를 거치고, 거울에 비친 모습을 객관적으로 보려고 노력하는 것 외에 특별한 방법은 없다. 다만 앞서 언급했듯이 어디에나 적용할 만한 한 가지 원칙은 있다.

"적을수록 더 좋다."

립스틱? 좋다. 섬세하게 그린 아이라이너? 역시 좋다. 메이크업 베이스에 볼터치와 연한 눈화장? 당연히 좋다. 그다음엔 알아서 결정하라. 당신을 제일 잘 아는 사람은 당신 자신이다. 염색과 달리 화장으로는 시계를 극적으로 되돌릴 수 없지만, 어쨌든 나이 먹어도 젊었을 때처럼 멋져 보이고 싶다. 그러나 파운데이션을 두껍게 바르고 마스카라를 칠하는 등 화장을 떡칠하면 주름이 더 깊어 보이고 눈도 퀭해져서 나이보다 더 들어 보인다. 반면에 가볍고 수수한 화장은 생기 있고 매력적으로 보인다.

그렇다면 의술이 아니라 화장술로 시간의 흐름을 거슬러 올라갈 방법을 구체적으로 살펴보자.

첫째, 기본 중의 기본은 베이스 메이크업이다. 마흔이 넘으면 파운데이션과 컨실러, 파우더 같은 베이스 메이크업에 손이 많이 간다. 하지만 이런 것도 기초화장품을 제대로 바르지 않으면 안 하느니만 못하다. 개인적으로 나는 적을수록 좋다는 미니멀리스트이다.

우리는 나이 먹을수록 화장을 덜해야 한다. 나는 여러 상황에서 '적을수록 더 좋다'는 원칙을 설파했는데, 화장과 노화 부분에서는 특히 더 강조하는 바이다. 이를 어기면 심각한 사태가 초래된다. 주름이 많고 깊을수록 파운데이션과 파우더를 적게 써야 한다. 너무 많이 바르면 얼굴에 패인 주름을 숨기는 게 아니라 더 두드러지게 한다. 한 가지 더! 주름이 이미 깊게 생겼다면, 반짝이는 입자가 들어 있는 보습제나 색조 화장품은 사용하지 마라. 절대로! 그런 걸 바르면 "내 주름을 봐주세요!"라고 시선을 끄는 꼴이다.

파우더나 파운데이션을 겹겹이 바르지 말고 농도가 낮은 리퀴드 파운데이션이나 비비크림을 얇게 펴 바르도록 하라. 맑고 투명한 물광 피부를 연출할 수 있다. 이렇게 환한 피부를 싫어할 사람이 누가 있겠는가? 디올 에어플래쉬Dior Airflash는 스프레이 타입 파운데이션이라 아주 편리하다. 칙! 하고 분사만 하면 끝이라서 화장을 진하게 하지 않는 사람에게 매우 좋다. (머리와 옷에 파운데이션이 묻지 않도록 머리에는 수건을 두르고 블라우스는 입지 않은 상태에서 뿌리는 게 좋다.)

전문가에게 화장을 받아보거나 TV에서 시연하는 모습을 봤다면, 베이스 메이크업을 할 때 그들이 손가락을 거의 사용하지 않는다는 사실을 눈치챘을 것이다. 그들은 파운데이션 브러시나 부드러운 스펀지로 얇고 고르게 펴 바른다. 이런 도구는 굉장히 부드러워서 우리 손가락처럼 피부를 잡아당기거나 자극하지 않는다. 따라서 파운데이션을 바를 때는 문제 부위에만 작은 원을 그리듯 손가락으로 펴 바르고, 나머지 부위는 브러시로 부드럽게 펴 바른다.

코와 이마, 턱 부위가 번들거릴 경우에는 파우더로 살짝 두드려준다. 파우더를 너무 많이 바르면 얼굴이 건조해지고 주름이 두드러져 보인다. 메이크업 전문가는 눈 주위엔 파우더를 바르지 않는다. 당신이 마흔을 넘겼다면 눈가에 파우더를 절대로 바르지 마라.

눈 얘기가 나왔으니 하는 말인데, 나이 먹을수록 눈 밑의 피부가 점점 얇아진다. 그러니 눈 밑을 잡아당기거나 자극하지 마라. 여자는 마흔을 넘기면 눈가에 잔주름이 생기기 시작한다. 이것을 감추려고 자꾸만 농도가 진한 스틱 컨실러를 집어든다. 하지만 컨실러로 가리려고 하면 할수록 주름이 더 깊어지고 두드러져 보인다. 그보다는 농도가 묽은 리퀴드 컨실러나 파운데이션을 살짝만 바르도록 하라. 손가락으로 펴 바르지 말고 브러시로 부드럽게 스치듯 바른다. 메이블린 롤온 이레이저/컨실러Maybelline roll-on eraser/concealer는 가격도 저렴하고 바르기도 쉽고 효과도 좋다. 메이크업의 대가 바비 브라운은 크림처럼 연한 컨실러를 이용해 잡티 하나 없는 피부를 가꾸도록 도와준다. 이런 제품도 좋긴 하지만 잠을 푹 자고 덜 피곤하면 더 좋다!

기호에 따라 아이섀도, 아이라이너, 마스카라 등을 더 사용해도 좋다. 내 경우에는 펄이 든 무채색 아이섀도를 살짝 발라 눈을 돋보이게 한다. 아이라이너의 경우, 눈 앞쪽은 보일 듯 말 듯 가늘게 그리고 눈꼬리 부분은 점점 두껍게 그려준다. 나이 들면서 처지는 눈매를 보완할 수 있다. 아이라이너만으론 이런 효과를 보기 어려우면 랑콤의 뽀빠Faux Pas 무광택 아이섀도를 사용해 보라. 아이라이너와 아이섀도 기능을 동시에 수행해서 바른 즉시 눈매가 또렷해 보인다.

미국에서는 눈을 검고 그윽하게 표현하는 스모키 메이크업이 유행하고 있다. 중동에서도 특별한 행사를 앞두고 스모키 화장을 하는 것 같은데 그 이유는 나도 모르겠다. 나이를 불문하고 스모키 화장은 이브닝 파티에나 적합하다. 그때도 가능하면 너무 강렬하게 하지 않도록 하라. 행사의 주인공이 아니라면 그렇게 진한 화장으로 시선을 끄는 건 좋지 않다.

반드시 지켜야 할 규칙을 한 가지만 더 꼽자면, 눈 밑은 건드리지 말라는 점이다. 아랫눈썹에 아이라이너와 마스카라를 칠하면 눈이 더 작아 보인다. 그리고 몇 시간이 지나면 아랫눈썹이 밑으로 처지면서 마스카라가 시커멓게 번지고 다크서클이 두드러져 보인다. 그런 모습을 연출하고 싶은 건 아니잖은가? 적어도 나는 그렇다.

얼굴에 약간의 혈색을 주고 싶다고? 물론 핏기 없이 창백한 얼굴보다 발그레한 얼굴이 더 예뻐 보인다. 발그레한 뺨은 허영의 상징이 아니라 건강과 활력의 징표이다. 하지만 꽃물이 든 것 같은 장밋빛 뺨은 천사 같은 아기한테나 어울린다. 나이 먹어서 볼을 벌겋게 칠하면 안 그래도 처진 피부에 더 이목이 집중된다. 그러니 두툼한 브러시로 블러셔를 광대뼈 위쪽에서 시작해 눈과 귀 사이의 공간을 향해 비스듬히 바르도록 하라. 피부 톤에 상관없이 진한 색조는 피해야 한다. 갈색이나 구릿빛 베이스는 얼굴을 푹 꺼져 보이게 한다. 반면에 살구색이나 장밋빛 색조는 얼굴을 화사해 보이게 한다. 전문가에 따르면 나이 든 여성은 파우더 블러셔 대신에 크림 블러셔를 사용하는 게 좋다고 한다.

남자는 여자의 얼굴 중 가장 육감적인 부위로 입술을 꼽는다고 한다. 연구에서도 밝혀진 결과이다. 흠, 여자들이 괜히 입술을 돋보이려고 애쓴 게 아니었다. 화려한 립스틱과 촉촉한 립글로스는 더 섹시해 보이고 더 주목받고 싶은 여자의 욕망을 드러낸다.

안타깝게도, 피부만 세월의 흔적을 드러내는 게 아니다. 입술도 점차 색이 변하고 얇아진다. 그래서 나이 든 여자들이 콜라겐 주사를 맞으려는 것이다. 눈가에 주름이 생기는 것처럼 입술에도 가는 주름이 잡히기 시작한다. 인생이란 다 그런 거다C'est la vie. '적을수록 더 좋다'는 원칙은 입술에도 적용된다.

그러니 너무 대담한 컬러는 포기하자. 화려한 네온 컬러나 진하고 어두운색은 얇어진 입술에 너무 부담스럽다. 레드 와인처럼 진한 빨간색이 아무리 매혹적이라 한들 얇고 주름진 입술에는 전혀 매혹적으로 보이지 않는다. 반면에 은은한 장밋빛은 어떠한 피부 톤에도 어울린다. 맑고 투명한 느낌의 시어 글로스^{Sheer Gloss}도 입술을 촉촉하고 윤기 있게 해준다.

결국 일관성이 중요하다. 그래야 마음도 편하고 행동도 자연스럽다. 나는 시행착오 끝에 몇 가지 교훈을 얻었다. 내 실수를 입증해줄 사진과 비디오테이프도 있다. 나는 극단적 변신이나 부자연스럽게 꾸미는 것을 좋아하지 않는다. 활발히 사회생활을 하던 시절, 텔레비전 출연을 위해 메이크업 아티스트에게 얼굴을 맡긴 적이 많았다. 그런데 당혹스러운 결과에 암담했던 기억이 난다. 그들은 나를 카트린느 드뇌브로 변신시키는 데 성공하지 못했다. 물론 나를 나 아닌 사람으로 변신시키는 데는 성공했다. 그 당시 아침에 하는 TV 쇼 프로는 게스트에게 메이크업 아티스트를 붙여주었다. 쇼에 출연하려면 의무적으로 그들에게 화장을 받아야 했다. 그런데 그들이 해주는 화장은 일관성이 없었다. 내가 이렇게 저렇게 해달라고 요구해도 마음에 들게 해준 사람이 거의 없었다. 다섯 명 중 하나 아니면 열 명 중 하나 정도만 나한테 어울리는 메이크업을 해주었다.

요즘엔 앵커들도 자기 피부와 얼굴을 잘 아는 메이크업 아티스트를 따로 고용한다. 그런 전문가는 어떤 제품이 자기 고객한테 잘 맞는지 파악해서 고객의 니즈를 확실히 충족시킨다. 또한 같은 고객을 반복해서 상대하며 가장 멋진 모습을 연출해준다. 물론 카메라 조명을 받을

때는 길거리에 다닐 때처럼 수수한 화장을 할 수는 없다. 특히 아카데
미 시상식에 갈 때엔 '적을수록 더 좋다'는 원칙을 고수하기가 참으로
어렵다. 이것은 '어렵지만 누군가는 해야 하는 일' 범주에 들어간다. 루
이비통 모에헤네시 LVMH 그룹의 고급 샴페인 제조사 '뵈브 클리코 Veuve
Clicquot'에서 CEO로 일하던 시절, 나는 각종 시상식과 파티에 참석하
기 위해 할리우드에 자주 갔다. 흠, 그 시절을 생각하니 웃음이 절로 난
다. '스타들'과 업계 거물들이 머무는 호텔에 묵으면 홍보용으로 나눠
주는 선물 꾸러미를 두둑이 챙기고 다양한 서비스도 공짜로 받을 수 있
다. 심지어 디자이너 드레스를 대여하라는 제안도 받는다. 스포트라이
트를 받을 거라면 누구나 멋지게 차려입고 예쁘게 보이고 싶다. 이날
은 할리우드가 격식을 갖춰 차려입는 유일한 날이다. 나는 로데오 드
라이브에 있는 한 살롱에서 드라이와 메이크업을 무료로 이용했다. '무
료'라는 말은 비용이 100달러 정도 하는 서비스를 공짜로 받고, 대신에
100달러 정도 팁을 준다는 뜻이다. 물론 같은 서비스를 이웃 동네에서
받으면 25달러밖에 하지 않는다. 아무튼 그곳에서 내가 왜 드라이를 받
았는지 알고 있다. 그런데 메이크업은? 글쎄, 그냥 간 김에 받았다고나
할까? 살롱에서 드라이를 받은 후에는 더 멋지게 보였다. 하지만 메이
크업 후에는? 멋쟁이로 변신하고 살롱을 걸어 나왔지만 전혀 나 같지
않았다. 가장 무도회에 참석하러 가는 길이지만 얼굴은 그냥 내 얼굴로
참석하고 싶었다.

Nails, nails, and age
손톱 손질과 나이

손톱 손질은 다른 형태의 메이크업으로 분류될 수 있다. 모발과 마찬가지로 손톱도 노화되므로 전과 다르게 손질해야 한다. 머리나 손톱을 정성껏 관리하면 몸치장에 신경 쓴다는 인상을 풍긴다. 그나저나 팔레 루아얄 카페에서 목격했던, 당근처럼 주황색으로 염색한 여자를 기억하는가? 노파심에서 하는 말인데 마흔 살 이후엔 손톱에 주황색처럼 너무 튀는 색은 바르지 마라. 튀는 색만 아니라면 잘 손질된 손톱을 보면 기분이 좋아지고 마음도 뿌듯하다.

나이를 먹으면 손톱이 전보다 느리게 자라고 더 쉽게 부러진다. 건강하지 못한 모발과 손톱은 건강에 문제가 있다는 신호일 수 있다. 특히 영양소가 부족할 가능성이 크다. 반복되는 다이어트가 손톱에 미치는 영향을 생각해보라. 특히 단백질이 부족하면 손톱에 바로 신호가 온다. 나이를 먹으면 손톱이 누르스름해지거나 불투명해지고, 세로줄이 생기기도 한다. 다 자연스러운 현상이다. 발톱은 특히 더 두꺼워지고 단단해진다. 손발톱까지 늙는다고 서글퍼하지 말고, 버퍼로 다듬고 네일 폴리시를 바르라는 뜻으로 받아들이라. 몸치장의 일환으로 생각하고 당당하게 대처하라.

예전엔 매니큐어를 집에서 바르거나 헤어 살롱에서 어쩌다 서비스로 발라줬다. 그러던 것이 지난 10여 년 사이에 확 바뀌었다. 네일 살롱이 커피숍만큼이나 많아졌다. 실제로 맨해튼에 있는 우리 집에서 1킬로미터도 안 되는 거리에 네일 살롱이 일곱 개나 있다. 게다가 어느 한 곳도 한가해 보이지 않는다. 약간의 사치라고 생각했던 손톱 관리가 이제는 평범한 일상이 되었다. (이 작은 구역에 커피숍도 다섯 개나 있다!)

매니큐어나 페디큐어를 받으러 네일 살롱을 찾는 사람이 많아진 이유는 집에서 혼자 하기 어려운 것들이 늘어났기 때문이다. 좀 더 화려하고 좀 더 고급스러운 기술이 자꾸만 등장한다. 네일 아티스트는 고객에게 더 비싼 코스를 선택하라고 설득한다. 세상사가 다 그렇지 않은가. 하지만 보라색 손톱에 반짝이를 덧붙이는 것이 꼭 현명한 처사는 아니다. 최근에 나온 젤 매니큐어는 손톱을 얇아지게 하거나 갈라지게 만들고, 간혹 알레르기성 피부염을 일으키기도 한다. 매니큐어를 제거한 뒤에는 곰팡이 감염과 세균 감염이 일어날 수도 있다.

적을수록 더 좋다는 원칙을 항상 명심하라. 아울러 손톱 관리는 모발관리 및 화장과 더불어 이뤄져야 한다. 성형수술로도 정복하지 못한, 노화의 숨길 수 없는 흔적이 바로 손등이다. 현란한 색깔의 매니큐어나 징그럽게 긴 손톱으로 당신의 손등에 시선을 집중시키고 싶은가? 흠, 충분히 알아들었을 것이라 믿는다.

나는 가끔 전문가에게 매니큐어와 페디큐어를 받는 호사를 누린다. 요즘엔 업계 경쟁이 치열해서 가격도 많이 내려갔다. 공항에도 매니큐어나 페디큐어를 해주는 숍이 성업 중이다. 최근엔 물고기 페디큐어를 하는 곳도 있다. 상자처럼 생긴 어항 속에 발을 담그면 물고기가 다가와 발톱 주변의 각질을 뜯어 먹는다. 셍레미드 프로방스에서는 한 기업가가 이런 물고기 페디큐어로 여행객의 주머니를 털고 있다고 한다. 하지만 가위나 각질 제거제만큼 효과적이지는 않다고 한다. 혹시라도 해볼 생각이 있다면, 물고기가 배고픈 이른 아침에 예약하는 게 좋을 것 같다.

French women
Don't get facelifts °

Chapter

06

Once a Day, a Little Invisible Exercise

날마다 조금씩
운동하기°

운동을 꾸준히 하면 노화가 더디게 진행된다. 과학적으로 입증
된 사실이다. 그래서 나는 움직임, 즉 운동을 일상과 연결시키려
노력한다. 건강하게 나이 먹으려면 의식적이고 습관적인 움직
임이 매우 중요하다.

06°

댄서는 나이를 먹으면 뭘 할까? 사교춤을 전문으로 하는 볼룸 댄서라면 해가 지도록 왈츠를 출 것이다. 그렇다면 발레 댄서는? 프로 운동선수처럼 발레 댄서도 전성기까지만 바짝 활동하고 끝난다. 때로는 부상으로 발레복을 일찌감치 벗기도 한다. 그다음엔 뭘 할까? 후배를 가르칠까? 아니면 완전히 새로운 일에 종사할까? 나는 그런 사람들이 건강 관련 업계에 종사한다는 사실을 우연히 알게 되었다. 그들은 어렸을 때부터 훈련과 교육을 잘 받은 덕분에 인체를 잘 알고 훈련 방법도 빠삭하게 꿰고 있다. 그래서 요가, 체조, 필라테스, 자이로키네시스Gyrokinesis 같은 운동을 가르치는 데 두각을 나타낸다. 자격증만 갖춘 평범한 트레이너와 달리 그들은 호흡과 움직임, 심지어 마사지 방법까지 한 차원 높은 단계에서 코치한다.

나는 운동 신경이 탁월하지도 않고 건강 체질도 아니다. 그래서 평소에 꾸준히 관리하려고 애쓴다. 내게 맞는 운동이 뭔지 알려주고 자꾸만 나태해지는 마음을 다잡아줄 코치가 늘 필요하다. 그래야 예정된 훈련에 빠지면 안 된다는 압박감과 더 높은 단계로 이끌어줄 조언을 얻을 수 있다. 뉴욕에 살다 보니 운 좋게도 대단히 유능한 강사와 코치를 만날 수 있었다. 엘리샤도 그중 한 명이다.

엘리샤는 뉴욕 시 발레단 출신으로, 12년 동안 발레리나로 활동하다가 서른 살이라는 젊은 나이에 부상 때문에 무대를 떠났다. 괴로운 마음을 추스른 뒤에는 여러 건강 관련 센터에서 전문 강사로 활동했다. 타고난 재주도 뛰어났지만 성실하게 가르쳐서 인기가 많았다. 북유럽 출신인 엘리샤는 프랑스어를 한 마디도 못했지만, 인생에 변화를 주고자 1년 전에 파리로 왔다.

파리에서 엘리샤와 다시 연락이 닿았다. 한 필라테스 센터에서 강사로 활동하고 있었다. 파리가 무척 좋아서 당분간 지내기로 작정하고 프랑스어까지 배운다고 했다.

"프랑스어도 잘 못하면서 어떻게 가르치는 일이 가능하죠?"

내 질문에 엘리샤가 웃으며 대답했다.

"쉬워요. 고객이 대부분 외국인이거든요. 호텔 투숙객과 여행객도 있고요."

그럼 그렇지. 내가 아는 프랑스 여자는 대부분 실내에서 운동하는 것을 좋아하지 않는다. 문화가 그렇다. 그 시간에 차라리 다른 일을 하거나 밖에 나가 산책을 즐긴다. 대체로 노력을 많이 기울여야 하는 일엔 몸을 사리기 때문에, 프랑스 여자는 별 재미도 없이 애써야 하는 일을 피한다고 소문이 났다. 흠, 하지만 어니 프랑스 여자민 그리겠는가?

그렇지만 운동을 꾸준히 하면 노화가 더디게 진행된다. 과학적으로 입증된 사실이다. 그래서 나는 움직임, 즉 운동을 일상과 연결시키려 노력한다. 가령 한두 층은 엘리베이터를 타지 않고 걸어 다닌다. 운동이라는 말 대신에 '움직임'이라고 먼저 언급한 이유는 신체 활동이 생활 방식의 일부가 되면 운동이 아니기 때문이다.

건강하게 나이 먹으려면 의식적이고 습관적인 움직임이 매우 중요하다. 가령 걷기, 계단 이용하기, 요가 수련, 춤추기, 수영, 자전거 타기, 섹스(흠, 65세가 넘은 사람에게는 섹스도 '운동'이다) 등 엉덩이를 들썩이게 하는 온갖 활동이 움직임에 포함된다. 그렇다고 날씬한 몸매를 유지하려고 날마다 반나절 가까이 자기 몸을 혹사하는 연예인처럼 되라는 건 아니다. 운동에 중독된 사람처럼 죽어라 뛴다고 천년만년 사는 건 아니잖은가! 중력을 피할 자는 아무도 없다.

거북이와 토끼의 경주를 기억하는가? 느리지만 꾸준히 노력하면 결국 이긴다. 걷기든 수영이든 자이로키네시스든 꾸준히 하라. 몸을 건강하게 가꾸라. 더 편안하게 호흡하고 감각을 예민하게 연마하라.

최근 프랑스의 TV와 극장에서 광고하는 문구가 아주 마음에 든다.

"먹고, 움직여라Manager, bouger."

그런데 이런 좋은 문구가 정크푸드 광고 하단에 등장하는 게 참으로 안타깝다. 프랑스도 세계적 추세에 굴복해 비만 인구가 꾸준히 늘고 있다. 사람들은 정크푸드에 현혹되어 정작 광고 문구에는 눈길도 주지 않는다. 정부는 그 사실을 모르는 것 같다. "먹고, 움직여라."라는 이 두 동사를 적절히, 그리고 꾸준히 실천하면, 당신 인생에서 남은 수십 년을 건강하게, 어쩌면 전보다 더 건강하게 지낼 수 있을 것이다. 그리고 더 행복하게 살아갈 것이다. 그런다고 세금을 더 내는 것도 아니다!

Science (or nature) says
아침엔 부드럽게, 오후엔 빠르지 않게, 저녁엔 느리게

나이가 들어 나타나는 신체 현상을 장황하게 열거하지는 않겠다. 잠자리에서 일어나 하루를 시작하는 일이 전보다 어렵다면 내가 무슨 얘기를 하는지 알 테니까. 잘 모른다고? 흠, 곧 알게 될 것이다. 자, 현실을 직시하고 노화의 생리적 증상을 인식하여, 적절한 생활 방식과 신체 활동을 연결하는 데서 오는 장점을 파악하도록 하자.

기계도 오래 쓰면 녹이 슬고 마모되듯이 나이가 들면 우리 몸의 관절과 척추도 삐걱대기 시작한다. 결합조직의 탄성이 떨어지고 윤활액도 적게 분비되며 근육섬유도 짧아진다. 기력도 점점 쇠한다. 프로방스는 이를 경험하는 데 적합한 장소이다. 그곳의 좌우명만 봐도 알 수 있다.

"아침엔 부드럽게, 오후엔 빠르지 않게, 저녁엔 느리게Doucement le matin, pas trop vite l'après-midi, lentement le soir."

20대를 시작으로 근육량이 점차 줄어든다. 이와 더불어 근력과 지구력도 떨어진다. 일흔 살까지 근육량은 30%에서 40% 정도나 줄어든다. 운동 신경세포가 죽고, 60세 이후로는 지근섬유보다 속근섬유가 더 많이 소실되어 균형감과 민첩성이 떨어진다.

25세를 시작으로 심혈관계가 위축되기 시작한다. 심박동수가 10년마다 1분에 5회에서 10회씩 줄어든다. 산소 섭취 용량은 10년마다 5%

정도씩 줄어든다. 산소를 운반하는 큰 혈관이 경직되고 혈압이 높아진다. 호흡기 능력은 최대 용량 대비 40%에서 50% 정도나 떨어진다.

우리가 아직도 농경 사회에 산다면, 농사를 짓거나 가축을 키우는 등 주로 몸을 쓰는 생활 방식을 영위할 것이다. 그렇다면 지금처럼 장수하지 못하고 질병이나 사고로 더 일찍 죽을 것이다. 하지만 지식 경제 시대에 살고 있는 우리는 장기간에 걸친 교육과 정적인 생활에 익숙하다. 그렇다, 모든 일에는 대가가 따르는 법이다.

What to do? and the benefits

많이 움직일 것

출근할 때나 쇼핑할 때 당신이 가려는 곳과 가장 가까운 주차 공간을 찾는 대신 마음을 바꿔 그냥 첫 번째 주차 공간에 세우고 걸어가는 건 어떤가? 이런 제안을 전에도 들어봤을 것이다. 2004년도에 이런 아이디어를 처음 꺼냈을 때는 참신해 보였으나, 지금은 여러 번 들어서 식상할 정도다. 하지만 그렇게 실천하고 있는가? 자기 자신에게 물어보라. 일상생활에 신체 활동이 적어도 30분에서 한 시간 정도 포함되어 있는가? 그만큼도 움직이지 않는다면 왜 그런지 다시 물어보라. 적게 움직일수록 건강과는 멀어진다. '적을수록 더 좋지 않다'고 할 수 있다.

몸에 좋지 않은 생활 방식을 군이 고집할 것인가?

물론 몸을 많이 움직인다고 노화 과정을 막지는 못한다. 하지만 늦출 수는 있다. 아주 많이! 움직이기 싫어하는 사람들보다 너 오래 살고 싶 의 질도 상당히 높일 수 있다.

신체 활동은 근육량과 힘을 키워주고 대사율을 높이며 콜레스테롤 수치를 떨어뜨리고 기억력 감퇴를 늦출 수 있다. 아울러 수면의 질을 높이고 혈압을 낮추며 근육 경직을 완화하고 기동성과 균형감을 높일 수 있다. 이래도 가만히 앉아만 있을 것인가?

몸 쓰는 문제에서는 다음 사항을 고려해야 한다.

○ **근력, 유연성, 에어로빅스(유산소운동), 호흡**

힘을 키우고 심박동수를 늘리고 폐에 산소를 가득 채우며 근육과 결 합조직을 키우는 다양한 신체 움직임을 일상생활에 포함시켜야 한다. 이러한 활동이 부족하다면 충분히 채워 넣고, 취약한 부분을 보강하는 활동을 추가해야 한다. 엘리베이터를 타는 대신 3, 4층 정도는 걸어서 오르내린다면 모든 영역에 영향을 미칠 수 있다. 하지만 이 정도로 모 자라 정말로 '운동'을 해야겠다고 결심할 때가 닥친다.

그럴 때는 일단 근력 훈련이 일순위이다. 근력을 단련하면 근육 형 성, 균형감, 자세, 걸음걸이, 근육계 등에 극적인 효과가 나타난다. 기본적으로 저항력 훈련과 함께 덤벨 들기 등 근육 강화 훈련이 포함된다. 몸의 중심인 복부를 강화하는 것은 균형된 자세를 유지하고 폐활량을 높이는 데 좋다. 또한 요통을 비롯한 몸의 통증을 완화시키고 유연성도 높여준다. 나는 이러한 코어 운동을 꾸준히 해왔다. 요즘에는 집에서 필라테스를 하며 나만의 안티에이징, 아니 '최대한 건강하게 살기' 캠페인을 펼치고 있다.

일반적으로 걷기나 계단 오르내리기, 수영으로 부상당할 일은 거의 없다. 하지만 헬스클럽에서 하는 운동은 얘기가 다르다. 전문 트레이너나 물리치료사의 도움을 받거나 몸의 특정 부위를 단련시켜줄 프로그램에 등록하는 게 좋다.

남편은 오랫동안 요통 때문에 고생했다. 그래서 아침에 일어나면 허리 근육을 늘이고 강화하는 운동을 잠깐씩 꾸준히 해왔다. 그런데 최근 물리치료사와 상담하면서, 그가 10년 넘게 해오던 아침 운동 중에서 몇 가지가 요통에 좋지 않다는 사실을 알게 되었다.

의사나 물리치료사를 찾아가지 않아도 인터넷에서 온갖 정보를 얻을 수는 있다. 원인과 증상, 치료에 대한 자료도 얼마든지 찾을 수 있다. 하지만 이런 인터넷 박사들은 아마추어들이라 위험할 가능성도 언제나 있다. 결국엔 믿고 따를 전문가에게 도움을 청하는 게 제일 좋다. 특히 건강상의 문제나 병력이 있다면 전문가와 의논해야 한다.

The minimalist (it used to be me)
적은 노력으로 최대 효과를

일요일 아침, 파리의 집 근처 뤽상부르 공원에 가면 언제나 태극권을 하는 사람들이 눈에 띈다. 나이가 지긋한 사람도 꽤 있다. 공원의 우거진 나무 아래에서 느리게 춤을 추는 듯한 그들의 모습이 신기해서 한참 쳐다보게 된다. 저것도 운동일까? 근력 훈련? 균형 잡기? 단순한 여가 활동? 재미는 있을까? 그들에겐 전부 다 해당될 것이다. 그곳에서 100미터쯤 걸어가면 일요일 오전마다 열리는 테니스 시합이 한창이다. 헬스클럽에 가는 것보다 태극권 수련이나 테니스가 훨씬 좋아 보인다. 둘 다 일상에 녹아든 즐겁고 건전한 활동이기 때문이다.

프랑스 여자들에게 걷기는 삶의 일부분이다. 우리는 어디든 걸어 다닌다. 충분히 걷지 않았다고 생각되면 계단을 걸어 오르내리기를 해서라도 어떻게든 더 걸으려고 애쓴다. 운동과 움직임의 기본이 걷기라는 사실은 입이 닳도록 말해도 모자란다. 그런데 프랑스를 벗어나면 "산책하러 나간다."는 말을 하는 사람이 별로 없다. 미국인은 일부러 하이킹을 떠나거나 러닝머신 위에서 죽어라 달린다. 일상생활에 녹아드는 게 아니라 일부러 운동할 시간을 낸다. 하지만 하루 20분 정도만 걸어도 많은 게 달라진다. 아침 식사를 하기 전에 걷는 것이 가장 좋지만 아무 때나 걸어도 상관없다. 걷기만 하면 심심하다고? 그렇다면 지팡이 같은 워킹용 폴Pole을 짚으며 폴워킹Pole waking을 하거나 수중 유산소 운동인 아쿠아짐을 해보는 것도 좋다. 프랑스 사람은 이런 운동을 아주 열심히 한다. 아, 더 좋은 방법이 한 가지 있다. 개를 키우라!

결론적으로, 매일 20분 이상 걸으면 격렬한 운동을 하지 않고도 건강을 유지할 수 있다. 게다가 걷기는 살을 빼는 데도 그만이다. 나는 매일 40분 이상 걷는다. 어떤 날은 두 시간도 걷는다. 뉴욕에는 지하철이 아주 잘 정비되어 있지만, 날씨만 좋으면(1년 중 열 달은 날씨가 좋은 편이다) 낮에 30분에서 한 시간 정도는 걸어서 이동한다. 걸어서 돌아다니는 데는 불편함이 없다. 플로리다에 사는 한 친구는 아침마다 친구와 만나 30분 동안 걸으면서 수다를 떤다고 한다. 아주 괜찮은 방법이다. 멕시코 속담에 '대화는 영혼의 양식이다'라는 말이 있다. 걸으면서 대화를 나누니, 육체와 영혼에 두루 좋을 것 같다.

그런데 아파트 2층에 살면서 엘리베이터를 타는 사람을 보면 참으로 놀랍다. 미국에서는 다들 그러는 것 같다. 내가 맨해튼에서 지낼 때 거주하는 아파트 건물엔 체육관이 있다. 2, 30대로 보이는 젊은이들이 운동복 차림으로 체육관에 가면서 엘리베이터를 타는 걸 종종 본다. 나는 아직 한 번도 그 체육관에 발을 들여놓지 않았다. 반면에 그들은 깨끗하고 안전하고 환한 계단 통로에 발을 들여놓은 적이 없을 것이다.

자, 거울을 보면서 다시 물어보라. 이렇게 간단하면서 좋은 활동을 당신은 일상생활에 포함시키고 있는가? 걷기는 하루 중 아무 때나 시행할 수 있다. 특히 봄과 가을 햇살 아래서 걸으면 정신적·육체적으로 매우 좋다. 걸으면서 가볍게 몸을 풀거나 스트레칭도 병행하라. 중간중간 빠른 걸음으로 걸으면 심혈관계를 자극할 수 있다. 아울러 근력도 키우고 마음의 여유도 찾을 수 있다. 걷기는 이렇게 놀라운 일을 해낸다.

누구나 일상생활에 운동을 접목할 수 있다고 주장하지는 않겠다. 계획을 세우고 따로 시간을 내서 운동해야 하는 사람도 분명히 있다. 가령 하루 종일 일에 얽매여 있어야 하는 사람은 업무에 시달리느라 일상생활에 신체 활동을 포함시키기 어렵다. 그래서 나는 늘 아침에 일어나자마자 20분 정도 요가를 하거나 걸었다. 오래 그렇게 하다 보니 식전 20분 운동이 삶의 중요한 의식으로 자리 잡았다.

내가 아는 어느 의사 선생님이 예전에 이런 멋진 조언을 해주었다.

"20분 동안 무엇을 하든, 반드시 아침 식사 전에 하라."

선생님이 그 이유는 설명하지 않았다. 어렸던 나도 왜 군이 아침 식사 전에 해야 하는지 물어보지 않았다. 실은 물어볼 생각도 못했다. 한때 프로 운동선수였던 사촌이 최근에야 그 이유를 설명해주었다. (늘 재미난 얘기를 들려줘서 같이 있으면 덩달아 기분이 좋아지는 이 사촌은 50대 초반인데도 몸이 아주 탄탄하다.) 그 이유가 뭔지 궁금한가? 살짝 공개하자면, 그 방법이 살을 빼는 데 제일 좋다고 한다. 그러고 보니 아침 식사 전에 20분 정도 운동이나 요가를 해온 덕분에 내가 지금껏 일정한 체중을 유지하나 보다. 사촌은 아침 식사 전에는 아무 운동이나 해도 반드시 성공한다고 강조했다. 밤중에 우리 몸은 저장된 지방에서 에너지를 얻는데, 아침에 일어나 아무것도 먹지 않을 경우엔 계속해서 저장된 지방에서 에너지를 얻어간다. 우리가 가장 최근에 섭취한 음식이 에너지원으로 쓰이는 것이다. 앞으로 몇 달 동안, 아침을 먹기 전에 몇 가지 움직임을 실천해보라. (물론 일어나자마자 물은 마셔야 한다.) 그리고 뱃살이 빠지는지 안 빠지는지 직접 확인해보라.

아침에 일찍 일어나지 못하더라도 포기하진 마라. 점심에나 저녁에 하더라도 안 하는 것보다는 낫다. 아, 이런 말은 안 해도 알겠지. 아니, 안 했으면 몰랐을라나?

Breathing
호흡하세요

나이를 먹고 나서 호흡의 역할과 중요성을 새삼 깨달았다. 전에는 잘 몰랐다는 말은 아니다. 목숨을 부지하려면 당연히 숨을 쉬어야 하니까. 우리 몸과 세포는 매일 약 40킬로그램의 산소가 필요하기 때문에 우리는 하루에 약 2만1천번씩 호흡한다. 그렇기 때문에 평소에 제대로 호흡하고, 호흡 운동과 기술을 일상생활에 접목시키면 삶에 엄청난 변화가 찾아온다. 그런 이유로 호흡을 근력 운동, 유산소 운동, 유연성 훈련과 동등한 위치에 올려놨다.

호흡은 정신의학의 한 지류이며, 나머지 세 가지 운동을 실천하는 데도 기본이 된다. 횡격막은 우리가 폐 깊숙이 숨을 늘이쉴 수 있도록 수축했다가 공기가 완전히 빠져나가도록 폐 밑부분을 밀어 올린다. 횡격막의 이완과 수축 작용을 의식하며 호흡하면 마음이 차분히 가라앉고 불안감도 완화된다. 걱정거리를 마음에 담아두고 끙끙 앓는 것은 당연히 좋지 않다. 평소 호흡에 신경을 쓰면 건강이 좋아지고 스트레스를 덜 받으며 노화에 대한 접근 방식도 개선된다. 이렇게 좋은 걸 학교에서 왜 안 가르치는지 모르겠다.

프로방스에서 지내는 동안 남편과 나는 카메룬 출신의 마사지 '치료사'를 우연히 알게 되었다. 그녀는 한 마디로 호흡 전도사이다. 호흡 수련을 받으러 가면 그녀는 향초를 켜놓고 천천히 주문을 외운다.

"호흡하세요…… 호흡하세요." (때로는 "자신을 내려놓으세요."라고 주문한다.)

시키는 대로 하고 있으면 금세 효과가 나타난다. 가만히 앉아 숨을 들이쉬었다가 내쉬는 것을 반복했을 뿐인데 마음이 편해진다. 그래서 평소에도 흥분하면 남편과 나는 "호흡하세요."라는 주문을 외친다.

나는 호흡이 얕다고 여러 번 지적받아서 그동안 고치려고 무진 애를 썼고 지금도 노력하고 있다. 아무튼 그런 노력 덕분에 호흡이 상당히 좋아졌다. 놀랍게도 호흡이 개선되니 내 삶도 덩달아 좋아졌다.

의외로 많은 사람들이 호흡을 제대로 하지 못한다. 온갖 장소와 상황에서 그런 사람을 수없이 목격했다. 가령 에어로빅이나 태극권을 하거나 춤을 출 때도 호흡이 거칠면 동작과 맞지 않는다. 말하거나 프레젠테이션을 하거나 노래 부를 때도 호흡이 제대로 이뤄지지 않으면 어색하다.

사람들은 코로 숨을 들이쉬고 내쉬는 방법을 잘 안다고 생각하지만, 대부분 잘하지 못하고 심지어 부적절하게 하기도 한다. 갓난아기가 숨쉬는 모습을 보라. 아기 때는 횡격막이 부드럽게 위아래로 움직이면서 공기가 폐 깊숙이 들어오는 복식호흡을 한다. (나이가 들수록 횡격막이 경직돼 아래로 충분히 내려가지 못하면서 폐 윗부분으로만 숨 쉬는 흉식호흡을 하게 된다.) 복식호흡을 꾸준히 하면 인생이 바뀐다. 무엇보다도 불안감이 사라질 것이다.

나는 요가를 수련하면서 올바른 호흡법을 알게 되었고, 다양한 호흡 훈련을 실천하고 있다. 물론 요가는 일상생활에 편입되는 활동은 아니고, 일부러 시간을 내서 하는 수련이다. 짧은 시간에 어떻게든 근육을 쥐어짜고 땀을 흘려야 직성이 풀리는 사람이 아니라면, 요가를 한번 시도해보라. 요가는 자세와 호흡을 가다듬고 스트레칭으로 몸을 펴주는 일련의 과정이다.

내가 요가를 알게 된 과정은 이렇다. 파리에서 학교에 다닐 때 프랑스에 요가 바람이 불기 시작해 나도 한두 번 요가 수업에 참여했다. 하지만 그때는 요가가 좋은지 몰랐다. 그래서 거의 20년 동안 잊고 살았다. 그러던 차에 30대 후반에 뉴욕에서 택시를 타고 가다 가벼운 추돌 사고를 당했다. 통증이 크지 않아 내수롭지 않게 넘겼는데 나음해에도 허리 통증이 계속 나타났다. 지압을 받으면 당장엔 괜찮다가도 금세 참을 수 없는 고통이 찾아왔다. 그즈음 이탈리아 출신의 한 지인이 요가 강사를 추천해주었고, 그 강사가 운영하는 요가 센터가 내 사무실에서 두 블록밖에 떨어져 있지 않았다. 두 번째 수업을 마치고 나자 통증이 싹 가셨다. 나는 엄청난 효과에 감동받아 황금 손을 지닌 강사 앞에서 내 남은 평생 요가를 하겠노라고 다짐했다. 통증이 사라지고 나니 새 삶이 펼쳐지는 것 같았다. 행복감에 젖어 다시금 나 자신으로 돌아온 것 같았다. 처음에는 점심시간에 강사의 스튜디오에서 30분씩 개인 레슨을 받았다. 그러다 뉴욕에 머무는 동안에는 강사가 지도하는 소규모 야간 강좌에 참석했다. 요가를 배우면 배울수록 점점 빠져들었다. 몇 년 뒤에는 아침마다 혼자서 요가를 하기 시작했다. 이젠 요가를 하지 않고는 살 수 없을 지경에 이르렀다. 요가는 육체적으로, 정신적으로, 직업적으로, 아니 그 이상으로 내 삶을 강화시켜 준다. 하루라도 건너뛰면 찜찜하고 불안하다.

아직 요가를 해본 적이 없다면 지금이라도 시작하라. 당신이 상상하지 못한 방식으로 삶을 풍요롭게 해줄 것이다.

어떤 이는 관악기를 연주하면서 호흡 기술을 배우고 어떤 이는 수영을 비롯한 운동으로 호흡 기술을 배운다. 나는 운동에 소질이 없지만 수영을 즐긴다. 처음에는 남들처럼 물살을 가르며 쭉쭉 나아가지는 못하고 물장구를 치는 수준이었다. 그런데 호흡과 동작과 정신을 통합시키자 놀랍게도 지구력이 일취월장했다. 평지에서 걷는 것처럼 수영장을 줄기차게 왕복해도 지치지 않았다. 비결은 호흡에 있었다. 호흡이 시작이요, 끝이었다. 진짜로 Absoulument!

호흡 연습은 시간과 장소에 구애받지 않고 언제 어디서나 할 수 있다. 내가 늘 시행하는 호흡 방법 네 가지를 소개하고자 한다. 첫 번째는 횡격막에 초점을 맞추는 간단한 호흡법이다. 이 방법은 복부와 횡격막 근육을 키우면서 뱃살도 빼주고 허리도 보호하는 효과가 있다. 다른 방법 둘은 특히 유산소 능력을 키워준다. 마지막 방법은 마음을 가라앉히고 혈압을 낮춰준다. 호흡만으로 이런 효과를 보다니, 참으로 놀랍지 않은가!

1. 횡격막 호흡법

횡격막 호흡은 일어서서 해도 되고, 의자에 앉거나 바닥에 누워서 해도 된다. 규칙적으로 몇 분 동안 시행하고, 하는 동안엔 오로지 호흡에만 집중한다. 생각이 떠오르면 그냥 그 생각을 인식한 뒤에 가만히 내려놓고 다시 호흡에 집중한다. 기본적인 호흡 훈련이지만 효과는 탁월하다. 직접 경험해보시길!

○ 횡격막을 이용해 호흡하라(복부를 앞으로 내밀며 공기를 충분히 마신 다음 복부 근육을 조이며 공기를 완전히 내보낸다).

○ 갓난아기를 보면 횡격막을 이용한 올바른 호흡법을 관찰할 수 있다. 이를 복식호흡이라고 부르기도 한다. 아기와 달리 성인은 대부분 가슴으로 호흡한다. 숨을 들이쉴 때 손을 복부에 대고 공기가 들어오는 것을 느껴보라. 숨을 내쉴 때 배꼽을 등 쪽으로 최대한 붙인다.

○ 코로 공기를 들이쉬고 입으로 내보낸다. 들이쉴 때보다 내쉴 때 더 천천히 시행한다(들이쉴 때 둘까지 세고 내쉴 때 넷까지 센다).

○ 계속해서 분당 호흡수를 줄여 나간다(들이쉴 때 넷까지 세고 내쉴 때 여덟까지 세면서 점점 더 깊이 호흡한다).

2. 신체 이완

이 훈련은 근육과 관절의 긴장을 푸는 데 도움을 준다. 어떤 요가 강사는 이 훈련으로 수업을 마무리하고, 어떤 강사는 이 훈련으로 시작해서 이 훈련으로 마무리한다. '사바사나Savasana'라고 부르는 이 훈련은 몸과 마음을 아주 편안하게 해준다. 5분에서 10분 정도 시행한다. 더 오래하면 (특히 직장에서) 긴장이 너무 풀려 잠이 들기도 한다. (나도 그런 적이 몇 번 있다.) 잠에 빠지지 않도록 정신을 집중하라. 나는 격무로 스트레스를 받거나 여행 중에 너무 피곤할 때 이런 간단한 동작으로 긴장을 풀곤 한다.

바닥에 똑바로 눕는다. 매트를 깔면 (여행 중에는 호텔 타월을 깔아도 좋다) 등이 배기지 않아 좋다. 호흡 동작을 시작하기 전에 다음 사항을 확인하라.

○ 고개를 바로 해서 천장을 쳐다본다. 한쪽으로 기울거나 앞으로 숙이지 않도록 한다.

○ 턱이 들리지 않도록 목을 길게 편다.

○ 어깨를 바닥에 편히 내려놓고 힘을 뺀다.

○ 팔을 몸에서 살짝 떼어 내려놓고 팔꿈치를 살짝 구부린 뒤 손바닥을 하늘로 향하게 한다.

○ 엉덩이를 바닥에 편히 내려놓는다.

○ 무릎과 다리는 엉덩이 넓이만큼 벌리고 발목을 바깥쪽으로 해서 편히 내려놓는다.

○ 골반은 허리 아랫부분의 오목한 커브를 유지하도록 힘을 뺀다. (처음 한두 번은 다른 사람에게 자세가 바른지 봐달라고 부탁하라. 바닥과 등의 커브 사이에 빈 공간이 있어야 한다.)

○ 편안한 자세로 누웠으면 눈을 감고 입을 다문 다음 호흡을 시작하라. 횡격막을 이용해 호흡하도록 하라.

○ 숨을 천천히 들이쉬고 1, 2초 정도 참은 다음 천천히 내쉬어라. 긴장이 다 풀릴 때까지 몇 분 동안 반복하라.

3. 교차 호흡

이 방법도 언제 어디서나 시도할 수 있는 호흡 훈련이다. 나는 아침마다 이 호흡을 하는데, 하고 나면 마음이 굉장히 차분해진다.

○ 먼저 왼쪽 콧구멍으로 호흡한다. 오른쪽 엄지로 오른쪽 콧구멍을 막고 넷까지 세면서 왼쪽 콧구멍으로 숨을 들이쉰다. 다시 여덟까지 쉬면서 숨을 내쉰다. 여섯 번 반복한 뒤에 오른쪽 콧구멍도 똑같이 한다.

○ 한쪽 콧구멍으로 호흡하는 게 편해지면 양쪽을 번갈아 호흡할 수 있다. 좋은 결과를 얻기 위해 열두 번 정도 반복한다.

○ 또 다른 방법은 넷까지 세면서 왼쪽 콧구멍으로 숨을 들이쉬고 양쪽 콧구멍을 막고 숨을 참으면서 열여섯까지 센다. 여덟까지 세면서 오른쪽 콧구멍으로 숨을 내쉰다. 넷까지 세면서 오른쪽 콧구멍으로 숨을 들이쉬고 양쪽 콧구멍을 막고 숨을 참으면서 열여섯까지 센다. 여덟까지 세면서 왼쪽 콧구멍으로 숨을 내쉰다. 세 번 반복한 다음, 반대 순서로 오른쪽 콧구멍부터 먼저 들이쉰다. 같은 방법으로 세 번 반복한다.

4. 빠른 호흡

'카팔라바티 Kapalabhati', 즉 정뇌호흡법으로 알려진 이 방법은 말 그대로 뇌를 정화시키는 호흡이다. 복근을 단련시키고 칼로리까지 태워준다.

　허리를 곧게 펴고 편한 자세로 앉는다. 집중하기 위해 손을 허벅지에 내려놓고 엄지와 검지를 붙여 요가 자세로 손을 취한다. 눈썹과 눈썹 사이에 자리 잡은 제3의 눈을 바라본다.

○ 입은 다물고, 눈은 아래를 향하거나 감는다. 복부를 단단히 조이면서 코로 짧
  고 빠르게 숨을 내뱉는다. 콧구멍으로 공기를 반복해서 내뱉는다. 숨을 들이
  쉬지 않는다. 하다보면 자연스럽게 이뤄진다.
○ 스무 번 반복 실시한 후 복부의 긴장을 풀고 폐에 공기가 들어가게 한다. 차츰
  50번이나 100번까지 반복할 수 있다.

자, 이제 마음이 차분하게 가라앉은 것 같지 않은가?

French women
Don't get facelifts °

Why Not Rest and Relaxation…and Play?

휴식이
필요한 시간°

———

프랑스 사람은 하루 평균 아홉 시간을 잔다. 바다 건너 미국 사
람보다 상당히 더 많이 잔다. 미국인은 하루에 다섯 시간이나 여
섯 시간 이하로 자는 것을 훈장으로 여긴다. "나는 잠을 많이 자
지 않아도 돼."라고 떠벌리지만 터무니없는 말이다.

07°

당신은 밤에 몇 시간 정도 잠을 자는가? 그 정도 자면 충분한가? 흠, 충분한지 아닌지 어떻게 아나? 혹시 쉽게 잠드는 비결이라도 있나? 날마다 혹은 주기적으로 나 자신을 위해 보내는 시간을 나는 '해변타임Beach Time'이라 부른다. (물리적 공간을 뜻할 때도 있다.) 정신은 그만큼 고유한 영역이다. 휴가는 어떤가? 프랑스 사람은 휴가를 아주 진지하게 생각한다. 당신은 휴가를 어떻게 생각하는가? 또는 노는 것을 무엇이라고 생각하는가?

이 장에서는 수면, 나를 위한 시간, 휴가, 놀이에 대해 살펴볼 것이다. 프랑스 사람은 하루 평균 아홉 시간을 잔다. 바다 건너 미국 사람보다 상당히 더 많이 잔다. 미국인은 하루에 다섯 시간이나 여섯 시간 이하로 자는 것을 훈장으로 여긴다. "나는 잠을 많이 자지 않아도 돼."라고 떠벌리지만 터무니없는 말이다. 프랑스 여자들의 장수와 수면 시간 사이에 상관관계가 있을 것 같지 않은가?

파리에서 지내는 동안 내 미국인 남편은 밤에 친구 집에서 식사를 마치고 돌아오거나 극장에서 돌아올 때 칠흑같이 어두운 아파트 건물을 보며 놀라곤 했다. 열한 시만 되어도 대부분 가정의 불이 꺼져 있다. 그 이유는 첫째로 프랑스 사람들이 TV를 많이 보지 않기 때문이다. 프랑스인들은 심야 쇼를 보느라 늦게까지 잠을 설치지 않는다. 퇴근해서 집에 오면 저녁을 준비하고 온 가족이 둘러 앉아 식사하면서 즐거운 시간을 보낸다. 그게 여흥이고 오락이다. 책을 읽거나 음악을 들으며 한 시간 정도 지체하는 사람도 있겠지만, 대부분 열 시나 열한 시에는 잠자리에 든다. 밤늦도록 이메일을 쓰거나 인터넷에서 헤매지 않는다. 밤늦도록 잠들지 않는 뉴욕과 비교하면 딴 세상이다. 맨해튼 아파트에서 내다보면 꼭두새벽에도 주변 건물의 불빛이 환하게 비친다. 일찍 출발하는 비행기를 타려고 새벽녘에 눈을 떠도 여기저기에 불이 켜 있다. 뉴욕은 정말 잠들지 않는 도시다!

그렇다고 파리에서는 청춘 남녀가 토요일 밤에 클럽에서 자정이 넘도록 춤추고 놀지 않는다는 건 아니다. 또는 중고생들이 정해진 시간이 넘으면 문자 메시지를 딱 끊고, 아무도 TV를 보지 않는다거나 보더라도 열한 시에는 다들 끈다는 것도 아니다. 다만 뉴욕과 비교할 때 파리는 분위기가 완전히 다르다. 맨해튼에서는 평일이나 주말 가리지 않고 밤 열한 시에도 길거리에 사람들이 많다. 프랑스에서는 기차역에서조차 일어나지 않는 풍경이다.

하지만 처방전 없이 살 수 있는 수면제 판매고가 미국과 프랑스에서 똑같이 높아지는 것으로 봐서 프랑스라고 세계화 추세에서 비껴가지는 않는 것 같다.

이제는 숙면의 혜택을 누리기 위해 취할 수 있는 방법을 몇 가지 살펴보자. 나이가 40대든 50대든 60대 이상이든 상관없이 다음에 제시한 방법은 숙면에 도움이 된다. 문제가 되는 행동을 수정하면 수면의 질을 높이고 건강하게 살 수 있다. 잠을 많이 자면 아무래도 덜 먹게 되니 건강도 좋아지지 않겠는가?

낮에 움직이고 움직이고 또 움직여라! 여러 연구에 따르면 운동은 칼로리를 태우기만 하는 게 아니라 쉽게 잠들고 숙면을 취하는 데도 좋다고 한다. 그렇다고 마라톤을 하거나 땀을 뻘뻘 흘리며 운동하라는 말은 아니다. 20분에서 30분 정도 빠른 걸음으로 걷거나 요가 수련만 해도 효과가 있다. 다만 잠들기 직전에 하면 역효과를 부르니 주의해야 한다.

카페인, 니코틴, 알코올 같은 흥분제를 멀리 하라. 이 세 가지는 우리를 초조하게 하고 수면의 질을 떨어뜨리며 잠이 잘 오지 않게 한다. 깜빡 잠이 들었다가 오밤중에 깨어나게 하기도 한다. 낮에 졸음을 이기려고 커피를 마시는 사람이 많은데, 카페인이 열두 시간이나 각성 효과를 지닌다는 사실을 알면 놀랄 것이다.

날마다 같은 시간에 잠자리에 들고 같은 시간에 일어나라. 우리 몸은 균형을 추구한다. 특정 시간에 자고, (아무리 졸려도) 특정 시간에 일어나도록 몸을 훈련하면 결국 몸도 우리 요구에 귀를 기울인다. 어쩌다 주말에 한 번 늦잠을 자더라도 일단 굳은 습관이 바뀌진 않을 것이다. 한편, 쉰 살 이후에는 일주일에 두 번씩 평소보다 한 시간 먼저 잠자리에 들도록 하라. 그리고 기력이 얼마나 좋아지는지 직접 확인해보라.

침실에선 잠만 자도록 하라. 아, 허용되는 게 한 가지 더 있긴 하다. 아무튼 그것 말고는 침대에서 TV를 보거나 가계부를 정리하거나 문서를 작성하거나 음식을 먹거나 노트북을 두드리는 행위는 삼가도록 하라. 아울러 침대에서 느긋하게 쉬는 것도 나중에 잠들려고 할 때 문제가 될 수 있다.

허브티를 마셔라. 캐모마일, 아니스, 벨러리안, 펜넬은 차로 마시면 마음을 안정시키고 잠이 쉽게 들도록 도와준다. 건강식품 판매점에 가면 자체 제작한 허브티도 구입할 수 있다.

우리 할머니 농장에서는 우유를 미지근하게 데워 반 컵씩 마시곤 했다. 그러면 여덟 시간 동안 온 집 안이 쥐 죽은 듯 고요해졌다.

불을 더 일찍 꺼라. 빛이 있으면 우리 뇌는 낮이라고 생각해 활발하게 활동하려고 한다. 조명의 밝기를 조절하는 조광기는 전기만 아껴주는 게 아니다.

컴퓨터와 TV는 잠들기 30분에서 한 시간 전에 꺼라. 이 두 가지는 신경세포를 자극하는 것들이므로 잠들고 싶다면 꼭 피해야 한다. 컴퓨터에서 나오는 불빛도 수면 패턴에 혼란을 야기한다. TV와 컴퓨터를 끄는 것이 쉽지 않겠지만, 숙면을 취하려면 준비할 시간이 필요하다. 사랑을 나눌 때도 전희가 필요하지 않은가!

30분 동안 뒤척여도 잠이 오지 않으면, 일어나서 책을 읽거나 (그렇다고 모험으로 가득한 책은 곤란하다) 잔잔한 음악을 들어라. 침대에 계속 누워 있어봤자 마음만 초조해질 뿐이다.

잠들기 전에는 배불리 먹지 마라. 잠자리에 들려고 계획한 시간보다 적어도 두세 시간 전에 저녁을 먹어라. 단백질은 주로 아침에 섭취하고 점심과 저녁에는 식사량을 줄이도록 하라. 친구나 가족과 외식할 때는 두 시간 전 식사 규칙을 지키기 어려우니 어쩌다 한 번은 예외로 둔다. 프랑스 가정에서는 흔히 수프를 시작으로 저녁을 가볍게 먹는다. 그래야 숙면을 취하는 데 좋다.

다이어트에 관심 있는 사람은 '잠들면 배고픈 줄도 모른다^{Qui dort dîne}'라는 속담이 마음에 와닿을 것이다. 그렇다고 굶주린 상태로 잠자리에 들라는 말은 아니다. 다만 TV를 보면서 야식으로 배를 빵빵하게 채운 다음 눕는 것은 곤란하다.

잠들기 좋은 환경을 조성하라. 완전히 깜깜하고 환기가 잘되고 서늘한 침실이 좋다. 외부 불빛을 차단할 커튼이 없다면 안대를 착용하

라. 바깥 소음이 시끄럽게 들린다면, 선풍기처럼 '백색소음'을 내는
전자기기를 켜놓거나 귀마개를 끼도록 하라.

밤에 잠을 잘 못 자면 쉽게 짜증이 나고 주의 지속시간도 짧아지며
스트레스도 더 많이 받는다. 여자들은 특히 피부도 나빠지고 심장병
이 발생할 위험도 높아진다. 그러니 잠을 푹 자도록 하라!

Beach time

해변 타임

"나는 여유 있게, 서두르지 않고, 천천히, 시간을 허비하며 사는 것을 가장 좋아한다."

프랑수아즈 사강 Françoise Sagan 이 한 말이다.

이 장 서두에서 제안했듯이 건강하게 살기 위해서는 정신적, 육체적 평형 상태를 유지해야 한다. 물론 다 알고는 있지만 정신없이 살다 보면 우리에게 진짜로 좋은 것을 놓칠 때가 많다. 우리는 우리 자신을 위한 시간이 필요하다. 쉴 시간이 필요하고, 휴가가 필요하고, 조용히 보낼 시간이 필요하다. 그러니 면역 체계가 약화되기 시작하는 50대 이후로는 한숨 돌리다, 재충전하다, 회복하다, 휴식을 취하다, 원기를 회복하다 같은 단어와 친해지도록 하라.

그런데 일하지 않을 때나 자신을 위해 시간을 보낼 때 오히려 죄책감을 느끼는 사람이 있다. 다음에 누군가를 만나면 "뭐 하면서 노세요?"라는 질문으로 대화를 시작해보라. 필시 상대방은 놀란 표정을 짓거나 한가하게 놀 시간이 어디 있냐고 반문할 것이다. 하지만 정신적, 육체적 평형 상태를 유지하고자 취하는 행동도 생산적 활동에 포함된다.

이런 종류의 생산적 활동은 형태와 종류가 다양하다. 가령 골프는 시간이 많이 걸리는 스포츠이지만(그렇다고 들었다), 육체와 정신에 미치는 효과가 뛰어나 70대와 80대까지 활력 넘치게 살아가도록 돕는다. 페어웨이를 향해 드라이브 샷을 강하게 날리면서 맛보는 짜릿함 때문에 사람들이 계속 골프장을 찾는지도 모르겠다.

해변 타임은 혼자서 사색하는 시간을 뜻하기도 하지만, 글자 그대로 해변이나 수영장에서 보내는 여유로운 시간을 말하기도 한다. 프랑스에서 수영은 굉장히 인기 있는 체육 활동이다. 나도 수영을 좋아하는데, 딱히 운동이라고 생각하진 않지만 몸에 좋다는 점은 확실히 인식하고 있다.

프랑스의 TV 프로그램 사회자인 마이클 드러커Michel Drucker는 워낙 옛날부터 활동한 사람이라 사람들은 텔레비전 수상기를 구입했을 때부터 그가 나왔다고 농담한다. 프랑스 사람들은 일요일 오후에 그가 진행하는 쇼를 즐겨 시청한다. 드러커는 70대인데도 50대로밖에 보이지 않고, 본인도 그 정도로 젊다고 생각한다. 그의 비결이 바로 수영이다. '행복 속에서 허우적대다Nager dans le bonheur'라는 말은 바로 그를 두고 하는 말이다. 요새 그는 인생 최고의 시간을 보내는 것 같다. 그는 15년 전쯤 수영에 푹 빠졌는데, 혼자서 즐기는 데 그치지 않고 업계 종사자와 팬들까지 수영장으로 끌어들였다. 요즘도 그를 따라서 수영을 하겠다는 사람들의 숫자가 날로 늘어나고 있다. 수영은 심장과 허리에 좋을 뿐만 아니라 삶의 의욕을 높이고 뱃살을 빼는 데도 효과가 있어서 의사들도 적극 추천한다. 또한 닳아서 약해진 관절과 근긴장, 심장 기능과 호흡 기능에 좋고 유연성을 높이며 뇌기능을 활발하게 유지하는 데도 좋다.

드러커는 스트레스와 허리 통증으로 고생하다 친구의 권유로 처음 수영을 배웠다고 한다. 그전에는 운동 삼아 동네를 산책하거나 자전거를 즐겨 탔다. 물론 자전거는 지금도 즐겨 탄다. 나랑 이웃 동네에 살아서 그가 자전거 타는 모습을 본 적이 몇 번 있다. 알피유 산맥의 가파른 도로를 자전거로 힘차게 달리던 그의 모습이 눈에 선하다. 그러나 그를 딴 사람으로 만든 것은 수영이었다. 수영은 허리 통증을 싹 없애줬을 뿐만 아니라 키도 더 커보이게 하고 젊은이처럼 다부진 몸매를 안겨주었다. 드러커 본인도 수영이 자신을 살렸다고 말한다. 복부 근육이 콘크리트처럼 단단해졌고, 수영장을 나설 때마다 엔도르핀이 넘친다고 한다. 당당하게 나이 먹는 방법으로 당신도 수영을 배워보는 건 어떤가?

Pétanque
프랑스 사람들의 놀이, 페탕크

골프와 마찬가지로 테니스도 많은 사람들에게 굉장히 인기가 있다. 하지만 스스로 즐기며 할 수 있는 스포츠로는 자전거 타기와 페탕크 Pétanque만한 게 없다. 프랑스 사람들은 예전엔 자전거를 즐겨 탔으나 요새는 페탕크를 더 많이 한다. 페탕크는 내가 가장 좋아하는 놀이로, 운동신경이 없어도 누구나 할 수 있다. 골프처럼 사교 활동을 촉진하는 데도 그만이다. 인구가 6천5백만 명인 프랑스에서 거의 2천만 명이 페탕크를 즐긴다.

페탕크는 팀 스포츠이다. 두 명, 세 명, 또는 네 명이 한 팀을 이뤄 상대팀과 번갈아 경기를 펼친다. 코쇼네Cochonnet라고 하는 작은 목제 공을 던져두고 금속 공을 가장 가까이 붙이는 것으로 우열을 가린다. 기술 수준과 전략이 다양하지만, 아이들과 초보자, 나처럼 운동신경이 둔한 사람도 프로 선수만큼이나 즐겁게 즐길 수 있다. 특히 낯선 사람들과 어울리며 친교를 나누는 데 좋다.

페탕크는 원래 프로방스와 프랑스 남부 지역 및 코르시카와 스페인 등지에서 주로 하던 놀이였다. 물론 이웃사촌인 이탈리아에서도 활발하게 행했는데, 그곳에서는 흔히 보치Boccie라고 부른다.

최근 몇십 년 사이에 페탕크의 인기가 치솟아 세계 각국에서 즐기는 놀이로 부상했다. 실은 미국에 페탕크를 퍼뜨리는 데 나도 한몫했다. 1990년대에 프랑스 혁명 기념일을 축하하고자 미국 전역에서 페탕크 토너먼트가 열렸다. 영국을 비롯한 각국 여행자들이 미국에서 페탕크 놀이를 경험하고 자국으로 돌아가 널리 보급시켰다. 지금은 퀘벡과 베트남, 캄보디아, 라오스 등지에서도 활발하게 펼쳐지고 있다.

프로방스에서 한동안 머무르다 보면, 노인들이 페탕크 경기를 펼치는 모습을 심심찮게 본다. 심지어 크리스마스에도 경기가 열린다. 프로 방스에만 클럽 수가 570개나 되며 회원수는 5만 명에 이른다. 나는 페 탕크를 청소년기에 처음 접했고 지금도 즐긴다. 내가 살던 동네의 어르 신들 중에는 날마다 페탕크를 할 정도로 푹 빠진 분들도 있다. 파리의 뤽상부르 공원을 비롯해 곳곳에서 주말마다 많은 사람들이 페탕크를 한다. 워싱턴 스퀘어 공원을 비롯해 뉴욕 시 전역에서도 정기적으로 경 기가 펼쳐진다. 곁에서 지켜보는 것만으로도 즐거운 놀이이다.

요즘 프로방스의 중심지 부슈두론에서는 〈레 불리스트 Les Boulistes〉라 는 영화가 한창 촬영 중이다. (이 지역에서는 페탕크를 불 Boule 이라고 부 르며, 불리스트 Bouliste 는 공놀이 하는 사람이라는 뜻이다.) 제라르 드파르 드외 Gérard Depardieu 가 주연하는 이 영화에 프로방스의 여러 명소가 주 요 배경으로 등장한다.

프로방스에서는 햇살이 좀 누그러진 오후 늦게 (그래도 여전히 덥다) 플라타너스나 뽕나무 아래에서 페탕크 경기가 펼쳐진다. 파스티스를 들이키며 한바탕 뛰고 나면 저녁 식사가 아주 꿀맛이다. (파스티스 Pastis 는 프랑스에서 식전에 즐겨 마시는 술로, 알코올이 든 것도 있고 들지 않은 것도 있다. 나는 승부욕이 발동해 공을 제대로 보려고 주로 무알콜 파스티 스를 마신다.) 평평한 공터만 있으면 어디서나 게임을 펼칠 수 있지만, 정식 토너먼트 경기는 불로드롬 Boulordrome 이라 불리는 가로 4미터, 세 로 15미터 경기장에서 진행한다. 우리 집에도 이 규격에 맞는 경기장이 설치되어 있다. 나는 남편과 둘이서 게임을 하기도 하고, 지인을 불러 팀을 짜서 게임을 하기도 한다. 누구랑 하든 이길 때의 짜릿한 기분은 비할 데가 없다. 특별히 토너먼트 경기에 참여하지 않는다면 게임을 한다고 따로 돈이 들지도 않는다. 흠, 지금쯤이면 프랑스 사람들이 격식을 차리는 것을 싫어하고 언제 어디서나 공짜로 즐길 수 있는 것을 좋아한다는 사실을 알아차렸을 것이다. 우리는 진짜로 타고난 개인주의자들이다.

프로방스에 머무는 동안 우리는 여러 팀과 경기를 펼치며 즐겁고 행복한 시간을 보냈다. 그중에서도 압권은 작년 여름 세계 각국에서 찾아온 30여 명의 손님들과 했던 게임이었다. 손님들 중에는 프로방스에 처음 놀러온 일본인 친구 사치코도 있었다. 그녀는 페탕크에는 흥미가 있었지만 우리가 방에 비치해둔 경기 설명서를 읽지 않았던 게 확실했다.

사치코는 에르메스 블라우스에 꽉 끼는 스커트를 입고 루부탱 구두를 신고 등장했다. 페탕크가 뭔지 전혀 모르고 나왔지만 아무튼 의상은 끝내줬다. 게다가 게임에 참여하겠다고 적극적으로 나선 태도도 인정해줘야 했다. 그녀가 잔디와 자갈을 헤치고 경기장에 어떻게 들어왔는지 모르겠다. 남자들 전부와 상당수 여자들이 게임에 참여하겠다고 나섰고, 여자들 몇 명은 참가할지 말지 결정하지 못하고 주변에서 머뭇거렸다. 모델처럼 차려 입은 사치코가 첫 번째 팀에 뽑혀 경기를 시작했고 몇 분 뒤, 그녀가 공을 던질 차례가 왔다. 사치코는 특별히 잘 던지

진 않았지만 무난하게 출발했고 그 뒤로도 그럭저럭 던졌다. 그러다 그
녀가 속한 팀이 탈락할 위기에 처한 순간, 다시 공을 던질 차례가 왔다.
사치코는 프로 선수처럼 자세를 잡았다. 모든 시선이 그녀에게 쏠렸다.
와우! 그녀가 던진 공이 남자들의 공을 몽땅 쳐내고 코쇼네에 가장 가
깝게 붙었다. 포인트는 당연히 사치코에게 돌아갔다. 페탕크 게임을 모
른다 해도 이건 최고의 샷이었다. 구경하던 사람들이 열광하며 소리를
질렀다. 사치코는 자신이 뭘 했는지 몰라 어리둥절해하다가 주변의 반
응을 보고 어깨를 으쓱하며 의기양양한 미소를 날렸다. 다들 한바탕 웃
고 떠들고 축하하며 신나게 어울렸다. 사치코의 멋진 샷 덕분에 그날
경기는 결국 그녀가 속한 팀이 이겼다. 페탕크의 매력은 게임을 많이
하거나 잘하지 않아도 때로는 기적 같은 샷을 날릴 수 있다는 점이다.

　페탕크는 조깅이나 수영, 자전거 타기나 걷기만큼 칼로리를 태우지
는 못하지만 굉장히 재미있다. 프랑스의 상징과 시인 보들레르가 예술
자체를 최고의 목적으로 여기고자 '예술을 위한 예술'이라는 말을 했
는데, 나는 다 같이 모여 흥겹게 놀 수 있다는 점에서 페탕크를 '놀이를
위한 놀이'라고 말하고 싶다. 페탕크는 야외에서 다 같이 웃고 떠들며
즐길 수 있는 유쾌한 취미 활동이고, 특히 공을 줍거나 다른 사람이 공
을 던지는 사이사이에 이야기를 나눌 수 있기에 친교에도 그만이다. 또
한 경기 중 이상 행동을 하는 사람을 보는 재미도 남다르다. (내가 대표
적 인물이다. 멋진 샷을 날리거나 포인트를 따거나 게임에 이기면 나는 너무

신나서 이상한 소리를 지르고 펄쩍펄쩍 뛴다. 그런 내 모습을 보고 다들 키득키득 웃는다. 에드워드는 내가 괴상한 행동으로 상대편 선수의 혼을 빼놓는다고 말한다. 흠, 그런 효과를 노린 건 아니지만 아무튼 그것도 게임의 일부다.) 경기장에서 드러나는 인간 본성을 연구해보면 아주 흥미로울 것 같다. 어쩌면 사회학자들이 이미 연구했는지도 모르겠다.

요즘엔 젊은이들도 페탕크의 묘미를 알아차리고 점점 빠져들고 있다. 페탕크 게임 도구를 생산하는 업체들도 발 빠르게 젊은이 취향에 맞춰 평범한 금속 공에 초록이나 파랑 등 화려한 줄무늬를 새겨 넣었다. 요즘엔 프랑스 동북부의 알자스와 북서부의 브르타뉴에서도 페탕크 경기가 펼쳐지는 등 인기와 관심이 날로 치솟고 있다.

골프, 브리지 카드놀이, 테니스, 페탕크 등 여러 사람들과 즐겁게 어울릴 기회를 제공하는 취미 활동은 '당당하게 나이 먹는 데' 여러 모로 도움을 준다. 당신이 즐겨 하는 안티에이징 놀이는 무엇인가?

French women
Don't get facelifts °

The Nondiet Anti-Aging Nutritional Formula

프랑스 여자는
굶지 않는다°

———

더 건강하게, 더 오래 살고 싶은가? 그렇다면 매일 15분에서
30분 정도 햇볕을 쬐도록 하라. 햇볕을 쬐면 피부 세포가 비타
민 D를 생성한다. 비타민 D는 우리가 나이 먹을수록 부족해지
기 쉬운 비타민이자 호르몬 전구물질이다.

08°

텃밭에 피어 있는 갖가지 식물을 떠올려보라. 그것들에게 가장 필요한 것은 무엇일까? 당연히 물과 햇빛이다. 그렇다면 나이 들수록 여자에겐 뭐가 제일 필요할까? 분명히 비타민과 영양제를 떠올릴 것이다. 하지만 식품 보충제를 걱정하기 전에 물과 햇빛부터 따져보자. 우리도 나이 먹을수록 이 두 가지에 관심을 더 기울여야 한다.

"거울아, 거울아, 벽에 걸린 거울아,

내가 사무실의 자외선 차단 유리창이나 거실 창문으로 비쳐 든 햇빛 말고, 밖에 나가서 햇빛을 충분히 쐬고 있니?"

더 건강하게, 더 오래 살고 싶은가? 그렇다면 매일 15분에서 30분 정도 햇볕을 쐬도록 하라. 햇볕을 쐬면 피부 세포가 비타민 D를 생성한다. 비타민 D는 우리가 나이 먹을수록 부족해지기 쉬운 비타민이자 호르몬 전구물질이다. 또한 비타민 D는 노년기 뼈 건강과 골다공증은 물론 심장병과 우울증, 당뇨병 등을 방지하기 위한 가장 저렴한 약물이다.

눈의 노화가 수면과 정신 상태에 영향을 미친다는 연구 결과가 최근에 발표되었다. 수면 유도 호르몬인 멜라토닌은 빛이 있으면 잘 분비되지 않다가 빛이 사라지면 분비된다. 멜라토닌이 분비되면 우리 몸이 휴식에 들어가 숙면을 취할 수 있다. 반면에 신경전달물질인 세로토닌은 햇볕을 쬐어야 많이 분비된다. 세로토닌은 아침에 가뿐하게 일어나게 해주고 생기를 불어넣으며, '삶의 기쁨 Joie de vivre'을 맛보게 해준다. (각종 과학 저널에서는 이 마지막 기능이 언급되지 않았지만 나는 일부러 추가했다.)

기상! 해가 떴으니 정신 차리고 일어나라! 여러 연구 결과, 밝은 빛은 멜라토닌 분비를 억제한다고 밝혀졌다. 따라서 눈이 노화되고 빛, 그중에서도 특히 푸른 파장의 빛을 덜 흡수하면, 아침에 기민하고 상쾌하게 일어나는 데 필요한 자극이 부족해진다. 우리가 젊었을 때 빛에서 얻었던 자극이 50대에 이르면 50%나 감소하고, 70대에 이르면 17%로 떨어진다는 연구 결과도 있다. 이런! 얼른 불을 켜라. 그런데 불을 아무리 많이 켜도 하늘에 떠 있는 태양에는 견줄 수 없다. 태양은 수천 년 동안 진화를 거친 후에도 파랑 스펙트럼의 전 영역에 걸쳐서 우리의 기분을 좋게 하고 활기를 불어 넣고 우리 몸에서 건전한 반응을 촉발하는 데 강력한 역할을 수행한다.

미국과 달리 프랑스는 아직 자동차 문화가 일상생활의 구석구석까지 파고들지 않았다. 아침마다 따스한 햇살을 받으며 바게트를 사러 가는 것처럼, 많이 걸어다니는 문화 덕분에 프랑스 사람이 더 오래 사는 건 아닐까? 충분히 일리 있는 말이다. 물이 우리 삶에 중요한 역할을 하듯이 햇볕도 수면 패턴과 기분, 신체 건강에 중요한 역할을 수행한다. 그런데 1년 내내 사무실에 앉아 일하는 사람들은 그런 사실을 모르는 것일까? 햇볕 부족과 우울증의 상관관계는 이미 과학적으로 입증되었다. 기분이 울적한가? 당장 밖으로 나가서 햇볕을 쬐라.

바쁜 생활에 쫓기고 업무에 시달려 인간에게 기본적으로 필요한 것, 즉 나가서 햇볕을 쬐어야 한다는 사실을 무시해버린다. 나이 먹을수록 실내에서 생활하는 시간이 더 많아진다.: 인공 조명은 태양광보다 수천 배나 흐릿하다. 실내에서만 생활하다가는 건강을 잃을 수도 있다. 자, 날마다 볕을 쬐러 나가라. 아울러 나가기 전과 돌아온 뒤에 물을 한 잔씩 마셔라. 하찮은 일 같지만 건강을 다지는 데 더없이 좋은 습관이다.

물은 의심할 여지도 없이 아주 저렴한 안티에이징 묘약이다. 나이가 들수록 적당량의 물을 수시로 '복용하지' 않으면 심각한 탈수 상태에 빠질 수 있다. 물은 남용하기 어려운 '약'이다. 과다 섭취한다 해도 자연의 섭리에 따라 금세 균형을 잡을 수 있다.

물이 선사하는 혜택은 헤아릴 수 없을 만큼 많다. 체구와 나이, 성별에 상관없이 100조에 달하는 인체 세포는 대부분 물로 이루어져 있다. 그만큼 물은 우리 몸을 구성하는 데 가장 중요한 요소이다. 인체 내 모든 장기까지 필수 영양소를 전달하고 체온을 유지해주며 체내 노폐물과 독성을 제거한다. 아울러 수분의 균형을 잡아줘 피부를 유연하고 부드럽게 해준다. 그야말로 저렴한 안티에이징 제품 아닌가?

그런데 웬일인지 나이를 먹을수록 물을 충분히 마시지 않는 경향이 있다. 갈증중추Thirst Center가 젊었을 때만큼 제 기능을 발휘하지 못하기 때문이다. 물을 많이 마시면 화장실에 자주 간다고 걱정하면서 인위적으로 장벽을 쌓기도 한다. 이제는 그런 쓸데없는 걱정일랑 접자. 우리의 방광은 정기적으로 섭취하는 적정량의 물을 충분히 처리할 수 있다. 그리고 화장실에 한두 번 더 가면 되는데 뭐가 걱정인가?

그래도 마시기 싫다면 이 점을 한번 생각해보라. 뇌는 수분 비율이 가장 높은 조직 중 하나로서, 뇌 조직의 85%가 물이다. 뇌에 수분이 부족해지면(노인들한테 흔히 일어나는 현상이다), 우리는 방향 감각을 잃고 혼란에 빠진다.

그렇다면 물을 얼마나 마셔야 충분할까? 적정 '복용량'은 어느 정도일까? 내 경험상으로는 하루 여덟 잔 또는 1.9리터 정도가 적당하다. 메이요 클리닉Mayo Clinic과 미국의학협회Institute of Medicine가 여성에게 권장하는 하루 물 섭취량과 얼추 비슷하다. 앞에서 적었듯이 나는 잠들기 전과 일어난 직후에 물을 한 잔석 마신다. 그리고 오전에도 마시고 오후에도 마시고 저녁 식사 전에도 마신다. 실제로는 갈증이 나는데 배가 고픈 줄로 착각하고 뭔가를 먹거나 과식하게 될까봐 자주 물을 마신다. 물론 사람마다 체구가 다르고 하는 일도 달라서 약간의 가감은 필요하다. 그나저나 그렇게 많이 마시면 오밤중에 깨서 화장실에 가지 않느냐고? NBC 방송국에서 〈투데이쇼〉를 진행하는 케이티 쿠릭Katie Couric도 그런 질문을 했었다. 당시에 그녀에게도 말했지만 우리의 근육과 방광 용량은 훈련에 따라 얼마든지 늘어날 수 있다. 익숙해지면 대부분 별 문제없이 적응한다.

그런데 물을 섭취할 때 주의할 점이 몇 가지 있다. 몸이 크면 섭취량도 늘어나지만 날마다 마시는 수분의 80%는 순수한 물에서 얻어야 한다. 탄산이 든 물도 괜찮지만 가급적이면 들지 않는 게 좋다. 커피와 알코올은 해당되지 않을 뿐더러 이뇨제 역할을 하기 때문에 그런 것을 마시면 물 섭취량을 더 늘려야 한다. 운동도 마찬가지다. 30분 동안 운동하면서 땀을 흘린 후에는 물을 한 잔 더 마셔야 한다. 한 시간 동안 마사지 받을 때도 한 잔 더 마셔야 한다. 비행기로 장시간 여행한다면? 두 잔 더 마셔야 한다. 간단히 말해, 몸이 보내는 신호에 따라 물잔을 들이켜야 한다.

적정량을 알아볼 다른 방법은 체중을 이용하는 것이다. 체중을 30으로 나눈 값이 마셔야 하는 물의 양이다. 이것도 상황에 따라 유동적이다. 아주 덥고 건조한 날 땀을 많이 흘렸다면 물을 더 많이 마셔야 한다. 근육에 경련이 일어나도 마찬가지다.

물은 우리가 날마다 배출하는 물질이므로, 소변색이 다소 진하면 물을 충분히 마시지 않았다는 신호이다. 21세기를 살아가는 우리 몸에는 온갖 부산물이 쌓여 있다. 우리 몸의 노폐물은 호흡과 땀, 배설활동을 통해 몸 밖으로 나간다. 물은 운송수단이자 인체의 독소를 씻어내는 데 중요한 역할을 한다. 따라서 날마다 적정량의 물을 마셔야 한다. 이따금 단식을 하면서 리크 수프 같은 이뇨제를 이용해 강제로 몸을 해독한다면, 장을 깨끗이 청소하고 몸의 균형도 잡을 수 있다. 이 방법은 오랜 시간에 걸쳐서 효과가 입증된 민간요법이다. 우리 몸에는 제거해야 할 독소가 그 어느 때보다 많다.

Expanding the anti-aging formula
채소를 먹을 것

햇볕과 물, 이 두 가지가 굶지 않고도 다이어트하는 안티에이징 비법이라는 사실을 확실히 알았을 것이다. 이와 더불어 (바로 앞장에서 다룬) 적절한 운동을 규칙적으로 시행하는 것도 중요하다. 자, 이번엔 적절한 영양과 1회분 섭취량을 살펴볼 차례이다. 40대가 넘었는데 영양 관리를 제대로 하지 않았다면 이참에 제대로 배워서 관리하라!

"거울아, 거울아, 벽에 걸린 거울아, 내가 날마다 몇 가지 색깔을 먹고 있지?"

색깔? 단색, 가령 갈색 계통의 음식만 계속 먹고 있다면, 당신의 몸은 필수 영양소를 제대로 섭취하지 못하고 있는 것이다. 색깔을 보면 균형 잡힌 식단인지 아닌지 쉽게 파악할 수 있다.

나는 한 끼에 세 가지 색깔을 식탁에 올리고, 하루에 적어도 다섯 가지 색깔의 음식을 먹는 것을 규칙으로 삼고 있다. 비법치고는 참 쉽고 간단하지 않은가?

과일과 채소, 생선, 육류, 가금류를 생각해보라. 탄수화물과 단백질, 지방을 생각해보라. 물과 와인, 차와 커피를 생각해보라. 초콜릿을 생각해보라. 크루통을 넣은 수프에서 견과류가 든 아이스크림, 시리얼, 생선, 육류에 이르기까지 각종 음식의 질감을 생각해보라. 그밖에 먹어도, 먹어도 질리지 않는 다양한 음식을 생각해보라. 아무것도 금하지 않고 뭐가 됐든 적당히만 먹으면 괜찮은 다이어트를 생각해보라. 한 끼에 적어도 세 가지 색깔의 음식과 하루에 다섯 가지 색깔의 음식을 먹는다면, 다양한 영양소와 섬유소는 물론 적정 비율의 탄수화물과 단백질과 지방을 골고루 섭취할 수 있다.

과일과 채소를 충분히 먹지 않는 사람이 너무나 많은 상황에서, 채소와 과일 스무디만 먹어도 초록과 오렌지, 빨강 색깔을 지닌 음식을 섭취해 균형 잡힌 식단에 가까워질 수 있다. 최근 미국에서는 과일과 채소의 즙을 짜는 착즙기 판매가 증가하고, 신선한 주스를 파는 가게가 늘고 있다. 물론 본래 형태인 과일과 채소로 먹는 것이 필수 영양소를 섭취하는 가장 좋은 방법이긴 하다.

여러 정부 기관과 건강 관련 단체에서 '식품 피라미드Food Pyramid' 같은 식품 섭취 가이드라인을 발표한다. 권위 있는 기관에서 발표한 종류만도 스물다섯 가지나 된다. 그중에 세계보건기구WHO와 미국 농림부USDA에서 발표한 가이드라인이 가장 널리 알려져 있다.

USDA의 식품 피라미드는 1992년에 처음 나왔고, 2005년에 상당 부분 개정되었다가 2011년에 또다시 개정되었다. 개정된 후 과일과 채소가 식탁의 절반을 차지하고 곡물과 단백질이 나머지 절반을 차지하도록 구성되었다. 특히 채소와 곡물이 압도적으로 많았다.

이처럼 거의 모든 식품 가이드라인이 채소, (견과류를 포함한) 과일,

오일, 유제품, 육류, 콩 같은 식품군에 초점을 맞춘다. 하지만 푸대접 받는 생선에도 공평한 기회를 주기 위해 WHO가 권장하는 균형 잡힌 비율, 즉 단백질 10~15%, (좋은 종류의) 지방 15~30%, 탄수화물 55~75%도 함께 고려해야 한다. 나처럼 폐경기가 지났다면 단백질–지방–탄수화물 비율을 30-20-50으로 잡는 것이 좋다. 그렇다고 끼니마다 이 비율에 맞춰 식사하라는 말은 아니다. 이틀에 걸쳐서 이 비율로 섭취하면 영양소를 골고루 섭취할 수 있다.

영양소를 골고루 섭취하거나 균형을 유지하는 것이 말처럼 쉽지는 않다. 그렇게 쉽다면 내가 여기서 언급할 필요도 없을 것이다. 사람들은 식품별 영양소를 다 알지도 못할 뿐더러 같은 음식을 섭취해도 처리하는 방식이 개인마다 다르다. 심지어 한 사람이 같은 음식을 먹더라도 때에 따라 다르게 처리한다. 연령별로 필요한 영양소와 소화 기능, 신진대사가 다르기 때문에 각 영양소의 비율과 제조법이 늘 일정하지도 않다. 어떤 시기에 좋았던 영양식이 다른 시기에도 똑같이 좋은 건 아니다. 그렇더라도 기본 가이드라인을 지키고 그 안에서 약간씩 조정하는 것이 좋다. 프랑스 사람은 칼로리를 일일이 따지지 않지만 영양소와 식단의 질에 신경을 많이 쓴다. 또한 미국을 비롯한 여타 국가 사람들보다 과일과 채소에서 영양소를 많이 섭취한다. 나도 마찬가지다. 그렇다고 빵을 멀리하지는 않는다. 2012년만 해도 프랑스 사람들 중 85%가 날마다 빵을 먹었다. 빵은 복합탄수화물과 섬유소의 주요 공급원이다.

결론적으로, 입으로만 먹지 말고 머리로 따지며 먹어야 한다. 아침을 꼭 챙겨 먹고, 하루 세 끼 혹은 필요에 따라 소량씩 네 끼를 먹어야 한다. 그리고 끼니마다 탄수화물과 단백질, 지방 등 필수 영양소를 골고루 섭취해야 한다. 간식이 당긴다면 과일 몇 조각과 요구르트를 먹거나 호밀 크래커에 치즈를 얹어 먹는다. 마흔다섯 살이 지나면 육류 섭취를 줄이고 양보다 질에 신경 써야 한다. 자라면서 즐겨 먹은 정크푸드의 폐해가 서른 살 이후에 슬슬 나타나기 시작한다. 그러니 감자튀김과 컵케이크 등을 양껏 먹으면 곤란하다. 와인도 마찬가지이다. 하루 한 잔 정도는 몸에 좋지만 지나치면 득보다 실이 많다. 식품별 권장 섭취량을 알아야 한다. 주먹을 쥐어보라. 프랑스에서는 흔히 자신의 주먹이 한 번에 먹을 수 있는 양이다.

Deliver us our daily bread occasionally
무엇을 어떻게 먹을까?

19세기에 브리야 샤바랭 Brillat Savarin 이라는 철학가이자 식도락가가 '우리가 먹는 음식이 곧 우리 자신이다'라는 말을 했다. 나이 먹을수록 그 말이 더 심각하게 다가온다.

"거울아, 거울아, 내가 하루 세 끼를 꼬박 챙겨먹니? 끼니를 걸렀다가 다음 식사에서 폭식하지 않니? 내 몸에 뭘 집어넣는지 알고 있니? 식사와 식사 사이에 군것질을 많이 하니? 배가 고프지도 않는데 마구 먹고 있니? 균형 잡히고 영양가 있는 식사를 하고 있니? 빈번이 과식하거나 몸에 좋지 않은 음식을 먹는 '반칙'을 저지르니? 나이와 생활 방식에 맞는 식생활을 고수하니?"

나이를 먹으면서 깨달은 게 있다면, 배우면 배울수록 모르는 게 너무 많다는 사실이다. 몸에 좋은 음식을 즐겁게 먹는 것이 뭐 그리 어렵겠냐고 생각하지만, 실제로는 온갖 정보를 습득해서 제대로 실천하는 데 한평생 걸린다. 그래서 음식과 영양소, 요리, 나쁜 음식의 폐해를 잘 아는 선생님, 즉 어머니에게 일찍부터 배우는 것이 좋다. 그래야 잦은 외식과 정크푸드 뿐만 아니라 가공식품에 든 과도한 설탕과 소금의 폐해를 일찌감치 알아차릴 것이다. 파리에 사는 내 친구 기유메트는 어린 딸에게 일찍부터 이런 걸 가르친 좋은 엄마이다. 그녀의 딸은 가공식품을 먹지 않으며 세 살 때부터 요리를 배우기 시작했다. 하지만 누구나 그런 훌륭한 엄마를 두지는 않는다. 어려서 몸으로 익히지 못했다면 커서 머리로라도 익혀야 한다.

패스트푸드 체인이든 고급 레스토랑이든 외식 업체는 모두 위험성을 안고 있다. 셰프들이 균형이나 영양에 능통한 사람도 아닐 뿐더러, 좋은 식재료를 쓴다 한들 소금과 설탕을 과도하게 사용하기 때문이다. 사람들 입맛을 맞추려면 어쩔 수 없는 선택일 것이다. 그러므로 요리

학교와 의과대학에서 건강과 영양 과목을 가르칠 때는 몸에 좋은 양생법을 필수과목으로 가르쳐야 한다. 다행히, 프랑스는 이 점을 일찌감치 깨닫고 실천하고 있다.

하루 세끼를 다 먹으면 따로 군것질을 하지 않아도 된다. 나는 원래 군것질을 좋아하지 않는다. 어린 시절 나와 남동생에게 군것질을 피하도록 가르친 분은 어머니였다. 우리가 간식을 달라고 조르면 어머니는 늘 이런 말로 우리를 타일렀다.

"방금 점심 먹었잖니."

"금방 저녁 먹을 거야."

"물이나 한 잔 마시렴."

어머니는 우리가 떼쓰지 못하도록 주의를 딴 데로 돌렸고, 우리도 군말 없이 따랐다. 그게 효과가 있었는지 나는 군것질을 좋아하지 않게 되었다. 프랑스 사람들은 대체로 군것질을 즐기진 않지만 가끔은 다과회를 열어 오후에 간식거리를 차려놓고 흥겨운 시간을 보낸다. 이런 날엔 아이들도 자전거를 타거나 신나는 놀이를 한 뒤에 간식을 먹을 수 있다. 쿠키와 우유를 먹거나 영국처럼 차를 마시는 것은 아니고, 원기를 북돋는 칵테일 음료와 다과를 즐긴다. 우리 집에서도 손님이 찾아오는 휴일이나 주말에는 이런 다과상이 차려졌다.

나이를 불문하고 아침 식사가 가장 중요한 식사여야 한다. 아침을 거를 경우 그것을 보충하기 위해 무슨 일이 벌어지는지 알면 아침의 중요성과 필요성을 절감한다. 어렸을 때 우리 어머니는 새벽부터 일어나 아침을 준비했다. 아침 일찍 나가서 신선한 빵을 사왔고, 주말엔 직접 굽기도 했다. 부모님 모두 직장에 다녔지만 워낙 이른 시간에 일어나셨기 때문에 서두르지 않았다. 식탁에 다 같이 둘러 앉아 버터나 잼을 바른 토스트 한 조각과 크림을 넣은 커피 등 탄수화물과 단백질과 지방이 포함된 아침을 먹었다. 부모님은 우리보다 빵만 한두 조각 더 먹었다. 이렇게 아침을 먹고, 우리는 학교에 가서 점심을 먹기 전에 배가 꺼지지 않도록 우유를 한 잔씩 마셨다.

미국에서 사회생활을 시작하면서 내 아침 식사는 변화를 거듭했다. 무엇보다도 계란을 비롯해 아침 식사 대용으로 먹을 만한 음식이 아주 많았다. 프랑스에서는 아침부터 계란을 먹지 않았다. 온갖 새로운 먹거리를 접하고 나서 나는 서른 살 때 식습관에 엄청난 변화를 주었다. 그리고 마흔, 쉰, 예순에 이르면서 조금씩 수정하고 보완했다.

30대 때 즐겨 먹던 시리얼은 다양한 아침 식사에 자리를 내주고 밀려났다. 월요일엔 요구르트, 화요일엔 계란, 수요일엔 통밀빵 토스트와 치즈, 그레이프프루트 반쪽, 목요일엔 오트밀을 먹었다. 핵심은 다양성에 있었다. 요즘엔 여기서 더 나아가 마법의 아침 식사를 즐긴다. 아마인유Flaxseed Oil 와 요구르트, 레몬주스, 꿀, 무가당 통밀 시리얼과 호두를 곁들인 것이다. 평소엔 이틀에 한 번씩 마법의 아침 식사를 즐기지만, 오전에 모임이나 강의, 요가 수업이 있는 날엔 꼭 이렇게 먹는다. 또한 요즘에도 천천히 씹어 먹고 깊이 호흡하는 연습을 게을리하지 않는다. 내 한계를 인식하고 받아들이지만 그 한계를 극복하려는 노력도 게을리하지 않는다.

식사를 거르거나 불규칙하게 먹으면 비타민과 미네랄이 결핍될 수 있다. 점심 먹을 시간이 없거나 다이어트를 위해 섭취량을 줄이고 싶다면, 최소한 요구르트라도 먹어라. 요구르트에는 단백질은 물론 최소한의 탄수화물과 지방이 들어 있다. 아니면 섬유질을 포함해 여러 가지 영양소가 들어 있는 수프는 어떤가? 베르트 숙모는 따뜻한 수프를 먹으면 벨벳처럼 부드럽게 위를 감싸주는 것 같다고 늘 말했다.

연휴나 명절에는 배고픔과 포만감을 혼동하지 않도록 주의해야 한다. 이런 때는 자제력을 잃고 평소보다 많이 먹어 소화기에 부담을 주기 쉽다. 연말에 흥겹게 먹고 마시다 보면 허리둘레가 급격히 불어난다. 그래서 입으로만 먹지 말고 머리로 따지며 먹어야 한다. 먹고 싶은 건 즐겁게 먹되, 배고픔과 포만감을 경계해야 한다. 아무리 맛있는 음식이라도 탈이 날 정도로 과식하면 곤란하다. 몇 조각만 먹어도 정신적, 육체적 굶주림을 해결할 수 있다. 맛있는 음식을 앞에 두고 침만 삼키며 참을 필요도 없지만, 적당히 먹고 자제할 줄도 알아야 한다. 그래야 살을 뺄 수 있다. 적어도 더 찌지는 않을 것이다. 늘어난 뱃살을 고민하며 새해를 맞이할 것인가, 아니면 평소 체중이나 가뿐하게 줄어든 체중으로 새해를 맞이할 것인가? 배가 고프지 않은데도 음식이 당기면 소금이 많이 들지 않은 탄산수를 천천히 들이키라. (다행히, 산 펠레그리노San Pellegrino와 페리에Perrier 같은 유명 브랜드 탄산수에는 소금 대신에 칼슘이 들어 있다.)

Five pounds, five pounds: the big alert
5파운드, 5파운드: 경계경보 발령

고등학교 시절, 보스턴 외곽 지역에 교환학생으로 갔을 때 브로드웨이 뮤지컬을 처음 관람했다. 여러 편을 봤지만 엘비스 프레슬리가 군대에 징병된다는 설정이었던 〈바이 바이 버디Bye Bye Birdie〉가 특히 기억에 남는다. 이 뮤지컬에 등장하는 노래 중에서 '그에게 무엇을 기대했던가?What did I ever see in him?'라는 곡은 '8년, 8년Eight Years, Eight Years'이라는 가사로 애절하게 시작된다. 그 노래가 아직도 내 머릿속에서 맴돈다. 다만 가사가 '5파운드, 5파운드Five Pound, Five Pound'로 바뀌었다. 체중계 바늘이 5파운드(2.5킬로그램) 이상 올라가면 경계경보를 발령하라는 신호이다. 폐경기엔 5파운드에서 10파운드 정도는 우습게 불어난다.

여자는 흔히 마흔에서 쉰 사이에 4파운드에서 15파운드(2킬로그램에서 7킬로그램) 정도 살이 오른다. 휴가나 명절을 보내면서 갑자기 불어난 체중이 원상태로 돌아가지 않는 경우도 있지만 대체로 몇 년에 걸쳐

서서히 불어난다. 초콜릿이나 감자칩 등 주전부리를 많이 하는 이유는 흔히 폐경기의 불안한 감정과 일과성 열감^{Hot Flash}으로 인한 수면 부족 때문이다. 체중이 많이 나가면 건강이 나빠지고 수명도 짧아진다는 연구 결과가 많이 나왔다. 따라서 건강하게 오래 살려면 몸에 좋은 음식을 먹고 균형 잡힌 라이프스타일을 고수해야 한다.

그런데 '5파운드 경계경보'를 간과하는 여자들이 의외로 많다. 체중계 눈금이 2킬로그램 이상 늘었을 때는 얼른 다음과 같은 조치를 취해야 한다. 2, 3주 동안 식사에서 설탕과 지방을 줄이고 평소보다 채소와 과일을 많이 섭취한다. 끼니마다 반주로 곁들인 와인도 주말에만 한 잔씩 마시는 것으로 만족해야 한다. 그러면 며칠 동안 단식으로 급격하게 체중을 줄이는 게 아니므로 스트레스를 받지 않으면서 평소 체중으로 돌아갈 수 있다. 2킬로그램 이상 늘어났는데 아무런 조치도 취하지 않으면, 장담컨대 체중이 계속 늘어날 것이다. 그러면 원상태로 회복하기가 점점 더 어려워지고 시간도 더 오래 걸린다. 그러니 체중계 눈금이 더 이상 올라가지 않도록 초반에 조치를 취하도록 하라. 페르시아 출신의 셀린느라는 친구는 이렇게 말했다.

"쉰 살이 넘으면 빵집에 진열된 페스트리를 쳐다만 봐도 살이 찔 수 있다니까!"

나는 그녀의 말에 십분 공감한다.

실제로 그런 적이 몇 번 있었다. 학창 시절이나 파리에서 직장에 다니던 시절, 프랑스 동부에 사는 가족을 방문할 때마다 살이 확 쪘다. 어머니는 음식을 잔뜩 준비해서 오랜만에 찾아온 딸에게 하나라도 더 먹이려고 애썼다. 나이를 먹고 나서는 장기간 여행을 하고 나서도 역시나 체중이 갑자기 불었다. 호텔이나 고급 레스토랑에서 식사할 때는 아무리 자제하려 해도 평소보다 많이 먹게 된다. 이럴 때마다 나는 체중을 원상태로 돌리기 위해 5일 동안 마법의 식단을 짜서 엄수했다. 앞서 언급한 마법의 아침 식사로 아침을 먹고, 생선이나 고기, 채소 두 가지와 과일 한 조각으로 점심과 저녁을 먹는다. 빵이나 와인, 달콤한 디저트는 입에 대지도 않지만 스트레스를 받지 않는다. 아침에 먹는 꿀과 점심, 저녁으로 먹는 과일에서 탄수화물을 충분히 얻기 때문이다. 5일 동안 이런 식단을 고수하면 평소 체중으로 금세 돌아온다. 물론 달콤한 초콜릿이 너무 당기면 한 번 정도 다크 초콜릿을 먹기도 한다. 천천히 음미하면서 먹고 나면 한 조각만 먹어도 마음이 달래져서 더 이상 손이 가지 않는다.

또 다른 다이어트 비법으로는 '아기처럼 먹는 것'을 들 수 있다. 내가 가장 좋아하는 유동식은 당근 같은 채소를 부드럽게 만들어 먹는 것이다. 작은 냄비에 버터를 2분의 1티스푼 넣고 녹인 다음, 잘게 썬 당근을 1컵 넣고 물을 자작하게 붓는다. 당근이 물러지면 부드럽게 으깨고, 오렌지즙을 몇 스푼 첨가한다. 그리고 기호대로 간을 하고 물을 두 컵 붓는다. 펄펄 끓으면 퀴노아 4분의 1컵을 넣고, 카레나 울금 같은 향신료를 2분의 1티스푼 정도 뿌린다. 퀴노아가 부드러워질 때까지 15분 정도 더 끓인다. 마지막으로 좋아하는 허브를 살짝 뿌린다. 나는 주로 파슬리를 뿌린다. 채소 요리는 포만감을 주면서도 칼로리가 높지 않다. 나는 저녁에 외식 계획이 있다면 점심으로 채소를 먹고, 점심을 푸짐하게 먹으면 저녁으로 채소를 먹는다. 애호박, 꽃양배추 등 다양한 채소도 이런 식으로 만들 수 있다. 나는 빨간색과 초록색 채소를 특히 좋아한다. 으깬 견과류를 1티스푼 첨가하면 씹는 맛도 좋고 영양가도 높일 수 있다.

내 말의 요지는 억지로 굶지 않아도 된다는 것이다. 포만감을 느끼기 때문에 다이어트로 인한 스트레스도 받지 않는다.

보디빌딩으로 근육을 키우면 보기에도 좋고 건강에도 좋다. 그런데 근육이 아니라 그냥 살이 찌면 전혀 다른 효과가 초래된다. 남자는 보통 올챙이배처럼 배만 뽈록 나오지만 여자는 5개월 된 임산부처럼 전체적으로 두루뭉술해지거나, 가슴에서 아랫배까지 미쉐린 타이어의 광고 이미지처럼 울룩불룩해진다. 예쁜 벨트도 찰 수 없고 뭘 입어도 옷태가 살지 않는다. "나이 들면 다 살이 붙는 거야!"라는 식으로 변명을 둘러대지만, 결국 체중 증가는 섭취하는 음식과 직결된다. 그리고 과식은 주로 스트레스에서 비롯된다. 스트레스는 코르티솔이라는 호르몬을 자극하는데, 이 호르몬은 다시 인슐린을 자극해 지방을 과다 축적시킨다. 게다가 스트레스를 받으면 평소보다 빨리 먹는다. 충분히 씹지 않

고 허겁지겁 먹다 보면 공기를 많이 삼켜 소화불량이 생기거나 트림이
나온다.

50대나 60대에도 소일거리가 있으면 스트레스를 덜 받을 수 있다.
그렇긴 해도 나이를 먹으면 어쩔 수 없이 스트레스를 받는 상황이 많
아진다. 배우자나 친구, 부모를 잃거나 질병을 앓거나 다른 집으로 이
사하거나 아예 외국으로 이민을 떠나는 경우도 있다. 이런 일로 스트레
스를 받을 때는 음식으로 풀지 말고 기분을 전환할 해소법을 찾아야 한
다. 가령 헤어스타일을 바꾸거나 기분 좋게 마사지를 받거나 신상 구두
를 사거나 친구와 영화를 보는 것이다.

식생활에 변화를 주고자 할 때는 여유를 두고 느긋하게 시행하는 게
좋다. 가령 빵은 건너뛰고 석쇠에 구운 생선과 익힌 채소 등을 가볍게
먹는다. 기름진 음식을 피하고, 채소를 요리할 때 신선한 올리브 오일
과 레몬즙, 신선한 허브로 맛과 풍미를 높인다. 과일을 통째로 먹지 말
고 작은 조각으로 나눠 천천히 음미하며 먹는다. 이러한 시도가 오히려
스트레스를 유발한다면 해결책이 될 수 없겠지만, 일단 시도해볼 가치
는 충분히 있다. 책상이 아니라 식탁에 앉아 식사하고, 식사하는 동안
컴퓨터는 꺼둔다. 컴퓨터와 과일과 샐러드는 잘 어우러지지 않는다. 프
랑스 사람은 먹으면서 딴 일을 하지 않는다. 식사하면서 전화로 얘기하
는 사람을 보고 나는 처음엔 무척 놀랐다. 그렇게 먹으면 음식 맛을 제
대로 느낄 수 없다.

　내가 강조하고자 하는 점은 두 가지이다. 하나는 접시에 올리는 1회분 섭취량이고, 다른 하나는 당신의 체형이다. 당신에게는 이 두 가지를 통제할 능력이 있다. 그 능력을 어떻게 발휘하느냐에 따라 앞으로 펼쳐질 인생이 결정될 것이다.

　요즘엔 살을 순식간에 빼준다고 선전하는 다이어트 비법이 난무한다. 나는 일시적으로 유행하는 다이어트 열풍을 좋게 보지 않는다. 살을 빨리 빼게 하긴 하지만 그 상태를 오래 유지해주지는 못하기 때문이다. 속성 다이어트를 한 사람 중 80%에서 85%가 5년 내에 다시 살이 찐다는 연구 결과도 있다. 5년이면 상당히 긴 시간 같지만, 5년에 걸쳐서 천천히 찌는 게 아니라 대개 열두 달 이내에 찐다. 게다가 영양 불균형 때문에 몸이 망가지고 사기도 저하된다. 50세가 넘으면 근육이 빠지고 뼈가 약해지므로 급격하고 불균형한 다이어트는 피해야 한다. 그런 다이어트는 뼈와 근육에서 우리 몸을 건강하게 유지하는 데 필요한 영양소를 앗아간다. 상식에 따라 행동하는 것이 좋다. 프랑스 여자들과 일부 이탈리아 여자들이 살찌지 않는 데는 그럴 만한 이유가 있다. 그들은 대부분 식도락가이며 요리하는 것을 좋아한다. 몸에 좋은 음식을 요리해 즐겁게 먹는 것이 날씬한 몸매를 유지하는 비결이다. 프랑스 요리가 유네스코 인류문화유산으로 등재된 것은 결코 우연이 아니다.

　다이어트는 중독성이 있다는 사실을 알고 있는가? 다이어트를 한 번 하면 또 다른 다이어트로 이어지고, 늘 다이어트를 하거나 정기적으로 살을 뺄 계획을 세우는 등 다이어트에 중독된다. 먹을 때마다 죄책감을 느끼니 먹는 즐거움이 사라지고 만다. 담배나 술, 마약과 마찬가지로 다이어트도 한번 시작하면 끊기 어렵다. 다이어트에 따른 박탈감과 폭식에 따른 죄책감 사이에서 왔다 갔다 하느라 몸이 서서히 망가진다. 삶의 큰 즐거움 중 하나인 음식을 먹으면서 죄책감을 느끼다니, 참으로 어처구니없는 일이다. 결국 굶지 않고 다이어트하는 유일한 방법은 생활 방식을 바꾸는 것이다.

나이를 불문하고 수많은 여자들이 TV나 각종 매체에서 선전하는 온갖 다이어트 술책에 현혹돼 그레이프프루트만 줄기차게 먹거나 단백질만 먹거나 탄수화물을 거부한다. 순식간에 살을 빼준다는 다이어트는 이것으로 끝이 아니다. 가루로 파는 각종 식품과 반조리 식품, 다이어트와 관련된 각종 제품도 호주머니를 가볍게 만든다. 이런 걸 먹으면 제대로 된 음식을 멀리하게 된다. 게다가 이런 제품 중에는 당신이 평소에 먹는 음식보다 더 살을 찌우는 것도 있다.

요즘엔 인터넷에 각종 정보를 제공하는 의사나 저술가, 코치의 도움으로 살을 빼는 사람도 있지만, 그런 정보 중에는 근거 없는 속설이나 거짓말도 상당히 많다. 똑같은 프로그램을 제공하면서 '맞춤식' 다이어트인 양 사람들을 현혹하기도 한다. 소위 전문가라는 사람을 내세워 수수료를 챙기면서 각종 질문에 답을 주지만, 대부분 인터넷을 뒤지면 어디서나 찾을 수 있는 내용이다. 그렇긴 해도 역시 아는 게 힘이다. 즐겁게 잘 먹는 방식을 알려주고 조언해줄 진짜 믿을 만한 코치나 파트너가 있다면 도움을 받아도 좋다.

일시적으로 유행하는 다이어트의 문제점을 꼽자면 다음과 같다.

○ 효과가 없다.
○ 체중이 너무 급격히 빠진다. 물론 그 점에 현혹되었을 테지만, 살이 너무 빨리 빠지면 몸이 받아들이지 못하고 어떻게든 만회하려 든다는 게 문제다. 결국 음식에 탐닉해서 빠진 살보다 더 많이 찌거나 필수 영양소 부족으로 몸이 망가지게 된다.
○ 다이어트 때문에 신진대사가 원활하게 이뤄지지 못한다는 사실을 간과한다. 자동차에 기름 대신 물을 사용한다면 어떻게 될지 생각해보라. 수면 패턴이 어긋나고, 맥박과 혈압도 정상치를 벗어날 수 있다. 또한 필수 영양소가 부족해 몸의 주요 장기가 제대로 작동하지 못할 수도 있다.
○ 다이어트 종류와 빈도에 따라 몸이 아프거나 각종 문제에 직면할 수 있다. 빈혈, 소화불량, 감염, 피로는 물론 약해진 면역체계로 인해 암이나 심각한 질병에 걸릴 수도 있다.
○ 다이어트는 중독성이 있어서 식품의 기본적 가치를 놓치게 된다. 결국 건강한 몸과 마음에 기여하는 음식을 멀리하거나 함께 식사하는 즐거움을 잃게 된다.
○ 다이어트 비법이라는 게 실은 '누구에게나 두루 적용되는 술책'일 가능성이 크다. 따라서 '맞춤형 다이어트'라고 떠벌리는 사람에게 속지 말아야 한다. 사람마다 유전적, 신체적, 심리적 조건이 다르다. 또한 사는 곳과 직업, 식습관, 감

정 상태, 기질 등이 다르기 때문에 누구에게나 좋은 비법이라는 게 제대로 통할 리 없다.

아름다운 몸매를 지닌 여자를 숭배하는 문화 때문에 많은 여자들이 다이어트 트라우마의 희생자가 되었다. 그들은 쉽고 빠르게 살을 빼준다는 온갖 유혹에 귀를 기울인다.

간혹 10대나 20대, 심지어 30대에 이르러서도 먹고 싶은 것을 양껏 먹어도 살찌지 않는 사람이 있다. 하지만 그런 사람도 신진대사가 예전 같지 않아 독소와 과도한 열량을 제대로 처리하지 못할 때가 온다. 그때가 되면 우리 몸은 휴식을 달라고 아우성치기 시작한다. (건전한 생활 방식으로 재충전하라는 뜻으로 읽기 바란다.)

Meet marie-laure
다이어트를 멈춰라

내 친구 마리 로르는 살찌지 않는 평범한 프랑스 여자들과는 좀 달랐다. 20대 말에 결혼한 뒤 1년 만에 5킬로그램이 쪘다. 그때부터 온갖 다이어트를 시도했지만 시간이 흐를수록 체중이 계속 불어났다. 몇 달 동안 급하게 살을 뺐다가 해를 넘기지 못하고 다시 찌는 악순환이 반복됐다. 마흔다섯 살 때, 마리는 폐경기와 몇 가지 개인적인 문제들을 겪고 체중이 최고조에 이르렀다. 15킬로그램이 불어나는 데 3년이 채 걸리지 않았다. 키가 아무리 크다 해도 과체중을 넘어 비만에 가까웠다. 마리는 다이어트를 마지막으로 한 번만 더 시도하기로 결심했다. 이번엔 프랑스 의사의 도움을 받아 최근 몇 년 동안 프랑스 남자들 사이에서 선풍적으로 인기를 끈 다이어트를 시도했다. 하지만 그녀는 또다시 실패했다. 결과적으로 이번 실패는 그녀의 몸이 너무 늦기 전에 그녀에게 보낸 최종 경고였다.

처음에는 그 다이어트로 15킬로그램 넘게 빠졌다. 알려준 방법을 실천했을 뿐만 아니라 의사가 추천한 제품을 모두 구입했다. 그런데 1년도 못 가서 체중이 원래대로 돌아왔다. 아니 전보다 더 쪄버렸다. 그야말로 절박해진 마리는 메디컬 스파를 시행한다는 미용 의료업소에 찾아갔다. 각종 검사를 시행한 후에 의사가 걱정스러운 표정으로 물었다.

"지난 번 프로그램으로 얼마나 빠졌습니까?"

살이 얼마나 빠졌냐는 의사의 질문을 잘못 알아듣고 마리가 이렇게 대답했다.

"제 지갑에서 2200유로나 빠져 나갔어요."

의사는 마리의 대답에 껄껄 웃었다. 그러고는 성난 표정을 한 마리에게 이렇게 물었다.

"실은 울어야 하는 거겠죠?"

다행히 마지막 다이어트 실패를 계기로 마리는 새로운 돌파구를 찾았다. 대다수 프랑스 여자들이 고수하는 생활 방식을 드디어 택한 것이다. 물론 메디컬 스파에 두 차례 입원해 의사와 영양사의 감독에 따라 진짜 맞춤형 프로그램을 처방받은 것도 도움이 됐다. 마리는 더 이상 다이어트를 시도하지 않으며, 새로운 생활 방식에 따라 음식을 즐겁게 받아들인다. 마리 로르처럼 전문가의 도움이 필요하고 그럴 형편이 된다면, 도움을 받도록 하라. 마리는 정상 체중으로 돌아가는 데 2년이 걸렸고, 그 체중을 유지하고자 지금도 노력하고 있다. 50대 후반인 마리는 지금보다 행복했던 적이 없다고 말한다. 일주일에 5일 이상 요리하고 시간 날 때마다 폴워킹과 춤을 즐긴다. 체지방은 감소하고 근육은 늘어나서 실제 나이보다 더 젊어 보인다. 마리는 자신이 먹는 음식과 그 음식에 대한 느낌을 날마다 기록한다. 그런 노력 덕분에 자신이 먹는 음식을 진정으로 받아들이게 되었다. 마리는 자신의 외모에 만족하고 자신감이 넘치며 '음식과 운동과 너 자신을 알라'는 세 요소를 고루 이해하게 되었다. 이 세 가지는 나를 비롯한 프랑스 여자들이 살찌지 않는 비결이다. 또한 얼굴에 칼을 대고 싶어 하지 않거나 댈 필요가 없는 비결이기도 하다.

마리 로르는 일시적 효과밖에 없는 온갖 다이어트로 시간과 돈을 낭비하지 말고 음식에 대한 생각을 진작 바꿨더라면 더 좋았을 거라고 말한다. 예방이 좋은 것은 누구나 알고 있다. 여자라면 누구나 폐경기가 다가온다는 사실을 알고 있다. 40대는 자신의 식습관을 돌아보고 새롭게 시작하는 데 적절한 시기이다. 몸에 좋은 먹거리를 찾고 맛있게 요리하는 법을 익히도록 하라. 자꾸만 늘어나는 허리둘레와 새로 구입해야 할 옷 때문에 스트레스를 받기 전에 식탁에 올리는 음식에 신경 쓰고 1회분 섭취량을 조금씩 줄이도록 하라.

The walls through the decades
수십 년 동안 꾸준히 실천하기

젊었을 때 먹던 대로 평생 먹을 수 있다고 착각하는 여자들이 많은 것 같다. 안타깝게도 절대로 그럴 수 없다. 2, 30대 시절처럼 계속 먹고 마셨다가는 어떻게 될지 상상하기도 싫다.

50대는 우리가 살아가는 방법과 먹는 방법을 다시 검토해야 할 나이지만, 좀 더 일찍 식습관과 운동 습관을 점검하고 부족한 점을 보완하면 더 좋다. 자기 관리 능력을 키우면 누구나 할 수 있다.

여자는 40대에 이르면 폐경과 신진대사의 변화에 대비해야 한다. 그래야 인생의 남은 절반을 즐겁고 활기차게 보낼 수 있다. 내가 인생 후반기를 건강하게 맞이하고자 먹고 마시는 데 들인 노력을 지금부터 소개하겠다.

40대에 접어들면서 나는 식단에서 육류를 일주일에 두 번 정도로 줄이고 싱싱한 생선 요리를 늘렸다. 다행히 우리 집 근처에는 생선 가게가 몇 군데 있다. 요즘은 여행지에서도 싱싱한 생선을 구하기가 전보다 훨씬 수월해졌다. 게다가 농산물 직판장이 늘어나 인근에서 기른 제철 과일과 채소도 더 쉽게 구할 수 있다. 원래부터도 과일과 채소를 많이 먹었지만 40대 이후로는 전보다 더 많이 먹는다.

나는 뵈브 클리코에서 일할 때, 아무리 힘들어도 누군가는 저 샴페인을 몽땅 마셔야 한다고 농담하곤 했다. 하지만 40대 이후에는 샴페인이나 와인을 점심과 저녁에 두 차례나 마실 수는 없게 되었다. 그래서 점심이나 저녁 중 한 번만 마시기로 결단을 내렸다. 점심에 마시는 게 더 좋았지만, 저녁에 만날 손님이 더 중요할 경우엔 저녁때로 미뤘다. 하루 한 번이라고 하지만 양껏 마실 수는 없었다. 그래서 마시는 척하면서 입술만 축이고 잔을 내려놓곤 했다. 레스토랑 직원이 잔을 다시 채워주러 왔을 때 내 잔은 그냥 지나쳤다. 낡은 수법이긴 하지만 함께 식사하는 사람들에게 들키지 않을 수 있었다. 40대 이후에 술을 조금이라도 마시면 몸이 힘들어져 폐경기 전후로 완전히 술을 끊는 여자도 있다.

50대에 이르자 더 이상 와인을 맘껏 즐길 수 없다는 사실을 받아들였다. 다과회나 저녁 만찬에서 남편이나 친구들과 와인 한 병을 나눠 마시던 시절은 다 지나갔다. 이제는 알코올 섭취를 줄이는 게 관건이 되었다. 하루 세 잔씩 즐기던 와인을 두 잔으로, 다시 한 잔으로 줄였다. (업무상 모임에서는 샴페인을 마시지 않을 수 없었다. 하지만 요령껏 마신 덕분에 과도하게 마시진 않았다. 요즘엔 그런 자리에 참석할 일이 없어서 와인을 의무적으로 마시지 않아도 된다. 게다가 글을 쓸 때는 와인을 마시면 알딸딸해서 집중하기도 어렵다.) 그렇지만 남편과 저녁을 먹을 때면 와인 반 병을 나눠 마시기도 한다. 와인을 따서 절반은 다른 병에 따라 코르크로 막아놓는다. 와인은 적당히 마시면 몸에도 좋고 노화도 방지한다고 알려져 있다. 그러니 저녁 식사에 와인 반 병을 나눠 마시는 것은 괜찮다고 본다. 어쨌든 식사할 때만 와인을 곁들인다는 원칙은 지킨다.

50대에도 균형 잡힌 식단을 고수했지만, 여행을 많이 다니고 가는 곳마다 현지 시장을 자주 이용한 덕분에 다양한 음식을 맛볼 기회가 많았다. 새로운 음식을 맛보는 즐거움은 참으로 좋지만, 1회분 섭취량에 더 신경 써야 한다. 게다가 입맛을 당기는 빵과 디저트를 늘 조심해야 한다. 이런 걸 맘껏 즐기던 시절이 있었지만 50대에 그러면 곤란하다. 친구들과 함께 식사하는 자리나 크리스마스 파티, 여름휴가 때에는 음식과 와인을 자제하기가 여간 힘들지 않다. 친척이나 친구들이 우리 집에 오래 머물거나 함께 휴가를 떠나면, 화이트 와인과 레드 와인을 섞어 마실 때가 있다. 전에는 그렇게 해도 괜찮았지만 요새는 속이 부대껴서 그럴 수 없다. 맛좋은 음식에 맞춰 각각 다른 와인을 마셔야 하는 경우라도 나는 그냥 한 가지 와인만 마신다. 그리고 이젠 디저트도 절반만 먹는다!

60대에 이르니 말은 많아지고 마음은 좁아지는 것 같다. 주변에서 하는 얘기에 아무래도 귀를 덜 기울이게 된다. 사실 어떤 얘기는 차단할 필요가 있다. 우리의 선진화되고 상업화된 세계가 권하는 대로 다 먹었다간 필요한 양보다 10%에서 30% 이상 과식하게 되기 때문이다. 한 끼에 섭취하는 양은 전보다 더 줄었다. 레스토랑에서 식사할 때도 이젠 "디저트는 괜찮아요."라고 거침없이 말한다. 때로는 부담스러운 메인 코스 대신에 에피타이저를 두 개 주문하기도 한다. 혼자 있거나 술을 마시지 않는 사람과 어울릴 때는 일주일 이상 와인을 마시지 않아도 괜찮다. 회사를 그만두고 책임지는 자리에서 물러난 뒤로는 내 시간과 식사를 더 통제할 수 있게 되었다. 그 덕에 채소를 전보다 더 많이 먹고 있다. 데친 채소가 주식이 됐을 정도이다.

지난주에 친구 지니와 파리에서 점심을 먹었다. 지니는 올해 여든이 됐다. 유방암을 이겨내고 혼자 지내는데, 언제 봐도 건강하고 열정이 넘친다. 더 나이 들면 나도 지니처럼 살아야겠다는 생각을 가끔 한다. 지니는 그야말로 새 모이 먹듯이 조금씩 먹고, 날마다 한 시간 넘게 산책한다. 지니를 만나고 나면 고령자에게 좋은 생활 습관에 대해 재교육을 받은 기분이 든다.

An Anti-Aging Food Prescription

안티에이징
식품 처방전°

———

프랑스, 스페인, 이탈리아 여자들의 평균 수명은 여든네 살로, 세계에서 가장 오래 산다고 한다. 그들은 활발하게 움직이고 많이 걷지만, 땀 흘리는 건 좋아하지 않는다. 운동과 좋은 다이어트가 수명을 늘려주고 실제보다 젊게 느끼게 하며 또 젊어 보이게 한다는 사실은 과학적으로 입증되었다.

09°

프랑스, 스페인, 이탈리아 여자들의 평균 수명은 여든네 살로, 세계에서 가장 오래 산다고 한다. 그들은 활발하게 움직이고 많이 걷지만, 땀 흘리는 건 좋아하지 않는다.

운동과 좋은 다이어트가 수명을 늘려주고 실제보다 젊게 느끼게 하며 또 젊어 보이게 한다는 사실은 과학적으로 입증되었다. 여기까지는 새로운 게 없다. 흔히 "신은 작은 것에 깃들어 있다God is in the details."고 말하지만, 나는 "악마는 작은 것에 숨어 있다."고 말하고 싶다. 그만큼 꼼꼼히 살피고 자세히 알아봐야 한다는 뜻이다. 그렇다면 어떤 운동이 알차고 좋을까? 어떤 다이어트가 괜찮을까? 이 두 가지 질문에는 하나의 정답이 아니라 다양한 현답이 있다.

좋은 다이어트라고 소문난 방법이 하나 있다. 일시적 유행으로 끝나지 않고 몸에 좋은 방법이라고 과학적으로도 입증되었다. 이 다이어트 방법을 따르는 식단은 생선의 오메가3 지방이 풍부하고, 올리브 오일의 항산화제와 항고혈압제와 단일 불포화지방이 풍부하며, 과일의 항산화제도 풍부하고, 신선한 채소도 풍부하다. 와인을 하루에 한두 잔씩 마시라고 하며 칼로리를 따지지 않는다. 초콜릿을 금하진 않지만 디저트로 흔히 과일을 권한다. 도대체 그 다이어트가 뭐냐고? 바로 지중해식 다이어트이다.

전 세계를 다니며 주워들은 내용을 가미하긴 했지만 내가 주로 따르는 식단도 바로 지중해식 다이어트이다. 프로방스의 아를 지방에서 평생을 살다가 1997년 122세의 나이로 세상을 떠난 세계 최장수 기록 보유자인 잔 루이즈 칼망Jeanne Louise Calment이 따르던 식단도 지중해식 다이어트이다.

다른 지역의 문화와 식단 중에도 건강과 장수를 보장한다고 과학적으로 입증된 방법이 물론 있다.

한 예로 일본의 오키나와를 들 수 있다. 이곳 주민의 예상 수명은 정말로 길다. 대부분 100살 넘게 산다. 오키나와는 일본 본토에서 남쪽으로 643킬로미터나 떨어져 있으며, 사회경제적으로 특별할 게 없는 섬이다. 다만 스트레스가 낮은 문화적 배경에 독특한 식단을 따르는 점이 특별하다. 오키나와 주민은 녹황색 채소를 많이 섭취하지만 의외로 생선을 적게 먹고 계란과 유제품을 거의 먹지 않는다. 탄수화물은 주로 고구마에서 얻는데, 고구마는 칼로리가 빵의 절반밖에 되지 않는다. 음식을 80% 정도 먹었을 때 수저를 놓으라는 유교 가르침 '하라 하지 부Hara Hachi Bu'를 실천한다. 다시 말해 그들은 1회분 식사의 섭취량을 통제한다. 그 결과가 바로 살찌지 않고 일찍 죽지 않는 것이다.

연구자들이 오키나와 주민의 장수 이유를 자세히 조사했다. 아울러 해외에 살면서 선진국의 나쁜 식습관에 젖어 사는 오키나와 교포와 비교했다. 그 결과, 유전이 아니라 식단과 문화가 장수 비결이라는 결론에 이르렀다. 그런데 안타깝게도, 오키나와 사람들의 저칼로리 식단은 지난 수십 년 동안 세계화의 영향을 받으면서 고칼로리 식단으로 점차 바뀌고 있다.

또 다른 장수 집단으로 제칠일안식일예수재림교가 유명하다. 이들은 캘리포니아 주 로마린다 시에 살고 있으며, 건강한 식습관과 생활 방식을 고수한다. 그 덕에 수명이 최소한 몇 년은 늘어났다고 본다. 채식주의자인 그들은 견과류를 즐겨 먹고 활발하게 움직인다. 그 결과, 일반적으로 채식을 실천해 더 건강하고 더 오래 산다는 사람들보다 5년에서 7년 이상 더 산다. 물론 살도 찌지 않는다. 그리스령領의 이카리아 섬과 사르디니아의 누오르 마을도 100살 넘은 사람들이 많이 사는 장수촌으로 유명하다. 그들의 장수 비결도 고유한 식단과 생활 방식이다.

과일과 채소를 더 많이 먹고, 칼로리를 낮추는 등 우리가 나이 먹으면서 따라야 할 좋은 가이드라인이 확실히 있다. 하지만 그런 것 말고도 주방에서 써먹을 괜찮은 방법이 있다.

In the kitchen and on our plates
주방에서 접시까지

21세기에 들어와 요리에 접근하는 방식이 크게 바뀌었는데, 대개 좋은 방향으로 나아가는 것 같다. 뛰어난 셰프들이 고안한 여러 가지 테크닉과 비법 덕분에 우리는 더 잘 먹게 되었다. 구체적으로 살펴보면, 요즘엔 버터나 설탕, 심지어 올리브 오일도 덜 사용하고, 지방 대신 스톡(육수)이나 즙을 활용한다. 또한 고기를 양념장에 재우거나 연화시켜 소금을 덜 사용한다. 여분의 지방을 제거하기 위해 고기에 칼집을 내고, 풍미를 높이기 위해 허브와 향신료를 더 사용한다. 샐러드드레싱을 만들 때는 올리브 오일을 줄이고 레몬즙을 사용하거나 포도씨 오일과 스톡을 혼합해 사용한다. 채소, 생선, 닭, 소고기 등을 주재료로 한 스톡은 시중에서 쉽게 구할 수 있다. 프랑스의 한 유명 셰프는 특정 브랜드의 탄산수에 채소를 찐다고 한다. 이 탄산수에는 미네랄이 들어 있어서 채소 속의 셀룰로오스 섬유가 잘 녹는다. 그 덕에 요리 속도가 빨라지고 채소 색상이 더 선명해지며 소화도 잘 된다.

그런데도 요리가 두렵다는 사람을 위해 내가 무척 좋아하는 프레드 안톤Fred Anton 셰프의 말을 소개한다. 프레드는 파리에 있는 유명한 레스토랑 르 프레 카틀랑Le Pré Catelan에서 일한다.

"요리가 별 게 있나요. 뜨겁거나 차갑게, 소금을 치거나 말거나 하는 거죠. 기준과 기술이 있긴 하지만 창의성도 필요하죠."

얼마나 간단한가! 나는 창의성을 발휘해 내 마음대로 요리하는 걸 좋아한다. 파리의 르 모리스Le Meurice 에서 일하는 야닉 알레노Yannick Alléno도 내가 좋아하는 셰프이다. 야닉은 집에서 요리할 때 푸드 프로세서 외에는 기계를 사용하지 않는다. 또한 계란 거품기 같은 간단한 도구 외에는 손으로 모든 걸 해치운다. 그는 손을 쓰면 스트레스가 해소되고 긴장이 풀린다고 한다. 음식과 직접적으로 연결되는 동시에 칼로리를 태우고 근육을 키우는 멋진 방법이다. 요리할 때 값비싼 가전기기가 없어도 괜찮다. 살찌지 않는 프랑스 여자들이 늘 하는 방식대로, 스푼을 이용해 재료를 혼합하라. 칼로리도 소모하고 팔뚝 살도 빠질 것이다.

Foods for feeling better
기분을 달래주는 음식

내가 이렇게 활력 넘치고 건강하게 사는 데 중요한 역할을 하는 식재료가 몇 가지 있다. 이러한 식재료는 다양한 요리로 탄생하여 내 미뢰를 자극하고 삶에 자잘한 즐거움을 선사한다. 그 덕에 내가 쪼끔 더 멋지게 나이 먹는 것 같다. 아마 내 남편은 '쪼끔' 대신에 '상당히'라는 말을 붙이고 싶을 것이다.

나를 알고 또 내 심플한 요리를 맛본 사람들은 내가 주로 사용하는 식재료를 훤히 안다. 지금부터 하나씩 살펴보겠다. 나는 레몬을 비롯해 그레이프프루트와 오렌지주스 같은 감귤류 과일을 많이 사용한다. 당糖 수치가 갑자기 높아지지 않도록 즙과 함께 과육도 사용한다. 과즙만 사용하면 칼로리가 높아지는데, 과육을 같이 사용하면 소스나 요리에 섞었을 때 영양소가 천천히 스며들기 때문이다. 그밖에 내가 즐겨 사용하는 식재료를 하나씩 열거하면 다음과 같다. 식초, 요구르트와 치즈(특히 신선한 염소젖 치즈와 리코타 치즈를 즐겨 쓴다. 프랑스에 있을 때는 페셀Faisselle이라는 생치즈를 빼놓지 않는다), 계란, 각종 곡물(특히 퀴노아, 렌틸콩, 기장, 밀을 납작하게 눌러 말린 불거Bulger), 각종 버섯(샴페인에 곁들이면 안주로 그만이다), 생선(굴이나 홍합, 연어, 또는 은박지에 싸서 잽싸게 구워낸 각종 생선), 감자(어쨌거나 난 프랑스 사람이다. 어렸을 때는 감자를 안 먹는 날이 없었다. 삶은 감자부터 으깬 감자, 구운 감자는 물론 프렌치프라이도 빼놓을 수 없다. 우리 집에서는 어떤 협상이나 생떼도 통하지 않아서 프렌치프라이는 일요일에만 맛볼 수 있었다), 초록색 채소(특히 리크, 브로콜리, 애호박, 펜넬, 아스파라거스, 케일, 완두콩, 오이, 줄기콩의 일종인 깍지콩), 베리류(딸기, 라즈베리, 블루베리, 크랜베리 등. 토마토도 일단 여기에 끼워놓자), 견과류(특히 호두와 아몬드), 허브(파슬리, 바질, 로즈마리, 타임, 민트), 향신료(계피, 카레, 강황, 커민), 어른이 된 뒤에 접한 각종 과일(아보카도, 키위, 파파야, 석류, 망고 등. 이런 과일은 대부분 특정 지역에서만 자라기 때문에 값이 비싸다. 그래도 마흔 이후 내 식단에서 빠뜨릴 수 없는 과일이라 돈을 아끼지 않는다.) 물론 사과와 배는 종교만큼이나 중요한 과일이다. 아, 그리고 초콜릿과 맛있는 빵, 와인도 언급하지 않을 수 없다. 다만 이들은 맘껏 먹을 수 없다는 게 아쉬울 뿐!

방금 열거한 재료는 모두 최고의 건강식품으로 꼽힌다. 개인적으로 수퍼푸드 열 가지를 무작위로 선정하면 다음과 같다.

○ 굴, 블루베리, 요구르트, 렌틸콩, 시금치, 퀴노아, 토마토, 오트밀, 꿀, 사과

안티에이징 식품으로 가장 좋은 재료는 단연코 꿀이다. 어릴 적부터 매일 먹었기 때문에 귀한 줄 몰랐지만, 사실 꿀은 정말로 대단한 식품이다.

Honey
꿀의 효과

꿀은 식품일까, 약품일까, 아니면 미용 제품일까? 흠, 이 세 가지 역할을 다 한다. 더 젊어 보이고 더 건강해지고 싶다면 설탕을 끊고 꿀을 먹어라. 설탕은 거의 모든 조리식품에 숨어 있다. 레스토랑에서 맛있게

먹는 요리는 물론 소프트드링크와 '청량음료', 칵테일에도 다량 녹아 있다. 설탕은 허리둘레를 늘어나게 할 뿐만 아니라 주름도 깊어지게 한다. 혈당 수치가 높으면 당화반응을 일으켜 피부 속 콜라겐이 파괴된다. 그 때문에 주름이 생기고, 살이 축축 처지는 것이다. 인공 감미료 얘기는 안 해도 알 것이다. 이런 '독성'을 배출하려면 물을 두 배로 마셔야 한다. 당장 Tout de suite!

꿀은 벌의 도움을 받아 꽃의 꿀샘에서 분비되는 당액으로 만들어진다. 그 사실만으로도 왠지 낭만적이다. 예전에 우리 아버지가 몇 년 동안 벌을 치셨는데, 벌통에서 '꿀을 따던' 기억과 벌집을 먹던 기억이 아련하다. 꽃마다 풍미가 다른 시럽이 나왔는데, 이 시럽은 과당과 포도당이 약 70%를 차지한다. 내가 가장 좋아한 꿀은 아카시아로, 아카시아는 프랑스와 이탈리아, 중국에 널리 분포한다. 프로방스 지방엔 아카시아가 지천에 깔려 있다. 반면에 로렌 지방의 베르가모트는 진귀해서 특별한 대접을 받는다.

설탕과 달리 꿀은 칼로리가 거의 없다. 음식과 음료에 단맛을 가미할 때, 꿀은 설탕보다 훨씬 적게 사용해도 된다. 그러니 칼로리가 더 낮아진다. 이온음료나 기운을 차리게 해주는 각성음료를 좋아한다면 뜨겁거나 차가운 음료에 꿀을 한두 스푼 첨가해 마셔보라. 포도당이 순간적으로 에너지를 올려주고, 흡수 속도가 느린 과당이 지속적으로 에너지를 제공해 준다.

꿀은 정말로 놀라운 일을 해낸다. 항산화제, 항균제(pH가 4인 산성이라 박테리아를 죽인다), 항미생물제 역할을 한다. 또한 삼투성이 높아서 박테리아 내부에 있는 수분을 감소시켜 번식을 억제한다.

꿀의 약리 작용은 오래전부터 주목받았다. 꿀은 목의 통증을 가라앉히고 기침과 천식, 건초열, 설사, 위궤양을 치료하는 데 좋다고 알려져 있다. 아울러 치아와 귀의 염증, 폐렴, 콜레라, 성홍열 등에도 효과가 좋기로 유명하다.

또한 피부 관리와 화상 치료에도 탁월한 효과를 보인다. 기원전 50년경부터 일광 화상과 상처에 국소적 치료제로 쓰였다는 기록이 남아 있다. 상처에 바른 꿀 표면이 지효성遲效性 과산화수소로 변하기 때문에 화상과 당뇨병성 족부궤양 치료에 특효제로 쓰인다. 떼어내기 어려운 붕대도 필요 없이 쉽게 용해되는 꿀만 바르면 된다.

꿀은 마스크팩으로도 아주 좋다. 꿀 한두 티스푼을 얼굴에 바르고 10분 후에 씻어내면 된다. 각질을 제거하고 뾰루지와 여드름 등 피부 노폐물을 빼준다. 그러면서도 수분을 끌어들여 보유하는 효과가 있어서 피부에 수분을 공급하고 예민한 피부를 진정시켜 준다. 클레오파트라가 욕조에 우유와 꿀을 넣은 것이 전혀 놀랍지 않다.

이 장을 쓸 때까지는 내가 일주일에 닷새 이상 꿀을 먹는다는 사실을 인식하지 못했다. 아기 때부터 지금까지 먹은 양을 추산하면 어마어마할 것이다. 흠, 내 피부가 나이에 비해 탱탱한 이유가 꿀 덕분인가 보다.

나이 들면 꿀이 내 뺨을 채워줄 거라던 어머니 얘기가 귀에 생생하다.

작은 천국 같은 프로방스에서 이 글을 쓰는 동안, 일종의 원 푸드 다이어트인 '레드 베리' 치유법을 시행하고 있다. 며칠 동안 딸기, 라즈베리, 체리는 물론이요, 비트와 수박 등 붉은색 과일만 다양한 방식으로 섭취하는 것이다. 나는 인도에서 건너 온 케랄라 후추를 뿌려 먹는 것을 특히 좋아한다. 과일의 풍미가 가장 좋을 때 뿌려 먹으면 맛도 좋고 몸에도 좋으며, 일주일 정도까지는 영양 균형도 무너지지 않는다. 어렸을 때 즐겨 먹던 음식과 어른이 돼 새로 접한 음식 중에서 제일 좋아하는 것만 골라 먹는 재미가 참으로 크다. 이런 음식은 내가 멋지고 당당하게 나이 드는 데 크나큰 역할을 하고 있다.

우리 어머니들과 할머니들은 영양소나 칼로리, 항산화제에 대해선 잘 몰랐지만 신선도와 다양성, 맛, 먹는 즐거움에 대해선 일가견이 있었다. 그렇다고 생각하지 않는가?

지금부터 내가 가장 좋아하는 재료를 이용해 쉽게 만들 수 있는 요리를 몇 가지 소개하고자 한다. 50대 이후에, 일부는 그 이전부터 내 영양 식단에 줄곧 오르는 것들이다.

▌ Beauty Recipe

다이어트에 좋은 마법의 아침 메뉴

프로방스 집에 손님을 초대하면 나는 늘 다이어트에 좋은 '마법의 아침 메뉴'를 대접한다. 주방 카운터에 뷔페 스타일로 요리를 차려 놓으면 이 메뉴가 제일 먼저 바닥난다. 워낙 인기가 좋아서 냉장고에 한 그릇 더 비축해놓았다가 떨어지면 얼른 보충한다. 아침 식사가 끝날 때 보면, 두 그릇 다 싹 비어 있다. 남녀노소 가릴 것 없이 모두 좋아한다.

재료(1인분)
요구르트 1/2컵에서 2/3컵 , 아마씨 오일 1티스푼(올리브 오일이나 다른 오일도 괜찮다), 레몬즙 1개 분량, 꿀 1티스푼, 옛날식 오트밀(귀리 가루) 2스푼, 잘게 다진 호두 2티스푼

1. 볼에 요구르트를 넣고 오일을 첨가해 잘 섞는다. 레몬즙을 첨가해 잘 섞는다. 꿀을 첨가해 잘 섞는다. 재료를 한 번에 하나씩 넣고 섞어야 균일하게 혼합된다.
2. 오트밀과 호두를 요구르트 혼합물에 첨가해 잘 섞는다. 만든 즉시 대접한다.

이 놀라운 아침 메뉴에는 탄수화물과 단백질, 지방이 고루 들어가서 영양적으로 완벽하다. 꿀이 들어가기 때문에 디저트로 내놔도 손색이 없다. 아침에 먹는 디저트는 그렐린 수치를 낮춰주고 포만감을 오랫동안 유지해준다(그렐린 Ghrelin은 위에서 분비되는 내분비물로, 공복감을 일으키기에 공복 호르몬이라고도 부른다). 게다가 좋아하는 음식을 먹고 나

면 식탐도 줄어든다. 아침 식사가 중요하다고 다들 생각하지만 제대로 챙겨 먹는 사람은 많지 않다. 어느 설문 조사에 따르면 미국인 중 22%가 아침을 거른다고 한다. 아침을 먹는 사람들 중 집에서 먹는 사람은 체질량 지수가 낮을 가능성이 더 컸다. 그런데 그들조차 손쉽게 아침을 때울 수 있다는 이유로 40% 이상은 과일을 먹었고 30%는 차가운 시리얼을 먹었다. 건강하게 나이 먹는 방법으로는 썩 좋지 않은 방법이다. 마흔을 넘긴 후에는 아침 식사를 제대로 먹어야 한다. 영양소가 골고루 함유된 '온전한' 아침 식사여야 한다. 만들기도 쉽고 맛도 좋은 마법의 아침 메뉴를 적극 추천한다!

Beauty Recipe

리코타 치즈와 꿀을 곁들인 비트 밀푀유(빵 없는 샌드위치)

재료(4인분)

꿀 1스푼, 셰리 식초 2스푼, 올리브 오일 3스푼, 리코타 전유 치즈 1/4컵(약 10온스), 레드 비트 4개(중간 크기. 구워서 껍질을 벗기고 1/4인치 두께로 썬다), 잘게 다진 신선 바질 2스푼, 소금과 갓 빻은 후추.

1. 작은 볼에 꿀과 셰리 식초, 올리브 오일을 넣고 휘젓는다. 부드럽게 혼합되면 소금과 후추로 간한다. 다른 작은 볼에 리코타 치즈를 넣고 소금과 후추로 간한 다음, 부드러워질 때까지 휘젓는다.

2. 밀푀유를 만들기 위해 접시에 비트 슬라이스 하나를 올리고 리코타 치즈를 펴 바른다. 비트와 치즈가 네 겹이 될 때까지 반복한다. 밀푀유 상단에 리코타 치즈를 한 덩이 올리고 비네그레트 드레싱을 뿌린다. 바질로 장식한 뒤 즉시 대접한다.

■ **Beauty Recipe**

오이와 토마토 타르타르

재료(4인분)

신선한 바질 잎 4스푼, 레몬즙 1/2개 분량, 셰리 식초 4스푼, 올리브 오일 3스푼, 오이 2개(씻어서 씨를 빼고 1/4인치 크기로 네모나게 썬다), 토마토 큰 것 2개(씻어서 씨를 빼고 1/4인치 크기로 네모나게 썬다), 구운 잣 1/2컵, 양상추 잎 큰 것 8장(접시에 까는 용도).

1. 바질 잎을 차곡차곡 쌓아서 길게 돌돌 만다. 뾰족한 칼로 어슷하게 썰어 마지막에 장식용으로 활용한다.
2. 중간 크기 볼에 바질, 레몬즙, 셰리 식초, 올리브 오일을 넣고 휘젓는다. 기호대로 간해서 따로 보관한다.
3. 오이와 토마토, 잣, 건포도를 볼에 담아 잘 섞는다. 바질 비네그레트 드레싱을 첨가해 잘 섞는다. 나중에 대접할 때 드레싱을 2스푼씩 더 끼얹어야 하므로 적당히 남겨 둔다. 랩을 씌워서 한 시간 동안 냉장고에 보관

한다.

4. 원한다면 접시에 양상추를 2장씩 깔고, 타르타르를 스푼으로 떠서 양상
추 위에 올린다. 더 깔끔하게 차려내고 싶으면, 3인치 크기의 원형 틀을
접시 중앙에 놓고 타르타르를 몰드 안에 담는다. 즙과 비네그레트 드레
싱 액을 적당히 걸러내고 담아야 모양이 흐트러지지 않는다. 형태가 잡
히도록 위에서 살짝 누른 후 틀을 제거한다. 앞서 만들어둔 바질 띠로
장식하고 소금을 살짝 뿌려준다. 따로 남겨 둔 비네그레트 드레싱을 끼
얹는다.

▌Beauty Recipe

렌틸콩 조리법: 수프, 반찬, 샐러드

▌재료(4인분)

엑스트라버진 올리브 오일 1티스푼 + 대접할 때 사용할 양 약간, 다진 마늘 2쪽, 껍
질을 까서 다진 샬럿 1개, 신선한 타임이나 로즈마리 1티스푼, 렌틸콩 10온스(씻어
서 선별한다), 카레 1스푼, 물 3 3/4컵, 뜨거운 채소 스톡 2컵(수프를 만들 경우), 굵
은 소금과 갓 빻은 후추, 크렘프레슈(수프 고명으로 올릴 용도, 선택 사항).

1. 두툼한 냄비에 올리브 오일을 넣고 중불로 예열한다. 냄비에 마늘, 샬럿,
타임을 넣고 저어가며 볶는다. 향이 나고 부드러워질 때까지 약 2분간
볶는다.

2. 렌틸콩과 카레, 갓 빻은 후추를 넣는다. 저어가며 1분 동안 익힌다.

3. 물을 붓고 중불보다 센 불로 끓인다. 끓어오르면 불을 낮추고 뚜껑을 덮
   어 35분에서 40분간 끓인다.

4. 렌틸콩을 수프로 대접할 경우, 마지막 10분을 남겨 두고 뜨거운 채소
   스톡을 첨가한다. 렌틸콩이 연해지면 절반 정도만 건져서 블렌더나 푸
   드 밀(분쇄기)에 넣고 퓌레로 만든다. 걸쭉해진 렌틸콩을 다시 냄비에
   붓고 잘 섞는다. 이렇게 하면 수프가 부드러우면서 씹는 맛도 있다. 기
   호대로 간하고 뜨거울 때 대접한다. 원한다면 크렘프레슈를 살짝 얹고
   카레 가루를 뿌린다.

5. 렌틸콩을 반찬으로 대접할 경우, 렌틸콩이 연해졌을 때 건져 물을 뺀다.
   굵은 소금으로 간하고 올리브 오일을 살짝 뿌린 다음, 즉시 대접한다.
   좋아하는 허브를 잘게 다져서 렌틸콩 위에 뿌려도 좋다.

주의 사항: 먹다 남은 렌틸콩은 앞으로 이삼일 동안 샐러드로 만들 수 있다.
사용하기 15분 전에 렌틸콩을 냉장고에서 꺼내고, 양상추를 비롯해 원하
는 채소와 함께 샐러드를 만들면 된다. 샐러드를 코스 요리나 식사 대용으
로 대접할 경우, 삶은 계란 한두 개, 참치나 정어리 통조림, 훈제 연어 남은
것 등을 첨가하면 된다.

▌Beauty Recipe

페타 치즈와 민트를 곁들인 애호박과 노란 호박 샐러드

▌재료(4인분)

레몬즙 1개 분량, 셰리 식초 3스푼, 올리브 오일 3스푼, 잘게 부순 페타 치즈 3/4컵,
잘게 다진 신선한 민트 잎 1/2컵 , 애호박 2개, 노란 호박 2개, 방울토마토 12개(절
반으로 자른다), 소금과 갓 빻은 후추.

1. 작은 볼에 레몬즙과 셰리 식초, 올리브 오일을 넣고 휘젓는다. 기호대로
   간하고 따로 보관한다. 다른 작은 볼에 페타 치즈와 민트 3분의 1을 섞
   어 따로 보관한다.

2. 애호박과 노란 호박을 깨끗이 씻어 양끝을 잘라낸다. 하나는 어슷하게
   썰고, 다른 하나는 껍질 벗기는 도구를 이용해 세로로 아주 얇고 길게
   썬다. 커다란 볼에 모두 담고 토마토와 비네그레트 드레싱, 페타, 민트
   혼합물을 뒤적이며 섞는다. 기호대로 간하고 덮어서 한 시간 동안 냉장
   고에 보관한다.

3. 대접하기 전에 샐러드를 한 번 뒤적인 다음, 남겨둔 민트로 장식한다.

▌Beauty Recipe

버섯볶음

숲에서 채취한 야생 버섯은 값이 비싸지만 굉장히 맛있다. 버섯과 함께

다른 재료를 섞어 볶아도 맛있다. 먹다 남은 감자를 작게 썰어 넣거나 풍미를 더하기 위해 베이컨을 넣어도 좋다.

재료(4인분)

각종 야생 버섯 12온스(표고버섯, 크리미니, 포토벨로, 느타리버섯, 꾀꼬리버섯 등 두세 종류를 혼합해 사용한다), 마늘 2쪽, 올리브 오일 1스푼, 화이트 와인 1스푼, 다진 파슬리 2스푼, 다진 타라곤 1스푼, 요구르트 2스푼, 소금과 갓 빻은 후추, 하루 지난 브리오슈나 모양이 크고 거친 빵 어느 것이든 4장.

1. 축축한 종이타월로 버섯을 닦은 다음 끝을 잘라내고 썬다. 마늘 1쪽을 곱게 다져 한쪽에 둔다.

2. 팬에 올리브 오일을 두르고 중불로 예열한다. 마늘을 넣고 향이 날 때까지 30초 정도 볶는다. 버섯을 넣고 부드러워질 때까지 10분 정도 볶는다. 가끔 뒤적여준다.

3. 화이트 와인, 파슬리 1스푼, 타라곤을 첨가하고 저어가며 계속 볶는다. 조리액이 증발할 때까지 약 2분 동안 저어가며 볶는다. 요구르트를 넣어 섞은 후, 기호대로 간한다.

4. 빵 슬라이스를 굽는다. 남은 마늘을 절반으로 잘라서 구운 빵에 대고 문지른다. 접시에 빵을 한 장씩 올리고 버섯 볶은 것을 네 등분해서 빵 위에 올린다. 다진 파슬리 남은 것으로 장식하고 즉시 대접한다.

█ Beauty Recipe

가지 캐비아

재료(4인분)

가지 중간 크기 2개, 마늘 6쪽(반으로 자른다), 올리브 오일 1/4컵, 카레 1티스푼(커민을 사용해도 좋다), 파프리카 약간, 레몬즙 1/2개 분량, 소금과 갓 빻은 후추.

1. 오븐을 177℃로 예열한다. 가지를 씻어 반으로 길게 자른다. 알루미늄 호일을 깐 베이킹 시트에 자른 가지를 올린다. 호일은 나중에 가지를 덮을 수 있을 만큼 넓게 준비한다.

2. 가지 단면에 칼집을 내고 절개된 부분에 마늘을 집어넣은 다음 올리브 오일을 살짝 붓는다. 카레와 파프리카를 위에 뿌리고 기호대로 간한다. 호일을 덮어 단단히 봉한다.

3. 가지가 연해질 때까지 약 40분 동안 굽는다. 오븐에서 꺼내 호일을 조심스럽게 편다. 조리된 가지 속을 수저로 떠서 볼에 담고 껍질은 버린다. 레몬즙을 첨가하고 포크로 부드럽게 으깬 다음 기호대로 간한다. 식으면 구운 빵과 함께 대접한다.

감귤류 과일과 아루굴라를 곁들인 조개

재료(4인분)

핑크 그레이프프루트 2개, 으깬 아몬드(또는 호두) 1/3컵, 올리브 오일 3스푼 + 1티스푼, 아루굴라 1/2파운드 + 1/2컵, 새끼 대합조개 24개(껍질을 깨끗이 문질러 씻는다), 레몬즙 1개 분량, 소금과 갓 빻은 후추.

1. 그레이프프루트를 조각조각 나누기 위해 위아래 양 끝을 잘라내고 껍질과 하얀 부분을 살살 벗겨낸다. 볼에 넣은 다음 알갱이와 즙이 나오도록 작은 칼로 조각을 하나씩 분리한다. 장식용으로 쓸 4조각을 따로 놔두고 나머지는 잘게 썬다. 아몬드와 올리브 오일을 넣고 후추로 간한다.

2. 올리브 오일 1티스푼을 팬에 넣고 중불로 예열한다. 아루굴라 2분의 1파운드를 넣고 숨이 죽을 때까지 1분 정도 볶는다. 소금으로 간하고 팬에서 꺼내 곱게 다진다. 얕은 볼 4개에 똑같이 나눠 담는다.

3. 그릴을 중불보다 센 불로 예열한다. 조개를 그릴에 올리고 입이 벌어질 때까지 6분에서 8분 정도 굽는다.

4. 그레이프프루트와 아몬드를 혼합한 것을 수저로 떠서 아루굴라 위에 올린다. 남은 올리브 오일 2스푼과 레몬즙을 작은 볼에 넣고 휘젓는다.

5. 구운 조개를 아루굴라와 그레이프프루트 위에 조심스럽게 올린다. 입이 벌어지지 않은 조개는 버린다. 레몬즙과 올리브 오일 혼합한 것을 살짝

끼었고, 그레이프프루트 한 조각과 남은 아루굴라로 장식한 다음 즉시 대접한다.

▌Beauty Recipe

깍지콩, 감자, 페스토를 곁들인 오레키에테

▌재료(4인분)

올리브 오일 1스푼, 페스토 소스 6온스, 어린 감자 1/2파운드(4등분한다), 오레키에테 12온스, 깍지콩 6온스, 잘게 다진 신선한 바질 2스푼, 소금과 갓 빻은 후추.

1. 작은 볼에 올리브 오일과 페스토 소스를 넣어 휘저은 다음, 따로 보관해 둔다.

2. 뜨거운 물에 소금을 넣고 팔팔 끓인다. 감자와 오레키에테를 넣고 8분 동안 익힌다. 깍지콩을 첨가해 계속 끓인다. 감자가 연해지고 오레키에테와 깍지콩이 적당히 씹히는 알덴테 상태로 될 때까지 3분에서 4분 정도 끓인다.

3. 국물 2분의 1컵을 따로 남겨두고 감자, 오레키에테, 깍지콩을 건져 커다란 볼에 담는다. 남긴 국물 중 4분의 1컵을 페스토 소스에 붓고 휘젓는다. 이것을 감자, 오레키에테, 깍지콩 위에 뿌려 뒤적인다. 파스타가 건조한 듯 싶으면 국물을 살짝 더 끼얹는다. 기호대로 간하고, 신선한 바

질로 장식해서 바로 대접한다.

파프리카를 곁들인 초콜릿 수플레

재료(4인분)

녹인 버터 1스푼, 설탕 1/2컵 + 수플레 몰드에 쓸 1스푼, 잘게 쪼갠 다크 초콜릿 6온스, 우유 1/4컵, 코코아 2스푼, 잘게 썬 파프리카 2스푼, 계란 5개(흰자와 노른자를 분리하여 상온에 보관한다), 소금 약간, 장식에 사용할 정제 설탕.

1. 8온스짜리 수플레 몰드에 버터와 설탕을 살짝 바르고 냉장고에 넣어 차게 한다. 오븐을 190℃로 예열한다.

2. 초콜릿과 우유를 내열성 볼에 담아 살짝 끓는 물에 넣고 잘 섞이도록 저어가며 중탕한다. 설탕 4분의 1컵, 코코아, 파프리카, 계란 노른자를 첨가하고 고루 섞일 때까지 저어준다. 불에서 내려 따로 보관한다.

3. 전기믹서 용기에 계란 흰자를 넣고 소금을 약간 친 다음 거품이 일 때까지 중간 속도로 돌린다. 남은 설탕 4분의 1컵을 첨가하고, 점도가 높은 상태^{Firm Peak}가 될 때까지 고속으로 돌린다. 주걱을 이용해 계란 흰자를 3분의 1만 덜어 초콜릿 혼합물에 넣고 천천히 섞어준다. 나머지 계란 흰자도 마저 넣고 천천히 섞어준다. 베이킹 시트 위에 준비된 몰드를 올린다. 스푼으로 혼합물을 떠서 몰드의 3분의 2 정도까지 채운다.

4. 베이킹 시트를 오븐에 넣고 굽는다. 수플레가 부풀어 오르고 위쪽이 단
   단해질 때까지 15분 정도 굽는다. 오븐에서 꺼내 정제 설탕을 뿌리고
   즉시 대접한다.

Chapter
10

Les Suppléments

보충제,
제대로 알고 먹기 °

ㅡ═ㅡ

무엇이 부족하다고 나오면 일단 식습관부터 바꿔야 한다. 마그
네슘 수치가 낮다고 나오면? 복합비타민이나 특수한 마그네슘
혼합물을 사러 가기 전에 먼저 일주일에 두 번씩 바나나를 먹는
건 어떤가?

10°

알약. 알약. 알약. 우리는 모두 늙지 않는 마법의 알약을 원한다. 실제로 그런 효능이 있다고 선전하는 알약과 보충제가 시중에 널려 있다. 비타민만 취급하는 상점은《해리 포터》책에서 튀어나온 약장수처럼 비타민을 만병통치약인 양 선전한다. 약국에는 처방전 없이도 살 수 있는 보충제가 즐비하다. 건강식품 판매점에는 동종요법 치료 및 보충제 섹션이 한 자리 크게 차지하고 있다. 뉴욕 집 근처의 건강식품 판매점은 갈수록 늘어나는 제품을 다 수용하지 못해 옆에다 별도 매장을 냈다. 마법의 다이어트와 알약 광고가 잡지와 온라인에 넘쳐난다. 이런 마법의 물약 중 상당수는 별 효능도 없을 뿐더러 오히려 해를 끼친다는 사실을 아는데도, 이런 약을 먹어야 건강해질 것 같은 혼란에 빠진다.

내가 설교한 대로 실천하고 다양한 색깔을 지닌 좋은 식재료로 균형 잡힌 식단을 고수하는데도 굳이 이런 인위적 보충제가 필요할까? 흠, 나이가 더 들면 필요할지도 모르겠다. 그럼, 정말 필요하게 된다면 과연 어떤 보충제를 먹어야 할까?

50대 이후로 이를 알아볼 가장 좋은 방법은 병원에 가서 각종 비타민과 무기질을 측정하는 피 검사를 받아보는 것이다. 무엇이 부족하다고 나오면 일단 식습관부터 바꿔야 한다. 마그네슘 수치가 낮다고 나오면? 복합비타민이나 특수한 마그네슘 혼합물을 사러 가기 전에 먼저 일주일에 두 번씩 바나나를 먹는 건 어떤가?

Supplements of a vitamin and mineral kind
비타민과 무기질 보충제

흠, 복합비타민을 소량 복용한다면 특별히 해롭진 않을 것이다. 나이 든 여성용으로 개발된 신제품이라면 도움을 좀 받을 수도 있겠다. 그런데 임상 연구를 거듭했지만 복합비타민이 일반인의 건강을 개선한다는 증거는 나오지 않았다. 주요 질병을 치료하는 효과는 더더욱 나오지 않았다.

오히려 과다 복용에 따른 위험성이 크다는 연구 결과가 속속 나오고 있다. 온갖 부작용이 일어날 수 있는데, 그중에서도 비타민 A와 D, E, K를 다량 투여할 경우 일부 처방약에 부정적 영향을 미칠 수 있다.

일부 비타민과 미네랄, 식품 보충제의 용기 뒷면을 보면 정부나 연구단체에서 권장하는 섭취량이 나와 있다. 또한 해당 알약이나 가루에 권장량의 몇 퍼센트가 들어 있는지도 나와 있다. 개중에는 250%, 500%, 심지어 1000%라고 표시된 제품도 있다. 권장량의 열 배를 복용하면 몸에 열 배나 더 좋을 거라고 누가 말했던가? 열 배는 고사하고 두 배 정도라도 더 좋을 거라고 누가 말했던가? 실은 아무도 없다. 제품을 생산한 회사조차도 그런 말을 하지 않는다. 실제로 그렇지 않기 때문이다. 제품을 복용해서 더 건강해질 거라는 주장을 뒷받침할 증거라고 해봐야 다 별 볼일 없는 것들이다.

게다가 우리는 특정 영양소를 강화한 우유와 빵, 파스타, 시리얼을 즐겨 먹는다. 어쩌면 그것만으로도 각종 비타민과 미네랄의 일일 권장량을 채우고도 남을 것이다. 그런데도 굳이 메가비타민을 복용해야 할까? 날마다 2000% 복용이라는 도전 목표라도 정했다면 모를까, 안 그래도 슈퍼사이즈를 권하는 마당에 비타민도 '메가'급으로 섭취해야 할까? 오메가3가 몸에 좋고 심장마비 위험성을 낮춰준다는 얘기를 들은 뒤로, 다들 기름기가 많은 생선 섭취량을 늘렸다. 그런데 효능이 입증되지도 않았는데 굳이 생선기름 알약까지 추가하고 싶은가? 들어보지도 못한 회사에서 들어보지도 못한 식물의 추출물로 만든 허브를 어디에 좋은지도 모르고 무작정 먹을 셈인가?

다시 한 번 현실을 직시하자. 과일과 채소, 견과류, 곡물, 유제품, 생선, 육류에서 비타민과 미네랄, 항산화제 등을 얻는 것이 가장 안전하다. 사람들은 나이 먹으면서 뼈가 약해지고 골다공증이 생길까 자꾸만 불안해한다. 여자들의 불안감은 더욱 심해서 칼슘 보충제에 자꾸만 손이 간다. 나 역시 노인학 분야에 정통한 의사를 찾아가 이 문제로 상담을 받은 적이 있다. 뼈뿐만 아니라 전반적 건강을 위해 날마다 적정량의 칼슘을 복용하는 것은 매우 중요하다. 그런데 식품으로 섭취한 칼슘은 심장마비를 줄이는 데 도움을 주지만 보충제는 그렇지 않다고 의사는 말했다. 칼슘을 과다 복용하지 않는 것도 중요한데, 실제로 최근의 한 연구에 따르면 하루에 칼슘을 1,400밀리그램 이상 복용한 여자는 심장마비로 사망할 위험성이 그렇지 않은 사람보다 두 배나 높았다. 칼슘 과다 복용은 신장결석 위험성도 높았다. 그런데도 칼슘 보충제를 맹신할 것인가? 칼슘 보충제를 챙겨먹지 않아도 식품으로 충분히 섭취하고 있을 수도 있으니, 일단은 골밀도 검사를 받고 의사와 상담하라.

하지만 어디에나 예외는 있는 법, 비타민 D 얘기로 돌아가보자. 고백건대, 건강을 지키려면 특정 음식이나 특정 비타민을 꼭 섭취해야 한다고 주장하는 연구가 잊을 만하면 나오다 보니 나도 혼란스럽다. 건강에 좋은 '기적의' 비타민이나 영양소, 알약이 개발됐다고 호들갑 떠는 언론도 전혀 도움이 되지 않는다. 그렇더라도 비타민 D는 우리가 한번쯤 생각해봐야 할 보충제이다.

많은 여자들에게 비타민 D가 부족하다고 언론에서 자주 떠든다. 일반적으로, 영양소가 풍부한 천연 식품을 골고루 먹는다면 몸에 필요한 영양소를 대부분 채울 수 있다. 그리고 날마다 밖에 나가서 햇볕을 쬐면 비타민 D 수치가 확 올라간다. 그런데 그 양이 많지 않다는 게 문제다. 아마 당신이 생각하는 양의 절반 정도나 올라갈까? 물론 피부에 닿은 자외선은 화학반응을 일으켜 우리 몸에서 비타민 D를 생성시킨다. 그런데 자외선 차단제를 바른다면(실제로 발라야 한다), 또는 날마다 햇볕을 쬐기 어려운 북위도 지역에 산다면, 비타민 D를 생성하는 능력을 활성화시키지 못한다.

나를 비롯한 프랑스 사람들이 누누이 말하고 지키는 게 있다면, 바로

'모든 걸 적당히'이다. 그런데 비타민 D만은 예외로 삼고 '좀 더 많이'를 주장하고 싶다. 우리가 말하는 '좀 더 많이'가 실은 그냥 충분한 정도에 지나지 않을 수도 있기 때문이다. 이유가 궁금한가? 우리 몸은 필요한 것을 음식물에서 추출하는 데 상당히 효율적이지만, 뼈와 치아를 자라게 하고 유지하는 데 중요한 칼슘만큼은 충분히 흡수하지 못한다. 그 때문에 칼슘 흡수를 촉진하는 비타민 D를 주목해야 한다.

남자에 비해 여자는 나이를 먹을수록 골다공증 위험이 훨씬 더 크다고 알려졌다. 그래서 많은 여자들이 마흔 살만 넘으면 500에서 600밀리그램의 칼슘을 하루 두 번씩 복용한다. 우리 몸은 한 번에 1200밀리그램을 흡수할 수 없기에 두 번에 나눠 복용하는 것인데, 이 수치는 일일 권장량보다 높고 그로 인한 부작용이 초래될 수 있다. 그렇기 때문에 비타민 D의 역할이 중요하다. 칼슘 섭취에 아무리 공을 들여도 그 영양소를 흡수할 도구가 부족하다면 아무 소용도 없다!

비타민 D가 결핍되는 이유는 대부분 식품에서 이 비타민을 찾아볼 수 없기 때문이다. 시리얼과 우유, 오렌지주스에 비타민 D를 첨가하기도 하지만 일일 권장량에는 턱없이 모자란다. 구체적으로 살펴보자. 대부분 여자들이 기본 권장량을 채우려면 비타민 D를 하루에 1000IU 정도 섭취해야 한다. (적정 권장량 수치에 대한 의견이 분분한데, 1000IU가 평균치에 해당되는 것 같다. 최소치는 200IU이다.) 시리얼 볼에 담긴 양은 얼마일까? 끽해야 115IU에 불과하다. 대부분 과일과 채소, 육류에는 전혀 없거나 극소량 들어 있다. 붉은 연어와 알래스카 연어 같은 자연 산 어류에는 하루 권장량의 절반 정도가 들어 있다. 그런데 매일 두 차 례나 연어를 먹는 사람이 있겠는가? 연어 외에도 우유와 오렌지주스, 계란에 비타민 D가 꽤 들어 있다. 그렇다고 삼시 세끼를 이런 것만 먹 을 수는 없는 노릇이다. 음식만 문제가 되는 건 아니다. 실내에서만 생 활하는 21세기 생활 방식도 문제다.

요즘 나오는 칼슘제는 비타민 D를 포함한 것이 많다. 적어도 400~800IU 정도 들어 있는 제품을 구입하는 게 좋다. 가장 강력한 비 타민 D로 알려진 비타민 D3(일명 콜레칼시페롤)가 포함된 제품이면 더 욱 좋다. 나머지는 좋은 식품을 골고루 섭취하고 햇볕을 쬐서 얻으면 된다.

칼슘 흡수를 높이기 위해서만 비타민 D를 많이 섭취하라는 건 아니 다. 비타민 D를 충분히 섭취하지 않으면 유방암, 대장암, 난소암 발병 위험률이 높아질 수 있다는 연구 결과가 나왔다. 또한 비타민 D는 호 흡기 건강을 높이고 염증을 억제하는 등 면역력 강화에도 중요한 역할 을 한다.

현대의학 덕분에 전보다 더 오래 살게 되자 비타민 D는 노화 과정에 서 점점 더 중요해지고 있다. 비타민 D가 결핍되면, 근력이 약해지고 통증이 유발되며 몸의 균형이 무너질 수 있다. 실제로 비타민 D가 낮 은 사람은 관절염으로 고생할 가능성이 세 배나 높다!

시중에서 떠도는 건강 관련 팁에 현혹될 필요는 없지만, 비타민 D와 칼슘 콤보는 귀를 기울일 가치가 있다.

Supplements of a hormone kind
호르몬 관련 보충제

우리 베이비부머들에게 희소식이 있다. 머릿수가 워낙 많아 시장이 크다 보니, 우리를 돕겠다는 의사도 늘어나고 우리를 도와줄 제품을 연구하고 제조하는 회사도 점점 많아지고 있다. 그 덕에 실력 있는 의사도 등장하고 효과적인 제품도 하나둘 출시되고 있다.

가장 바람직한 제품은 젊음의 샘물 같은 알약이겠지만 아직까진 주사나 크림일 가능성이 크다. 벌써 도전장을 내민 제품도 있지만 아직은 상당한 위험을 안고 있다.

1. 에스트로겐, 프로게스테론, 테스토스테론

익히 알다시피 여자의 난소에서 에스트로겐과 프로게스테론이 분비되고, 남자의 20% 정도로 적은 양이지만 테스토스테론도 분비된다. 이러한 호르몬은 10대 후반과 20대, 30대에 절정을 이루다가 서서히 감소한다. 40대나 50대에 폐경이 되면서 얼굴이 뻘게지고 땀이 솟는 등 온

갓 변화가 찾아든다. 구체적으로는 성욕이 떨어지고 질이 건조해지고 뇌졸중과 심장마비 위험성이 높아지며 뼈가 약해진다.

그래서 폐경기 증상을 완화하고 젊음을 되찾고자 호르몬 대체 요법이 수십 년째 시행되고 있다. 온건한 에스트로겐 요법은 흔히 스테로이드 호르몬 프로게스테론과 결합되어, 자궁에 윤활유를 공급하고 질 위축을 해소한다. 두 호르몬이 힘을 합쳐 원기와 무드, 성욕, 집중력, 수면을 개선하고 심장병과 골다공증 같은 질병 위험성을 낮춘다. 하지만 장기간 사용할 경우 유방암과 자궁암 같은 질병에 걸릴 위험성이 다소 높아지는 등의 단점이 알려지면서 이러한 호르몬 치료에 대한 태도가 최근 몇 년 사이 바뀌었다. 알츠하이머를 포함한 질병을 예방하기 위해 호르몬 치료를 더 이상 권하지 않는다. 하지만 위험부담이 큰 만큼 장점도 상당히 많아서 단기든 장기든 시도하면 상당한 효과를 볼 수 있는 것도 사실이다.

말은 이렇게 하지만 호르몬 치료를 장기간 행하는 문제에 대해서는 아직 결론이 나지 않았다. 내가 의사도 아니면서 호르몬 치료를 권하거나 장단점에 대해 어떤 의견을 내고 싶지는 않다. 다만 우리 세대 여느 여자들처럼 나도 이러한 '보충제'를 써서 효과를 본 건 확실하다. 그런데 주변에서 다양한 얘기를 듣고 태도가 조금 바뀌기도 했다. 내 산부인과 주치의가 은퇴한 뒤 다른 의사를 여러 명 만나봤는데, 의사들 사이에서도 상당히 다양한 의견이 나왔다. 따라서 의사를 여러 명 만나서 얘기를 들어보고 당신에게 맞는 방법을 합리적으로 선택하기 바란다.

Estrogen and moi
에스트로겐과 나

좋은 것을 취하려면 순리를 거슬러야 할 때가 있다. 우리 어머니는 가끔 내게 이런 말씀을 하셨다.

"죽은 고기만 물줄기를 따라 흘러가는 법이니, 흐름을 거슬러 가거라."

나 역시 비즈니스와 관련된 책에 이렇게 썼다.

"두려워하지 말고 계산된 위험을 감수하라."

위험을 감수하려면 장단점을 충분히 따진 다음 결정하고 잠재된 위험을 인식하며 어떤 결과가 닥쳐도 순순히 받아들여야 한다. 흔히 '폐경기'로 통하는 끔찍한 50대에 접어들었을 때(나야 물론 프랑스 여자답게 '인생은 오십부터'라는 생각으로 맞이했지만), 건강을 위해 위험을 감수할 생각이 있느냐는 질문을 받았다. 업무상 위험을 감수하는 데는 익숙했지만 건강을 위해서도 위험을 감수해야 하나 싶었다.

당시 나는 뵈브 클리코의 CEO로 근무했던 터라 주말도 없이 늦게까지 일했고 출장을 많이 다녀 시차로 고생했다. 실적을 올리고 회사를 키우는 즐거움이 있는 반면과 스트레스도 많이 받았다. 그러던 차에 하루는 밤에 땀이 뻘뻘 흐르고 얼굴이 화끈거려 잠을 이룰 수 없었다. 이런 증상이 밤마다 이어졌다. 비슷한 연배의 여자 농료들이 들려준 이야기를 익히 들었던 터라 폐경기의 여러 증상을 대수롭지 않게 넘길 수 없었다. 내게도 이런 증상이 나타나다니 썩 유쾌하지 않았다. 아니, 솔직히 말해서 기분이 더러웠다.

나는 산부인과 주치의를 찾아갔다. 그는 그리스에서 나고 자랐다가 뉴욕에서 개업의로 성공한 의사였다. 처음에는 방문할 때마다 그가 "성생활은 어떠세요?"라고 묻는 바람에 매번 당황했었다. 그는 미국인으로 완전히 동화된 게 틀림없었다. 프랑스에서라면 그런 질문을 대뜸 던지는 의사는 없을 것이다. 나이 지긋한 의사는 보고 들은 게 많았고, '당신이 상관할 일 아니죠'라는 내 표정을 얼른 간파했다.

"당신이 만족스러운 얼굴을 하고 있어서^{Bien dans sa peau} 그냥 확인한 겁니다."

그가 프랑스어로 질문에 대한 이유를 설명한 뒤로 우리는 친구가 되었다. 우리는 인생과 여자에 대해서, 아 물론 섹스에 대해서도 터놓고 얘기하는 사이가 되었다.

폐경 문제로 처음 방문했을 때, 그는 내게 에스트로겐과 프로게스테론 콤보를 추천했다. 개인적인 생각으로는 마땅한 처치였다고 본다. 아무튼 그는 보충제 복용에 따른 장점과 단점을 자세히 설명해주었다. 그래서 나는 일단 시도해보기로 하고 처방해준 보충제를 바로 복용했다. 그랬더니 홍조는 금세 사라졌지만 왠지 몸 상태가 썩 좋지는 않았다. 그는 프로게스테론이 내 몸과 맞지 않는 것 같다고 추측했다. 나도 그 말이 맞는 것 같았다. 통상적으론 에스트로겐만 복용하는 것은 권장하지 않는다고 들었지만, 그는 다음 말로 나를 설득했다.

"정기적으로 초음파 검사를 하니까 별 문제 없을 겁니다."

그는 산부인과 전문의라 초음파를 이용한 검사를 시행할 수 있었기 때문에, 나는 그가 처방해준 대로 에스트로겐만 복용했다. 그러자 나는 다시 신체적으로, 정서적으로, 성적으로 끝내주는 상태가 되었다.

하지만 얼마 뒤 호르몬 요법의 위험성에 관한 또 다른 연구 결과가 발표되었다. (물론 요즘도 잊을 만하면 그런 연구 결과가 발표돼 우리를 혼란시킨다.) 호르몬 치료의 위험부담 때문에 미국 의사들이 겁을 집어먹기 시작했다. 그들은 '나쁜' 약을 처방했다고 고소당하거나 비난당할까 봐 몸을 사렸다. 내 주치의도 에스트로겐 치료를 그만두는 게 좋겠다고 말했다.

"그럴 수 없어요."

하지만 고집스러운 프랑스 여자답게 내가 반대하고 나섰다. 나는 무슨 일이 있어도 중단하지 않겠다고 선언했다. 그에게 어떠한 비난도 돌아가지 않도록 모든 책임은 내가 질 것이고 필요한 서류에 모두 서명하겠다고 했다. 결국 그도 내게 소량의 에스트로겐을 계속 처방해주는 데 동의했다. 우리 몸에 필요하지만 전혀 생산하지 못하는 에스트로겐을 50세 이후에 아주 쪼끔 복용하는 것이 왜 안 되는지 지금도 이해할 수 없다. 하지만 의사도 아닌 내가 뭘 알겠는가? 다만 호르몬 요법을 시행하고 나서 내 몸이 좋아진 건 확실했다.

다행스럽게도 이듬해에 그는 내 생각과 행동이 옳았다는 사실을 확인해주었다. 내 건강증명서는 썩 좋게 나왔는데, 그의 환자들 중 상당수는 상태가 나빠져서 그동안 중단했던 치료법을 재개할 거라고 했다. 순전히 그 연구 결과 때문에 제동이 걸렸던 환자들도 위험을 감수하기로 했다는 것이다. 그의 처방에 따라 에스트로겐 치료를 받던 내내 단한 차례를 빼고는 초음파 검사에서 이상이 드러나지 않았다. 이상 소견이 보였던 때도 한 달 정도 에스트로겐 복용을 중단하자 바로 괜찮아졌다. 폐경의 부작용은 우리가 (혹은 우리의 주변 사람들이) 감당할 수준을 넘어섰기 때문에, 나를 비롯해 그의 환자들 중 상당수는 정상적인 삶을 살게 해주는 치료법을 감행하기로 결정했다. 물론 그만한 가치가 확실히 있었다.

그런데 내 드라마는 여기서 끝나지 않았다. 내 산부인과 주치의가 나이를 먹어 은퇴한 것이다. 그는 에스트로겐을 계속 처방해줄 만한 산부인과 의사를 찾기 어려울 거라고 말했다. 그리고 어차피 복용을 중단할때가 됐다는 얘기도 덧붙였다. (복용양이 계속 줄어들어 이미 최소치에 근접한 상태였다.) 그의 얘기를 듣고 나서, 나와 이름이 같은 미레유 숙모에 관한 이야기를 그에게 들려주었다. 숙모는 프랑스 동남부 아르데슈에 사는데, 여든다섯 나이에도 여전히 에스트로겐을 복용하고 있다. 숙모는 50대나 60대처럼 보이고 본인도 그렇게 느낀다. 내 얘기를 듣고 그가 덤덤한 표정으로 나를 똑바로 쳐다보며 말했다.

"아, 미레유 집안 여자들은 정말 대단하군요."

그가 무슨 뜻으로 한 말인지는 모르겠지만 아무튼 그 대화를 끝으로 우리는 더 이상 만나지 못했다. 이 자리를 빌려 내가 무모한 사람이 아니라는 점을 확실히 해두고 싶다.

내가 요새 찾아가는 산부인과 의사는 모험을 감행하는 타입이 아니다. 오랜 '논의' 끝에 그녀는 내게 에스트로겐을 처방해주는 데 동의했다. 하지만 해마다 소량씩 줄여나가서 결국엔 완전히 끊을 거라는 단서를 달았다. 아울러 이 처방은 주로 골다공증 때문이며, 이 시점에서는 나한테 별 효과가 없을 거라는 말도 덧붙였다. 나는 그녀의 말을 믿지 않는다. 이 글을 쓰는 현재도 나는 에스트로겐을 완전히 끊을 생각이 전혀 없다. 왜 그러냐고? 좋든 나쁘든 간에 소량의 에스트로겐 덕분에 내 몸이 끝내주게 좋다고 확신하기 때문이다. 물론 앞으로는 어떻게 될지 모르겠다. 의사가 내게 얼마나 더 처방전을 써줄지, 혹은 내가 다른 의사를 찾아가서 처방전을 계속 써달라고 조를지 나도 모르겠다. 최근에 만난 한 산부인과 종양질환 전문의는 소량의 에스트로겐은 안전하며, 아흔다섯 살 노인도 계속 복용하고 있다는 말로 나를 안심시켰다.

흠, 그렇다면 흐름을 거슬러가도 당분간은 별 문제가 없을 것 같다.

1. 테스토스테론

안티에이징 무기로서 테스토스테론 요법은 역사가 훨씬 짧고 사용자 데이터베이스도 부족해서 위험하다고 보는 시각이 우세하다. 호르몬성 스테로이드인 테스토스테론은 행복감을 불러일으키고 성욕도 상당히 높여준다. 필요한 경우 에스트로겐과 프로게스테론의 효능을 높이고 특정 질병의 위험성을 낮춰주므로 여러 환자에게 유용하게 쓰일 수 있지만, 달갑지 않은 부작용이 있다. 따라서 의사가 면밀히 관찰하고 정기적으로 피 검사도 해야 하는 처방약이다.

흥미롭게도 테스토스테론은 '헐리웃 스타 치료법'이라는 이름으로 인기를 끌고 있다. 유명 연예인이 시도해서 효과를 봤다는 소문에서 비롯되었을 가능성이 크기 때문에 이와 관련된 조언과 정보가 어디에서 나왔는지 주의 깊게 살펴야 한다.

노인학의 하위 분야로서 안티에이징을 전문으로 다루는 의사들이 많아지면서 특정 치료법을 비판 없이 받아들이는 분위기가 형성되었다. 그들은 이윤을 추구하려는 실리적 이유로 이런 치료법을 적극 권장한다. 집을 도장하는 페인트공을 찾아가면 필시 집을 새로 칠하게 되듯이, 안티에이징 의사를 찾아가면 호르몬 요법을 추천받는 게 당연하지 않겠는가? 나는 의사도 아니고 이 치료법이 좋다 나쁘다 판단할 입장

도 아니다. 현재로서는 이 치료법에 관한 연구 결과를 기다리는 게 최
선이라고 본다.

2. 인간 성장 호르몬

자, 이번엔 나이 든 유명 연예인들이 영원한 젊음을 갈구하며 서로 맞
겠다고 안달한다는 마법의 주사제를 살펴보자. 인간 성장 호르몬HGH,
Human Growth Hormone은 원래 성장이 위축된 아동과 호르몬 결핍 환자를
치료하고자 개발된 약이다. 대부분의 스포츠에서 선수들에게 금지하
는 강력한 스테로이드이기도 하다. 성인을 위한 안티에이징 치료제로
인정받지도 못했고 연구 자료도 아직은 얼마 없다.

현재로서는 HGH의 효과를 놓고 의견이 분분하다. 찬성하는 쪽에
서는 HGH가 체지방을 줄여주고 근력과 근육을 강화시키며, 성기능을
높여주고 피부를 단단하게 하며 기분을 안정시킨다고 주장한다. 운동
선수들이 암암리에 주사를 맞고 있고, 암시장에서 거래가 활발한 걸 보
면 일리 있는 주장이다.

그렇지만 장기적으로는 심장마비와 당뇨병 같은 심각한 부작용이
따른다고 의심받고 있다. 단기적으로는 손목골 증후군, 근육통, 관절
통, 팔다리 부종 같은 부작용이 있다고 의학계에서도 인정한다.

그럼에도 이런 회춘약은 앞으로도 계속 늘어날 것이다. 분야도 점점
더 세분화되고 시장도 굉장히 커질 것이다. 하지만 지난 몇십 년 동안

지켜본 바, 모든 일에는 대가가 따른다.

　노화는 자연스러운 과정이다. 호르몬 수치를 20대 시절로 되돌린다고 해서 한창때 몸으로 돌아갈 거라고 생각한다면 크나큰 오산이다. 시도했을 때 아무런 부작용도 경험하지 않을 거라고 생각하는 것도 크나큰 착각이다. 나는 에스트로겐을 눈곱만큼 복용하고 비타민 D를 정기적으로 섭취한다고 해서 내 몸매나 건강이 20대로 돌아갈 거라고 생각하지 않는다. 지금은 촉각을 곤두세우고 지켜볼 때다. 과학과 의술의 발전 덕분에 위험 감수에 따른 보상이 점점 더 확실해지고 뚜렷해질 것이다.

　쥐를 대상으로 한 실험에서 뚜렷한 부작용이 보고되지 않는 한, 당분간은 내 헤어스타일리스트가 권한 대로 추운 겨울엔 뉴트리캡^{Nutricap} 보충제를 꼬박꼬박 먹을 것이다. 이 보충제에는 젤라틴과 호두기름, 캐럽, 레시틴 등 머리카락과 손톱에 좋은 성분이 들어 있다.

Chapter

11

Life Expectancy-Living to One Hundred?!

건강하고 행복하게
나이 들기 °

우리의 마음가짐을 나타내는 정신 나이는 노력에 의해 얼마든지 개선할 수 있다. 그리고 겉모습도 의상이나 헤어스타일, 체중 관리와 화장, 성형 등으로 어느 정도 조절할 수 있다.

11°

100살까지 살고 싶은가? 정말로? 요즘 사람들은 대부분 여든 살 정도가 좋겠다고 생각하지만, 건강하게 100살까지 살면 좋을 거라고 생각하는 사람도 점점 늘고 있다. 당신은 어떠한가? 당신의 나이를 돌아보고 의술이 어디까지 고칠 수 있나 생각해볼 시점이다. 미국에서는 여든 살부터 보험금을 지불하는 장수보험이나 연금에 가입하는 사람이 늘고 있다!

세월이 한참 흐른 뒤 동창회에 나가거나 오랜만에 친구나 친척을 만나면, 나이보다 젊어 보이는 사람도 있고 팍삭 늙어 보이는 사람도 있다. 생물학적 나이가 같은데도 똑같은 나이로 보이지 않는다. 나이보다 젊게 봐주면 언제나 기분이 좋지만, 다들 유전과 환경이 다르기 때문에 천천히 곱게 늙기도 하고 갑자기 팍 늙기도 한다.

우리의 마음가짐을 나타내는 정신 나이는 노력에 의해 얼마든지 개선할 수 있다. 그리고 겉모습도 의상이나 헤어스타일, 체중 관리와 화장, 성형 등으로 어느 정도 조절할 수 있다. 물론 겉모습을 젊어 보이게 하려면 돈이 좀 든다.

겉모습뿐만 아니라 우리의 내부 상태, 즉 진짜 신체 나이도 고려해야 한다. 우리 몸의 일부 부품은 많이 쓰다 보면 낡거나 고장 난다. 우리 몸이 쌩쌩한 기계처럼 잘 돌아가고 겉모습도 멋지고 당당하기를 바라는 마음에서, 지금까지는 다양한 예방 조치와 안티에이징 실천 지침에 초점을 맞춰 살펴봤다. 인간 게놈 지도가 완성된 이후, 우리는 포스트 게놈 시대에 진입했다. 앞으로 과학기술은 우리를 더 오랫동안 잘 살도록 돕기 위해 '신체 부위를 복원하는 데' 초점을 맞출 것이다. 재생 장기와 교체 부품이 등장할 날도 멀지 않았다.

Life expectancy and life expectancy
기대 수명과 삶의 기대

동창회에 나가면 당신은 어떻게 보일 것 같은가? 당신은 얼마나 오래 살 거라고 기대하는가? 세상을 하직할 나이를 지금 알고 싶지 않은가? 알게 된다면, 앞으로 무엇을 달리 할 작정인가? 또는 무엇을 달리 했더라면 좋았을 거라고 생각하는가? 앞으로 얼마나 더 살 수 있을까? 우리는 기대 수명이 얼마나 될지 전보다 더 잘 알고 있다. 은퇴를 진지하게 고민할 나이가 되면 관심사가 실제 연령에서 기대 수명으로 바뀌기 시작한다. 앞으로 얼마나 살 수 있을지 꼽아보는 순간, 정신이 번쩍 든다.

나이 들면서 사람들이 가장 많이 걱정하는 것을 두 가지만 꼽자면 다음과 같다.

첫째, 누가 나를 돌봐줄 것인가?

둘째, 죽을 때까지 먹고 살 돈이 나한테 충분히 있나?

자식이 부모와 멀리 떨어져 생활하는 요즘 같은 시대에 자식이 부모를 부양하는 관습은 약해질 수밖에 없다. 미국과 프랑스, 중국 등 대부분 나라가 이런 방향으로 흘러가고 있다. 게다가 자신의 노부모를 부양해온 요즘 부모 세대는 자식에게 그런 부담을 지우고 싶어 하지 않는다. 오히려, 자기들이 원하는 방식대로 노후를 즐기고 싶어 한다. 주변에서 이런 얘기가 들린다.

"난 아흔 살에 미용실에서 관리 받다가 심장마비로 죽고 싶어."

"난 수중에 있는 돈이 다 떨어진 날 죽고 싶어."

기대 수명이 늘어나면서 많은 나라에서 건강과 은퇴를 위해 사회안 전망을 세우고 있지만, 비용과 효과 면에서 기대에 못 미친다는 우려가 크다.

미국 정부에서 제공하는 사회보장제도는 1935년에 수립되었고 1940년에 처음으로 월별 지급이 개시되었다. 65세에 직장에서 퇴직하면 사망할 때까지 (배우자와 함께) 적정 수준에서 살아가도록 매달 합당한 금액을 받게 된다. 당시에는 미국인의 평균 기대 수명이 65세가 안 됐다. 오늘날엔 기대 수명이 75세이고 여자만 따지면 82세에 달한다. 그러다 보니 재정이 서서히 고갈되고 있다. 프랑스의 기대 수명은 남녀 평균 81.5세이며, 여자만 따지면 85.3세에 달한다. 그리고 앞으로도 계속 올라갈 전망이다. 미국에서 1940년에 은퇴한 사람이라면, 13년 정도 혜택을 누렸다.

내 친구 파멜라는 올해 60세를 맞이했다. 그녀는 65세에 은퇴할 거라고 늘 생각했다. 미국에서는 65세가 은퇴 기준이었고 지금도 그렇다. 그런데 아흔 살까지 살게 될 거라는 얘기를 듣고 나서 그녀는 마음이 흔들린다고 말했다.

"은퇴 후에 그렇게 오랫동안 살고 싶지 않아. 그렇게 오랫동안 버틸 여력도 없고."

　　결국 파멜라는 은퇴 시기를 70세로 조정했다.

　　'평균 기대 수명'이 자주 거론되는데, 이 수치는 여러 면에서 오해의 소지가 있다. 환경과 상황이 다른 수많은 사람들을 평균한 숫자인 데다 여자의 수명이 더 긴 것을 고려하지 않고 남자와 여자를 합쳐서 평균을 냈다. 무엇보다도 태어난 순간부터 계산에 넣은 게 문제다. 영아 사망 인자를 고려해 계산하면 평균 기대 수명이 더 올라간다. 실제로 당신이 한 해씩 더 사는 동안, 당신의 국가나 그룹의 평균 기대 수명은 더 올라 간다. 여기서 우리는 '평균'이라는 말에 주의해야 한다. 위에서 언급했 듯이 프랑스에서 여자아이가 태어나면 기대 수명이 평균 85세이다. 그 런데 이 말은 '85세를 넘길 가능성이 50%'라는 뜻이다. 65세까지 살아 있다면, 85세를 넘길 가능성은 유아 때나 스물한 살 때보다 훨씬 더 크 다. 건강, 교육, 유전, 인종(백인의 기대 수명이 가장 길다) 등 개별 인자 를 고려하면 훨씬 더 긴 기대 수명을 예상할 수 있다.

　　몇 가지 신뢰할 만한 데이터와 내가 추정한 여러 사항을 바탕으로, 이 책을 읽는 독자 열 명 중 한 명은 95세 이상 살 거라고 장담한다! 그 런데 마지막 5년을 고통스럽게 보내야 한다면, 혹은 참으로 두렵지만 마지막 5년 동안 우리가 누구인지 기억도 못한다면, 누가 95세까지 살 고 싶겠는가?

　　우리의 보험회사, 연금보험, 연금기금, 정부의 사회보장 계획은 하나 같이 평균 숫자를 놓고 따진다. 평균 연령에 이르지 못하는 절반은 평균에 이른 나머지 절반을 위해 대금을 함께 지불하는 것이다.

당당하게 나이 들고 싶다면 여러 가지 평균치, 특히 평균 기대 수명은 별로 도움이 되지 않는다. 당신이 관심을 기울여야 할 두 가지 기대 수명이 따로 있다. 첫째는 당신 자신의 현재 기대 수명, 둘째는 건강하게 살아갈 기대 수명 기간이다.

유럽연합에서는 '건강하게 사는 기간^{HLY}'에 관심을 기울이고 있다. HLY는 보완적 형태의 기대 수명으로서, 만성질병을 앓지 않고서 남은 인생을 건강하게 살자는 취지에서 나왔다. 앞으로 우리에게 가장 유용한 통계치는 출생 때부터 따지는 광범위한 기대 수명이 아니라, 65세에 (또는 가능하면 당신의 현재 나이에서) 계산한 평균 기대 수명이다. 가령 미국에서 여자의 평균 기대 수명은 81.1세이지만, 현재 65세인 여자의 기대 수명은 85.4세이다. 이 말은 현재 65세에 이른 여자들 중 절반이 85세에 도달하고, 또 일부는 그보다 오래 살 거라는 뜻이다.

What about me?
더 건강하게, 더 쌩쌩하게, 더 행복하게

평균 통계치는 상당한 규모의 인구를 대상으로 벤치마킹하거나 계획할 때 유용하다. 그런데 대부분의 사람들은 단 한 사람, 즉 자기 자신에게만 관심이 있다.

기대 수명을 계산하는 나만의 방법이 있다. 나는 75세를 기준으로 그 사람의 걷는 속도와 민첩성을 따진다. 가령 75세인 사람이 40대처럼 활발하게 걷는다면, 10년을 추가한다. 적어도 85세까지는 살 수 있다고 보는 것이다.

인터넷에는 무료나 아주 저렴한 비용으로 기대 수명을 계산하는 방법이 나와 있다. 검색 엔진을 이용해서 몇 군데 알아보고 직접 시도해 보라. 10분 정도만 할애해서 몇 가지 간단한 질문에 답하면 된다. 대체로 성별, 나이, 신장, 체중, 결혼 상태, 교우관계 등 기본 정보를 먼저 입력한다. 다음으로는 흡연 여부, 식습관, 신체 활동과 정신 활동 등 생활 방식에 관한 질문에 답한다. 그리고 혈압과 콜레스테롤 수치, 병력과 만성 질환, 가족력 등 건강 관련 질문에 답한다. 이러한 질문에 모두 답하고 나서 확인 버튼을 누르면 당신의 기대 수명 추정치가 나온다.

나도 한 번 해봤다. 그런데 초콜릿을 먹는 부분에서 약간 낮춰 말했기 때문인지, 추정치로 나온 숫자가 자그마치 104년이었다. 에구머니!

액면 그대로 믿지는 않지만 어쨌거나 나는 정상 체중을 유지하고 굉장히 건강하며, 혈압과 콜레스테롤도 극히 정상이다. 매일 꾸준히 걷고 요가를 하고, 심장마비나 암 같은 가족력도 없으며 우리 어머니는 96세까지 살았다. 그래도 100살 넘게 살 거라니, 살짝 겁이 난다. 그 테스트대로 된다는 보장도 없고 '각종 질문에 긍정적으로 대답함으로써' 통계

오류를 유발했는지도 모르니, 한 10년 정도는 자진해서 삭감해야 할 것 같다. 어쨌든 건강하게 오래 사는 것은 내 목표이자 내 삶을 이끄는 좌표이다.

다행히 과학기술이 눈부시게 발전해 우리에게 크나큰 도움을 주고 있다. 그 덕에 우리는 이전에 살았던 사람들보다 더 건강하게, 더 쌩쌩하게, 더 행복하게, 더 오래 살 수 있다.

Bionically yours
생체 공학적으로 보정된 몸

주변에 무릎 관절을 교체한 사람이 있는가? 교체용 부품이 등장한 지 한 세대밖에 지나지 않았는데 눈부신 속도로 발전하고 있다. 유명 여배우이자 건강과 운동에 대한 책까지 낸 제인 폰다는 1937년에 태어났으며 지금까지 인공 무릎관절, 인공 고관절, 인공 척추골 수술을 받았다.

나는 치아 임플란트를 두어 개 한 것 빼고는 아직 몸의 부품을 교체하지 않았다. 이식한 치아도 잘 작동한다. 이식과 삽입이 삶의 질을 개선하고 자신감을 준다면, 삶이 훨씬 더 멋질 것이다. 어쩌면 여든다섯 살이 됐을 때 이전 세대보다 10년은 더 젊게 살 수 있을 것이다.

프랑스는 괜찮은 의사와 선진 의술을 갖춘 나라이다. (물론 다른 나라들처럼 의료 서비스 비용과 삭감 문제로 골치를 앓고 있기도 하다.) 미국 사람들처럼 몸에 선뜻 칼을 대지는 않지만 프랑스 사람들도 다양한 선택지를 의식하고 있다. 건강하게 오래 살기 위한 안티에이징 계획으로서 어디까지 가능한지 생각해두면 좋을 것 같다. 내가 의사는 아니지만 당당하게 나이 들기 위해 우리가 고려해야 할 점을 간단히 훑어보고자 한다. 지금 제시하는 내용은 예방의학이 아니라 치료의학이다. 이런 방법을 고려는 하되, 공상과학 소설처럼 허무맹랑한 효과를 기대해서는 곤란하다. 그저 정상적 기능에 가깝게 작용하고 건강하게 사는 기간을 늘리는 방식으로만 활용했으면 한다.

1. 시력

제일 먼저 눈을 살펴보는 게 순서 아니겠는가? 마흔 살이 넘어가면 갑자기 팔이 너무 짧아졌다거나 글자가 너무 작아졌다고 불평하는 사람이 많다. 안경이 나온 지 수세기가 지났다. 요즘 안경은 컴퓨터로 생성된 레이저 커팅 렌즈는 물론이요, 빛에 민감한 자가 착색 기능과 눈부심 방지 코팅 같은 부수적 기능도 장착했다. 콘택트렌즈도 1800년대 말에 등장해서 꾸준히 개선되었다. 1980년대 들어와서는 야간에 빼지 않아도 되는 소프트렌즈가 나와 인기를 끌었다. 1990년대에는 안경이나 콘택트렌즈의 대안으로 시력 교정 수술이 널리 시행되었다. 레이저를 이용한 백내장 수술도 각광받고 있다. 인공 렌즈를 안구 내에 삽입하는 방법도 1960년대부터 인기를 끌고 있다. 다양한 형태의 인공 망막까지 나오고 있지만 원래 눈처럼 작동하진 못한다. 그 정도가 되려면 아직 시간이 더 필요하다. 그래도 향후 10년 이내에 줄기세포(다른 종류의 세포로 분화할 수 있는 모세포)를 이용해서 녹내장으로 인한 시력 상실을 고칠 망막 신경절 세포의 재생이 가능할 것으로 보인다.

2. 귀

나팔형 보청기 시대는 오래전에 끝났다. 보청기는 갈수록 크기가 작아지고 성능이 좋아지고 있다. 나이가 들수록 청력이 떨어진다는 것을 잘 알기에 그야말로 희소식이다. 75세 인구 중 절반이 청력 손실로 고통받고 있으며, 그에 따른 사회적 고충도 상당히 크다. 청력 손실을 제대로 치료하지 않은 사람은 주변 세상과 소통하는 데 어려움을 느끼기 때문에 점점 더 고립되고, 외로움에 시달리다 급기야 우울증에 걸리기도 한다. 보청기는 소리를 크게 해줄 뿐이다. 내이內耳가 손상되고 감각 세포가 제대로 작동하지 않으면, 현재로서는 달팽이관 이식이 해결책이다. 그런 신경 보철 장치를 이용해 달팽이관의 손상된 세포를 우회하여 신호를 전송할 수 있다.

3. 심장

심장 우회 수술을 받아 목숨을 구하거나 연장한 사람이 주변에 하나둘 늘고 있다. 1960년대 이후 심장에 혈액을 공급하는 관상동맥이 막히거나 좁아져 피가 제대로 통하지 않을 때 환자 몸의 다른 부위에서 떼어낸 동맥이나 정맥을 관상동맥 혈관 부위에 접합해 우회 혈관을 만들어 혈류를 개선시키는 수술이 널리 시행되고 있다. 막힌 혈관을 뚫거나 넓히기 위한 스텐트 시술은 흔하게 이뤄지고 있으며 생명을 연장시키는 데 큰 역할을 하고 있다. 심장 판막에 문제가 있는 사람도 인공 물질이나 인체 조직, 동물 조직을 이용해 정기적으로 치료받거나 교체하고 있다. 1967년 이후로는 말기 심부전증으로 죽음에 임박한 환자에게 심장 이식 수술도 드물게나마 시행하고 있다. 전 세계적으로 해마다 4천여 건의 심장 이식 수술이 시행되고 있으며, 수술 받은 환자는 평균 15년 정도 수명이 늘어났다. 심장 이식 수술을 하려면 건강하고 적합한 심장을 찾아야 하는데, 수요가 공급을 훨씬 초과한다. 그래서 그런 심장을 찾을 때까지 가교 역할을 해줄 인공 심장을 개발했다. 1980년대부터 발전을 거듭해 몇 년 전부터는 휴대용 심장 펌프를 이식하는 데도 성공했다. 현대 의학의 꽃은 완전 치환형 인공 심장이지만, 아직까지는 손이 닿지 않는 곳에 있다.

4. 다른 장기들

요즘 가장 빈번하게 이식되는 장기는 신장이고, 그 다음이 간이다. 이식 의학Transplantation Medicine은 말할 것도 없이 복잡하고 어렵지만 꾸준히 발전하고 있다. 심장과 신장, 간 외에도 폐, 장, 췌장, 흉선도 성공적으로 이식되고 있다. 힘줄과 정맥, 뼈, 심지어 각막도 자주 이식되는 인체 조직이다.

피부는 우리 몸에서 가장 넓은 장기이자 조직이다. 어떤 부위의 피부를 화상 부위 같은 다른 부위에 이식하는 수술도 널리 시행되고 있다. 하지만 앞으로는 장기 재생과 함께 민감한 인공 신경망을 장착한 인공 피부가 활용될 날이 올 것이다.

5. 치아

치실을 날마다 사용하는가? 사용한다면 하루에 몇 번이나 사용하는가? 치실은 생명을 연장해주고 곱게 나이 들도록 도와주는 도구이다. 피부를 관리하듯이 치아를 관리하면, 나이 들어서 크나큰 혜택을 누릴 수 있다. 치실을 사용하면 치은염이나 치주염 같은 잇몸 질환을 예방하는 데 도움을 준다. 잇몸 질환을 방치하면 치아가 손실되고, 동맥과 정맥에 플라크가 생겨 결국 심장병과 심장마비 위험이 높아진다. 우리 어머니는 치실을 사용하지 않았다. 50년 전에 누가 치실 얘기를 했겠는가? 어머니는 나한테 항상 이를 잘 닦으라고 했지만 당신은 어떻게 했는지 나도 모른다. 어쨌든 어머니는 그 세대의 다른 사람들처럼 치아와 잇몸이 나빠져 결국 치아를 몽땅 뽑고 틀니를 해야만 했다. 밤에 틀니를 빼고 아침에 다시 끼우는 일을 적어도 40년 동안 반복하면서 어머니는 그 사실을 평생 받아들이지 못해 사람들 앞에서 웃는 것도 무척 조심스러워 했다. 인류는 2천5백년 넘게 의치를 사용해왔다. 치아 전체를 의치로 대체한 지도 500년이 넘었고, 1770년부터는 도재치^{Porcelain} Teeth를 주로 사용했다. 그런데 진짜로 눈부신 발전은 지난 25년 사이에 이루어졌다. 이젠 치아 전체를 의치로 대체할 필요가 없어졌다. 부분 틀니가 나왔기 때문이다. 뺐다 끼웠다 할 수 있는 가철식 틀니도 있고, 남은 치아에 고정시키는 크라운과 브릿지 같은 고정식 틀니도 있다. 고정식이 더 안정적이지만 어느 쪽이든 기술이 발전해 외양과 느낌이 상당히 개선되었다.

접합 기술이 좋아져서 치아에 인공 치관을 씌우거나 치아 표면에 아주 얇은 도자기 막, 즉 베니어를 붙이기도 한다. 변색 치아를 하얗게 해주고, 빠진 치아를 보충하는 등 다양한 치료로 얼굴 모습이 개선되면 자신감도 높아진다. 컴퓨터 모델링을 이용한 현대 기술은 정말 환상적인 결과를 가져왔다. 또한 빠진 치아를 메워주면 발음이 새지 않고 음식도 잘 씹을 수 있다. 인간의 몸에 중요한 교체 부품이라 할 수 있는 의치는 씹는 기능뿐만 아니라 삶의 질과 장수 가능성까지 높여준다.

예전에 아주 고루한 치과의사를 만난 적이 있다. 손상된 치아만 치료해주면 될 텐데 인접 치아에도 문제가 생길 거라며 다 빼야 한다고 말했다. 멀쩡한 치아까지 뽑자는 말에 놀라서 그냥 나오고 말았다. 다행히 치기공학의 눈부신 발전으로 문제 치아만 치료하고 나머지 치아는 살릴 수 있었다. 살리지 못한 두 개는 기둥을 박고 크라운을 씌우는 임플란트 시술을 했다. 그 덕분에 천수를 누릴 기회가 더 커졌다. 앞으로 사람들이 더 많이 이용할 수 있게 임플란트 가격이 내려가면 좋겠다.

6. 관절

운동, 관절염, 장기간 사용에 따른 자연스러운 마모 등으로 전 세계에서 수없이 많은 관절 치환술이 행해지고 있다. 엉덩이, 무릎, 발목, 팔꿈치, 어깨 관절이 주로 교체되어 통증은 낮추고 이동성은 높여준다. 미국에서만 해마다 백만 명 이상이 이런 수술을 받고 있다. 흔히 인체를 기계에 비유하는데, '튠업'과 부품 교환을 위해 카센터에 가듯이 인공관절로 갈아 끼우려고 병원에 가는 일이 잦아졌다. 기술 발전으로 정형외과용 보철 장치가 나날이 개선되어 인공 무릎과 인공 고관절이 전보다 더 오래, 더 잘 작동하게 되었다.

Tony's case
양쪽 무릎을 인공관절로 바꾼 토니

토니는 1년 사이에 양쪽 무릎을 인공 관절로 바꿨다. 하나는 12월에, 나머지 하나는 이듬해 12월에 수술을 받았다. 수술하고 나서 회복하고 물리 치료를 받는 데 약 6주씩 걸렸다. 회복 기간이 지나자 토니는 정말 좋다고 노래를 불렀다. 첫 번째 수술을 받기 전에 그는 낯선 경험을 했다. 그가 원하는 무릎을 직접 골라야 했던 것이다. 그가 상담했던 의사들이 부품 카탈로그를 보여주며 각 제품의 장단점을 설명했다. 최종 결정을 내리기 전에, 그는 선택한 부품을 손에 들고 만져보기도 했다. 1년 뒤, 그는 당연히 같은 인공 관절로 다른 쪽 무릎도 이식받을 거라 생각했다. 그런데 부품 카탈로그에 개량된 모델이 여러 개 있어서 다시 골라야 했다. 기술이 발전해서 더 좋은 부품이 나왔는데 굳이 구형 부품을 장착할 이유가 없었다. 요즘 토니는 새로 장착한 두 종류의 무릎 인공 관절 덕분에 펄펄 날아다닌다. 키도 1인치나 커졌다고 자랑한다.

1. 줄기세포 재생

인체 조직이나 장기를 대체하거나 재생하고자 줄기세포를 활용하게 된다면 실로 엄청난 변화가 일어날 것이다. 언젠가, 아마도 금세기에 연구실에서 자신의 세포를 이용해 귀를 새로 자라게 할 수 있을 것이다. 연구실에서 자란 방광은 이미 존재하며, 좀 더 복잡한 바이오 인공 장기도 개발 중이다. 노화되거나 기능이 떨어진 장기를 재생하기 위해 줄기세포나 간세포를 해당 부위에 주사하는 방법은 조만간 실현될 것으로 보인다.

마모되거나 파손된 장기와 조직을 더 많이 재생할 수 있다면 잠재적 기대 수명을 150년까지도 늘릴 수 있을 것이다. (현재로서는 잠재적 기대 수명을 최대 125년에서 130년으로 추정한다.) 또한 생체공학을 이용한 유전자 치료 덕분에 더 강한 무릎이나 심장을 만들 수 있을 것이다. 그러기 위해서 과학자들은 DNA를 조작하고, 효소와 단백질을 통해 자연적으로 몸의 성능을 향상시키며, 각종 질병에서 몸을 지키고 면역력까지 갖추도록 세포를 개량해야 한다. 지금이야 옥수수를 조작하는 데 그치고 있지만 나중엔 우리의 뇌를 유전적으로 조작할 날이 올 것이다.

2. 뇌

아쉽지만 뇌를 교체할 부품은 아직 나오지 않았다. 그래도 예전엔 불가능하다고 생각했던 뇌세포 재생이 부분적으로 가능하다는 사실을 알게 되었다. 실제로 뇌를 연구하는 의사들 덕분에 파킨슨병으로 인한 떨림을 진정시키는 방법이 나오는 등 상당한 성과를 거두었다.

How old is "aged," or should I say "elderly"?
몇 살부터 '노인'이라고 불러야 할까?

옛날엔 65세만 넘으면 노인이라고 생각했지만 요즘엔 80세는 되어야 노인이라고 여긴다. 과학과 기술, 영양과 운동, 생활 방식과 의술 덕분에 다음 세대는 100살은 돼야 노인으로 간주할 것이다. 프랑스에는 100살 넘은 노인이 1만7천 명에 달하는데, 그 수가 빠르게 증가하고 있다. 100살이 넘은 사람 중 3분의 2는 여자이다.

오늘날 전 세계적으로 청소년기를 넘긴 인구의 주요 사망 원인을 두 가지 꼽자면 암과 심장병이다. 아울러 장수의 주요 요인을 꼽자면 그 두 질병을 감지하고 치료하는 기술이 개선됐다는 점이다. 세계보건기구에 따르면 암의 30%는 예방할 수 있다고 한다. 그리고 유방암에서 회복되는 수가 굉장히 많아져 대부분 나라에서 여성의 기대 수명이 높아졌다. 그렇지만 개발도상국에서는 해마다 유방암으로 사망하는 수가 여전히 많다. 서구 선진국에서는 생존율이 80% 이상으로 상당히 높지만 100%보다 낮으면 아직은 완벽한 게 아니다. 우리는 완벽한 치료를 위해 과학과 의학에 계속 기대를 걸고 있다. 치료도 중요하지만 암 치료에서 관건은 조기 발견이다. 통계 자료에 포함되지 않으려거든 스스로 건강을 잘 돌봐야 한다.

기대 수명은 앞으로도 계속 늘어날 것이다. 일본에서는 2050년이 되면 여자의 평균 기대 수명이 100세가 될 거라고 추산한다. 진짜로 그렇게 될지 누가 알겠는가? 줄기세포 재생 장기, 인공 장기 이식, 재조합 DNA 기술은 무한한 가능성을 지니고 있다. 그래서 요즘은 '극저온 냉동 장치'에 자기 몸을 냉동 보존하는 사람이 늘고 있다. 100년이나 200년 뒤에, 혹은 (냉동된 몸을 해동할 방법을 포함해) 그들을 괴롭히는 질병의 치료법을 알아냈을 때, 다시 소생되기를 기대하는 것이다.

오늘날 우리가 직면한 과제는 오래 사는 게 아니라 잘 사는 것이다. 늘어난 수명을 어떻게 하면 건강하고 즐겁게 누릴 수 있을까? 100살까지 건강하게 사는 삶을 실현하고자 과학과 기술은 전력을 다하고 있다.

French women
Don't get facelifts °

Loving, Laughing, Working

사랑하고 웃고 일하기°

———

웃음은 기분을 좋게 하고 혈압을 낮추며 혈액순환을 촉진시키고 면역체계를 향상시킨다. 심지어 나쁜 콜레스테롤을 사라지게 한다고 여러 연구에서 밝혀졌다. 그래서 '하루에 사과를 한 개씩 먹으면 병원 갈 일이 없다'는 말과 '웃음이 건강에 좋다'는 말은 내 책에서 빠지지 않는다.

12°

인도 출신 언론인이자 소설가인 타룬 J. 테지팔에 따르면, 험난한 인생을 견디게 해주는 것이 두 가지 있는데 바로 사랑과 웃음이라고 한다. 둘 중 하나만 있으면 만사형통이고, 둘 다 있으면 천하무적이란다. 참으로 멋진 마음가짐이다.

정확히 언제, 어떻게 시작됐는지 모르겠지만 한 1년 전쯤부터 각종 농담과 카툰이 내 이메일 수신함에 쏟아지고 있다. 각국에 흩어져 사는 프랑스 친구들이 보내는 것이다. 때로는 아침에 눈을 뜨자마자 이메일을 확인하고 싶어져서 아침 일과와 식사를 마치기 전에는 이메일 수신함을 열지 않는다는 규칙까지 어기곤 한다. 배꼽을 잡을 만큼 웃겨서 참을 수가 없다. 웃음은 명약이라고 하잖은가! 당신도 오래 살고 싶은가? 그렇다면 많이, 자주 웃어라.

웃음은 기분을 좋게 하고 혈압을 낮추며 혈액순환을 촉진시키고 면역체계를 향상시킨다. 심지어 나쁜 콜레스테롤을 사라지게 한다고 여러 연구에서 밝혀졌다. 그래서 '하루에 사과를 한 개씩 먹으면 병원 갈 일이 없다'는 말과 '웃음이 건강에 좋다'는 말은 내 책에서 빠지지 않는다. 커피를 마시기 전에 농담을 한두 개 읽어서 생길 수 있는 최악의 사건은? 흠, 웃다 죽는 것?

대부분의 여자들처럼 나도 소규모 소셜 네트워크로 구성된 그룹이 여럿 있다. 이런 소셜 네트워크 덕분에 내 정신세계가 훨씬 더 유쾌하고 여유로워졌다. 그중에서 특히 프랑스 사람들로만 구성된 소규모 농담 그룹은 묘한 구석이 있다. 나는 웃긴 얘기를 꾸며내지도 못하는데 이 그룹에 끼게 된 점부터 이상하다. 이야기를 들려줄 수는 있지만 농담을 지어내지도 못하고 들은 농담을 기억하거나 효과적으로 꾸며내지도 못한다. 결국 나는 조력자를 자처하며 농담을 여기저기로 퍼 나르거나 게시하는 역할을 맡았다. 농담에 따라 다른 네트워크에 속한 사람을 이 그룹으로 초대하기도 한다. 웬일인지 이 그룹에는 프랑스어를 주 언어로 사용하는 사람들만 참여하고, 다들 40대를 넘긴 이들이다. 그래서 주고받는 농담이나 노화에 대해 생각하는 바가 상당히 프랑스식이다.

우리끼리 주고받는 농담이 모두 기발하다거나 모두 어리석다고 주장하려는 건 아니다. 뛰어난 농담도 있고 유치한 농담도 있다. 누구나 웃고 넘어갈 보편적인 내용이 많지만, 간혹 프랑스에서 나고 자란 사람만 이해할 수 있는 농담도 있다. 요즘 세상의 불합리성을 꼬집는 농담도 있다. 가끔 프랑스인의 태도가 오만하고 공격적이라는 얘기를 듣는다. 다른 문화에서는 생각만 하고 입 밖에 내지 못하는 의견도 툭툭 내뱉기 때문이다. 하지만 프랑스에는 세상을 비꼬거나 풍자적으로 바라보는 태도를 용인하는 풍조가 있다. 아무도 그것을 심각하게 받아들이지 않는다.

말이 나온 김에 프랑스인에 대해 더 이야기하자면, 우리는 온갖 주제에 대해 '심각하게 이야기하는 것'을 좋아하고, 불평불만도 허심탄회하게 토로한다. 하지만 징징대는 사람을 좋아하지는 않는다. 자신이 내린 선택의 결과에 만족하지 않는다고 의기소침해지는 사람도 받아들이지 않는다. 가시 돋친 농담은 던지되, 어떤 상황에서도 툭툭 털고 일어나는 사람을 응원한다.

어떤 농담은 씩 웃으며 대수롭지 않게 넘길 만하지만 어떤 농담은 다소 섬뜩하다.

"나이 먹었을 때 아무런 고통도 없이 잠에서 깨면…… 당신은 죽은 것이다."

"연륜은 중요하지 않다. 당신이 (프랑스) 치즈가 아니라면." (이런 게 바로 프랑스 사람만 이해할 수 있는 농담이다.)

좀 더 보편적인 농담도 있다.

"내 나이는 알려줄 수 없습니다. 매번 바뀌니까요."

때로는 농담 속에 뼈가 있고 현실의 아픔이 담겨 있다.

"조물주는 참 솜씨가 좋다. 주름이 늘어날수록 시력이 떨어지는 걸 보면."

대부분 나라에서 사람들은 정치인과 관료, 정부를 대놓고 비난하거나 은근슬쩍 비웃는다. 프랑스도 예외가 아니라서 하찮은 관료와 꼴불견 정치인을 가만 놔두지 않는다. 그들을 비웃고 풍자하는 유머를 이해하려면 농담의 당사자와 프랑스어의 말장난을 알아야 한다. 노화와 관련된 농담 역시 노화에 당당하게 맞서는 프랑스인의 태도를 알아야 제대로 이해할 수 있다.

60대 후반의 한 페르시아 친구가 최근에 프랑스의 재담가이자 철학자인 버나드 피봇이 쓴 노화에 관한 문자를 대량으로 발송했다. 그러자 열 살이나 어린 그녀의 친구가 첫 번째 댓글을 달았다.

"훌륭해요…… 그건 그렇고 잘 지내죠, 할매."

이 댓글을 읽고 그녀가 껄껄 웃었을 거라고 확신한다. 나는 그랬다. 그녀가 당당하게 나이 먹으려고 얼마나 애쓰는지 아는 친구들도 모두 웃었을 거라고 확신한다. 그 댓글에 재치와 존경이 담겼음을 알았을 테니까. 내가 아침 식사를 하는 사이에, 시몬 드 보부아르가 한 말을 인용한 댓글이 올라왔다.

"사는 것은 늙어가는 것일 뿐, 그 이상도 이하도 아니다 Vivre c'est vieillir rien de plus."

때로는 이렇게 안락의자에 앉아 사색하는 철학자가 되기도 하지만, 프랑스 사람들의 농담과 풍자만화에는 흔히 '성적인 내용'이 담겨 있다. 한 예로, 거대한 바다거북 두 마리가 해변에 앉아 대화를 나누는 만화를 살펴보자. 수컷이 암컷에게 이렇게 말한다.

"우리 섹스나 좀 할까?"

그러자 암컷이 재빨리 대꾸한다.

"그렇게 말해주니 정말 기뻐요. 안 한 지 150년이나 됐거든요."

또 다른 참여자는 프랑스의 유머 작가 귀 베도가 59세 때 한 농담을 인용했다.

"조만간 60번째 초를 꺼야 하지만, 그나마 위안은 섹서내리언 Sexagenarian, 육순 노인이라는 단어에 섹스Sex가 포함되어 있다는 점이야."

당신의 삶에도 유머가 넘치는가? 유머는 정신적으로나 육체적으로 중요한 역할을 수행한다. 또한 당신의 얼굴 표정도 바꿔준다.

Sex
섹스

방금 나는 웃음이 노화에 좋다는 사실에서 섹스라는 불가피한 주제로 교묘하게 넘어왔다. 곱게 잘 늙어야 한다는 기사에는 한결같이 건전한 성생활이 건강에도 좋고 수명도 늘린다는 내용이 담겨 있다. 물론 그런 기사는 좀 더 적나라한 표현을 사용한다.

섹스가 안티에이징 묘약이라는 점은 틀린 말이 아니다. 오르가즘은 스트레스를 낮추고 숙면을 취하게 하며 심장을 뛰게 하고 더 오래 살게 하며 삶을 더 풍요롭게 해준다. 그와 관련된 통계치까지 덧붙이면 섹스 예찬이 될 것 같다. 필요하면 관련 잡지를 뒤적여보라. 기분이 왜 좋은 지에 대한 생의학적 설명까지 나와 있을 것이다. 그런데 우리는 전반적 으로 섹스에 대해서만 논하지, 사랑을 논하지는 않는다.

그렇다면 오래된 관계에서 어떻게 성적 흥분을 불러일으킬 것인가? 폐경기 이후 떨어지는 성적 충동에 어떻게 대처할 것인가? 나이 먹을 수록 점점 더 어려워지는 섹스 자체에 어떻게 대처할 것인가? 그 답은 의외로 간단하다. 이런 문제가 있음을 인정하고 하나씩 대처하면 된다. 좀 더 충격적이거나 흥미로운 이야기를 들려줄 수 있다면 좋으련만 나 는 그런 위인이 못 된다. 그런 걸 기대한다면 다른 책을 찾아보라.

내 친구 가비가 여배우 잔느 모로의 대사를 인용한 것이 아주 그럴듯

해서 나도 즐겨 인용한다.

"섹스는 걸쭉한 포타주 수프와 같다. 처음엔 너무 뜨겁고 마지막엔 너무 차가울 수 있지만, 우리 프랑스인은 맛좋은 비시스와즈(차게 먹는 수프)를 아무 때나 즐긴다."

성인이 된 이후엔 삶의 어느 단계에서든 섹스가 자연스럽게 이뤄져야 한다. 그러기 위해서는 욕구가 솟아날 분위기를 조성해야 한다. 그런데 젊었을 때는 일에 치이고, 나이 들면 몸이 따르지 않는다고 핑계를 댄다. 섹스를 그저 한가할 때 짬 내서 하는 놀이쯤으로 치부하는 것이다. 하지만 섹스 중에 분비되는 엔도르핀은 기분을 좋게 하고 일과 삶에서 효율성도 높인다. 그러니 일상생활에서 성적으로 자극할 방법을 찾아보라. 다소 외설스러운 방법을 동원해도 좋다.

아흔두 살 먹은 노부인이 여든일곱 살 노신사와 실버타운에서 결혼식을 올리고, 자신들의 성생활을 자랑했다는 얘기를 들었다. 참으로 대단한 노인들이다. 물론 그들의 성생활에는 과학기술과 비아그라가 한몫했을 것이다.

프랑스 남자들이 비아그라를 어떻게 생각하는지 알고 싶지만 믿을 만한 대답을 들을 수가 없다. 어쩌다 화제에 올라도 다들 교묘히 피해 버린다.

"비아그라? 그게 뭐죠? 하하하."

프랑스 남자들은 섹스를 그들이 지켜야 하는 국가기관쯤으로 생각한다. 은밀하게 숨긴다는 말이다. 하지만 비아그라가 등장하면서 판도가 바뀌었다. 나는 비아그라가 남자들의 자신감을 한층 높여줬다고 생각한다. 다정하고 로맨틱하고 섹시하게 행동하도록 해줬을 뿐만 아니라, 다시 꿈을 꾸고 몸을 단련하고 상상력을 발휘하도록 해주었다. 다시금 인생을 즐기도록 해주었다. 그에 따른 혜택은 여자도 함께 누린다.

섹스에 관한 농담은 결국 관계와 결부된다. 나이 먹을수록 관계를 잘 맺는 것이 잘 사는 지름길이다. 그렇지 않은가?

Anchors
네 가지 버팀목

남자 위주로 돌아가는 업계에서 여성 CEO로 활약한 덕분에 나는 강연 요청을 자주 받았다. 강연회에 가면 일과 삶 어느 쪽도 크게 희생하지 않고서 양쪽을 병행하고 싶은 여자들이 정말이지 많았다.

나는 그들에게 네 가지 버팀목에 의지한다는 얘기를 들려주었다. 프랑스의 노천 시장이나 뉴욕 유니언 스퀘어에 세워진 그늘막을 받치는 기둥을 떠올리면 된다. 네 귀퉁이에 세워진 버팀목이 균형을 단단히 잡아준다. 내가 의지하는 버팀목은 첫째가 건강, 둘째가 친구와 가족으로 이뤄진 다양한 소셜 네트워크, 셋째가 고용 안정성, 넷째가 자신을 위한 시간과 공간, 규칙과 실천이다.

"이 네 가지는 함께 작동합니다. 한쪽이 약해지면 강한 쪽이 약한 쪽을 보완하며 어떻게든 버텨냅니다. 하지만 과도하게 밀려드는 스트레스에 어느 한쪽이 무너지면, 결국 비바람에 흔들리고 휘어지고 구부러져 균형을 잃고 맙니다."

농담과 섹스가 살아가는 데 활력소를 제공하지만 당당하게 나이 들려면 무엇보다도 건강이 첫 번째 버팀목이어야 한다. 농담과 섹스는 버팀목이 하중을 견디도록 힘을 보태줄 뿐이다. 그래서 나는 건강하게 사는 데 필요한 마음가짐과 실천 지침을 역설하고자 이 책의 상당 부분을 할애했다. 노년기 삶의 질을 높이려면, 친구와 가족으로 형성된 기능적 소셜 네트워크가 두 번째 버팀목으로 우뚝 서야 한다. 이런 관계망은 시간이 흐르면서 사용자에게 적합하도록 조금씩 변한다.

우리가 열심히 매달려 하는 일이나 활동은 무심하게 흘러가는 시간을 보람차게 보내도록 해준다. 그래서 고용 안정성이 세 번째 버팀목이다. 이에 대해서는 뒤에서 더 자세히 다룰 것이다. 마지막으로, 우리 자신을 위한 시간과 공간, 원칙과 정책은 흔히 젊었을 때보다 나이 들어서 더 쉽게 실천할 수 있는 버팀목이다. 예로 들 것은 무궁무진하다. 늘 하고 싶었지만 시간을 내지 못했던 미술 수업을 듣는 것, 좋아하는 TV 프로그램을 빼놓지 않고 보는 것, 읽고 싶던 잡지를 정기 구독하는 것, 오페라를 관람하는 것, 헬스클럽에 등록하는 것, 무슨 일이 있어도 1년에 한두 번 휴가를 떠나는 것 등이다. 머리를 손질하러 금요일마다 미장원에 가는 것은 어떨까? 물론 좋다!

Relationships
의미 있는 관계 유지하기

인생에서 가장 강력한 버팀목 중 하나는 원만한 결혼생활이다. 결혼한 남자가 혼자 사는 남자보다 더 오래 사는 걸 보면, 원만한 결혼생활의 혜택은 여자보다 남자가 더 누리는 것 같다. 그 이유를 알아내는 건 어렵지 않으리라. 아무튼 당신은 배우자의 기대 수명을 한두 해라도 늘려준다는 점에서 자부심을 느끼기 바란다.

알다시피 여자는 대체로 남편보다 더 오래 산다. 물론 부부로 살다 중간에 이혼하기도 한다. 기대 수명 측면에서 남자는 이혼하면 여자보다 대처 능력이 떨어진다. 여자는 이혼해도 결혼한 상태일 때와 비교했을 때 기대 수명에 차이가 없다. 여자가 혼자 살아도 건강하고 만족스럽게 사는 비결은 다른 사람들과 관계를 잘 유지하기 때문이다. 물론 남편이 있을 때와 똑같지는 않지만, 주변 사람들과 원만한 관계를 유지하면서 건강하고 행복하게 사는 데 필요한 것을 다 얻을 수 있다.

주변 사람들과 의미 있는 관계를 유지하는 사람이 더 건강하게, 더 오래 산다. 당신은 어떠한가? 새로운 사람과 관계를 잘 맺고, 또 그 관계를 유지하고자 애쓰는가? 나이 들수록 원만한 관계를 유지하기 위해 더 노력해야 한다. 배우자, 가족, 친구는 물론 애완동물과 맺는 관계도 우리 삶에 긍정적 영향을 미치기 때문이다.

오래 살고 싶다면 다양한 사람들과 사회적인 관계를 맺는 것이 좋다. 그러면 스트레스가 줄고 우울한 기분도 줄거나 사라질 것이다. 친구들과 어울리다 보면 웃을 일이 많지 않은가! 그런데 어떤 관계든 지속적으로 유지하려면 노력을 기울여야 한다. 가만히 앉아 연락이 오기만 기다리지 말고 전화기를 들어라. 문자를 보내거나 이메일을 보내도 좋다. 자발적으로 나서서 점심 모임을 기획하라. 이벤트를 열어 교유할 기회를 마련하라. 관계를 맺는 것으로 그치지 말고 그 관계가 돈독해지도록 끊임없이 노력하라.

나이 먹을수록 배우자가 가장 친밀하고 든든한 친구이다. 배우자는 어떤 상황에서도 당신 편을 들어주고, 크고 작은 문제를 함께 해결하려 애써준다. 기쁨을 공유하고 슬픔을 나누며 서로 든든한 버팀목이 되어준다.

Love, tenderness, affection
다정한 손길의 힘

당당하게 나이 드는 문제와 관련해, 환경이 유전적인 것을 능가하는 요즘 세상에서 때로는 문화가 와일드카드로 작용한다. 사랑과 섹스를 예로 들어보자. 프랑스인의 태도는 세계 어느 나라 사람들과도 같지 않다. 다양성 만세Vive la différence! 나이 든 프랑스인과 나이 든 미국인을 대상으로 실시한 연구에서, 미국인 중 83%는 '진정한 사랑은 화끈한 섹스 없이도 존재할 수 있다'고 답한 반면, 프랑스인은 겨우 34%만 그렇다고 응답했다. 이 결과에서 나이 지긋한 여자를 향한 프랑스인의 태도가 엿보인다. 나이 든 여자를 존중하고 갈망하고 그들에게서 유혹과 관능미를 느끼는 것이다.

물론 서로 사랑하고 오랜 시간을 함께 보낸 사람들은 시트를 적시는 것 외에도 다른 많은 것들을 공유한다. 나는 남편과 단단한 결혼생활을 유지하는 비결이 뭐냐는 질문을 자주 받는다. 관계를 좋게 유지하려면 무엇보다도 사랑, 존중, 신뢰, 아량, 소통, 애정, 공통의 가치, 유머 등이 필요하지만, 우리 부부는 특히 우정과 정절과 믿음이 돈독하다. 한 가지 더 꼽자면 내가 남편의 뛰어난 지성에 늘 압도당한다는 점이다. 패션잡지 〈보그〉의 편집장 다이앤 브릴랜드는 남편을 대할 때 자신의 '부족함'을 늘 인식한다는 말을 한 적이 있는데, 내가 딱 그렇다. 그래서 나는 늘 긴장을 늦추지 않고 신비함과 놀라움을 간직하고 계속해서 불꽃을 태우려고 노력한다. 두 문화가 만났으니 다른 점이 아주 많다. 그만큼 더 노력해야 하지만 그에 따른 보상은 참으로 크다.

내 주변에 30년 넘게 원만한 결혼생활을 유지해온 친구가 있는데, 그 비결이 욕실을 따로 썼기 때문이라고 한다. 여배우 헬렌 미렌은 현재 남편과 오랫동안 관계를 이어오다 뒤늦게 결혼에 골인했는데, 나와 좀 더 비슷한 생각을 지녔다.

"사람들은 섹스 말고도 여러 가지 이유로 함께 지냅니다. 대부분 커플에게 섹스가 중요하긴 하지만 섹스가 결혼을 지속시켜주는 건 아닙니다. 우리 사회는 결혼에 따른 동반자 관계를 소홀하게 보는 것 같습니다. 결혼생활을 원만히 유지해주는 건 바로 파트너십입니다."

하지만 당당하게 나이 들려면 혼자 지내는 시간도 꼭 필요하다. 이런 고독한 시간은 영적으로 자신을 성찰할 기회이다. 내적 성찰을 통해서 우리는 여러 가지를 깨닫는다. 몸은 늙어도 매력과 감정은 나이 들지 않는다는 점을 깨닫는다. 물론 항상 붙어 있지 않아도 상대의 존재를 느낄 수 있다. 사랑하는 사람과 가까이 있다는 사실만으로도 마음이 푸근하다. 부부간의 정은 늙어갈수록 더욱 두터워진다. 늙고 병든 배우자를 돌보느라 죽도록 고생하는 아내나 남편의 얘기는 영화에나 나올 법한 장면이다. 요즘엔 젊을 때부터 건강에 신경을 써서 늙어도 건강하고 행복하게 사는 부부가 아주 많다. 물론 모든 질병을 예방할 수는 없다.

나이 들면 누구나 상실의 아픔을 겪기 마련이다. 그렇지만 젊어서 사별하는 것보단 덜 충격적이고 덜 아프다. 부모나 형제자매를 잃는 아픔, 혹은 생각하고 싶지도 않지만 자식을 잃는 아픔은 누구도 감당하기 어렵다. 천수를 누리고 떠나간 거라면 삶의 당연한 수순으로 받아들인다. 천년만년 살 수는 없는 법이니까.

다정한 손길이 주는 치유력은 안티에이징 치료약으로 인정받아 마땅하다. 낮에 하는 접촉과 애무와 키스는 밤에 하는 것과 성격이 약간 다르다. 가령 마사지는 혈액순환을 돕고 긴장을 풀어준다. 애완동물에게 하듯이 가볍게 쓰다듬기만 해도 마음이 푸근해진다. 예순다섯 살 먹은 다니엘이라는 친구는 이렇게 말했다.

"대여섯 번의 신체 접촉은 관계 유지를 위해 필요하고 나머지 10여 번은, 흠…… 그건 다른 종류의 것이죠. 하하하."

나이가 들면 생각과 나이가 비슷한 친구들이 가족보다 소중할 때가 있다. 친구끼리는 연륜에서 묻어나는 여유로움과 공감대가 쉽게 형성된다. 또래 친구들과 친하게 지내는 것도 좋지만 (손자가 아닌) 젊은 친구들과 소통하는 것도 똑같이 중요하다. 나이 많은 친구하고만 어울리면 나이와 건강 얘기만 하다 끝날 수가 있다. 그래서 나는 가능하면 젊은 사람들과 교유하려고 노력한다. 내가 아는 것들을 그들과 공유할 수도 있고, 젊은 친구들의 생각과 미래를 엿볼 수도 있다. 적어도 아파 죽겠다는 얘기보다는 건설적인 얘기를 나눌 수 있다.

Employment
안정된 고용 상태

안정된 고용 상태가 든든한 버팀목이 될 수 있을까? 나는 그렇다고 생각한다. 시대가 바뀐 이상, 옛날에 쓰던 삼각의자의 안정성이 전처럼 확실한 균형감을 제공하지 못한다. 그래서 나는 은퇴기에 당당하게 나이 먹기 위한 관건이 '고용 상태를 유지하는 것'이라고 본다. 남은 삶을 하릴없이 보내지 말고 '일거리'를 지속적으로 찾아야 한다. 인생에서 절반이나 3분의 1 정도는 돈벌이를 위해, 혹은 가족을 부양하기 위해 일했을 것이다. 어쨌거나 직장이 있는 동안엔 힘들어도 아침에 일어나고 미리 뭔가를 계획하거나 고대하며 살았다.

그런데 은퇴하고 나면 삶이 완전히 바뀐다. 어떤 은퇴자는 멀리 떨어져 사는 자식이나 손자, 손녀를 방문하며 시간을 보낸다. 그런데 그런 일을 얼마나 오랫동안 지속할 수 있을까? 맞벌이하는 자식을 위해 손자나 손녀를 돌봐주며 보람을 느낄 수도 있겠지만, 결국엔 몸이 따르지 않거나 상황이 마음먹은 대로 돌아가지 않을 수도 있다. 나이 먹을수록 인간관계를 넓히고 유지하는 것이 중요한 버팀목이 된다는 사실을 꼭 기억하기 바란다.

돈이 궁해서가 아니라 사람들과 어울리려고 마트에서 계산원이나 물품 정리원으로 일하는 '은퇴자들'이 있다. 그들은 눈을 뜨면 일하러 나갈 곳이 있고 공휴일이 기다려지기 때문에 매우 행복하다고 말한다. 기업체 CEO이든, 가게 점원이든, 병원이나 도서관 카운터에서 자원봉사를 하든 상관없다. 소일거리는 노년기를 보람차게 보낼 수단이다.

요즘처럼 경기가 어려운 상황에선 생계를 위해 최대한 오래 일해야 하는 사람들도 있다. 그런 사람들은 자신의 건강과 체력, 기술, 정신력에 상응하는 직업을 찾기가 참으로 어렵다. 하지만 일단 찾으면 젊은 사람 못지않게 열심히 일하고 만족도도 높다. 삶의 균형과 만족이라는 두 마리 토끼를 잡은 것이다.

우리 인생은 각각의 에피소드와 단계로 이뤄져 있다. 에피소드는 별개의 사건이나 짧은 시기를 가리키고, 단계는 긴 시간의 흐름에 따라 필연적으로 거쳐야 하는 일정한 시기를 가리킨다. 유년기나 은퇴기는 우리가 반드시 거쳐야 하는 단계이다. 나도 LVMH와 뵈브 클리코에서 하는 일을 그만두면 무엇을 할까 고민한 적이 있다. 변호사처럼 개인 사무실을 운영하는 사람은 죽을 때까지 은퇴하지 않거나 비상근으로 근무하기도 한다. 하지만 우리처럼 직장생활을 하는 사람은 은퇴하면 세 번째 버팀목이 사라져버린다. 그래서 네 번째 버팀목이 이를 보완해줘야 한다.

지금까지는 인생이 3막으로 구성됐다고 생각했었다. 그런데 최근엔 4막까지 이어진다는 생각이 든다. 아무렴, 셰익스피어는 위대한 사극을 5막까지 썼다.

Act 3o.5 encore moi (me again)
내 인생의 3.5막

나이가 많든 적든 사람은 꿈을 꿔야 한다. 계속 꿈을 꾸면 인생의 '다음' 단계에 관심을 기울이고 건강한 노후를 준비할 수 있다. 예전엔 '3막'으로 끝난다던 인생이 이젠 4막까지 이어진다. 한 단계에서 다음 단계로 진입하는 것이 항상 쉽지만은 않다. 갑자기 생긴 자유처럼 부담스럽기도 하다. 혼돈과 혼란을 피하려면 미리 계획하고 준비해야 한다. 많은 사람들이 40대나 50대, 혹은 60대 이후에도 활력이 넘치지만 그 에너지를 효율적으로 쏟아내지 못한다. 과도기에는 자신을 다시 정립하고 우선순위도 다시 정해야 하기 때문에 힘이 든다. 그렇지만 누구도 대신해줄 수는 없다.

내 인생의 '3막'이 그런 과도기를 잘 보여주는 것 같다. 나는 작가가 되겠다고 꿈꿔본 적이 없었다. 하지만 막상 작가가 되고 나니, 어머니의 영향으로 잠깐이나마 그런 꿈을 꿨다는 사실을 깨달았다.

내가 고등학교 시절에 불어 작문에서 두각을 나타낸 이유는 순전히 멋진 불어 선생님 때문이다. 아마도 그때 불어 선생님에게 반했던 것 같다. 선생님도 내가 좋아한다는 사실을 알고 있었다. 선생님은 대단히 잘생기거나 젊지는 않았지만 글쓰기와 읽기, 문학에 남다른 열정이 있었고 소설을 두어 권 발표하기도 했다. 우리에게 시나 문학작품 속의 캐릭터를 어떻게 바라봐야 하는지 알려주었다. 나는 선생님의 수업 시간을 손꼽아 기다렸고 많은 것을 배웠다. 그리고 문학작품에 푹 빠져들었다. 그러면서 언젠간 나도 이런 이야기를 쓸 거라고 막연히 생각했다.

내게 읽고 쓰는 법을 가르쳐준 분은 아버지였다. 내가 다섯 살 때, 아버지는 지구본을 이용해 주요 국가의 수도가 어디인지 짚어주었고, 다른 문화에 대한 호기심도 일깨워주었다. 고등학교 시절엔 어머니가 자극을 주었다. 어머니는 학창 시절로 다시 돌아간다면 반드시 문예상을 받겠다고 하면서 내가 대신 그렇게 해주었으면 하는 눈치를 주었다. 내가 작문에서 좋은 성적을 받자 좀처럼 칭찬하지 않는 어머니는 내가 작가로 성공할 거라는 말까지 했다. 하지만 작가의 꿈은 금세 사라졌다. 미국에서 교환학생으로 1년을 보내고 돌아와 파리에서 언어학을 공부하기로 결정했기 때문이다.

직장에 다닐 때 각종 보고서나 보도자료, 서신을 쓰긴 했지만 그것을 글쓰기로 생각하지는 않았다. 그러다 50대에 이르러 출간한 책이 성공해서 베스트셀러가 되고 나서야 갑자기 예전의 꿈이 떠올랐다. 우리 주변에는 어떤 꿈을 접어두었다가 어느 날 갑자기 실현한 사람들이 꽤 있다. 부동산과 마찬가지로 인생의 전환점도 입지와 타이밍이 중요하다! 내 경우엔 직업을 바꾸는 것이 전환점이었다. CEO로서 본업을 수행하면서 책을 쓰고 홍보하는 일을 병행하기가 점점 힘들어졌다. 나는 이것을 앞으로 나아갈 신호이자 기회로 여겼다. 어떤 점에서 나는 인생 3막을 별로 어렵지 않게 맞이했다. 소일거리 삼아 시작한 일에 점점 빨려 들다 보니 본업에 지장을 줄 정도로 바빠졌다.

결국 회사를 그만두고 글 쓰는 일에 매진하기로 했다. 이런 과정이 순조롭기만 했을까? 꼭 그렇지는 않다. 일단 좋은 점을 꼽자면 더 이상 사무실에 나가지 않아도 됐다. 하루 열 시간 넘게 일하지 않고, 수많은 회의에 참석하지도 않으며, 여기저기 출장을 가지도 않고, 누군가에게 보고할 일도 없었다. 세계 최고 명품을 파는 회사의 일원으로서 해야 할 잡다한 일에서 해방되었다. 그렇다고 다 좋았던 건 아니다. 처음엔 따져볼 여유가 없었지만 돌이켜 생각하니 글쓰기도 진이 빠지는 일이다. 책을 홍보하려면 여기저기 돌아다녀야 하고 인터뷰와 사진촬영도 많이 한다. 강연도 다니고 TV나 라디오에도 출연해야 한다. 웹사이트를 꾸미고 관리해야 하며, 요즘엔 페이스북과 트위터 등 소셜 미디어 활동도 해야 한다. 이런 모든 활동이 흥미롭고 신나지만 상당히 고되기도 하다.

특히 책이 나오고 나서 홍보와 강연 활동 때문에 오랫동안 집을 비워야 하는 게 제일 힘들다. 소중한 가족과 친구들을 오래 떠나 있어야 한다. 처음 네 권의 책이 나왔을 때는 내 시간을 내기도 어려웠다. 물론 글쓰기는 아침에 나를 일어나게 하고(마감일을 정해서 계약하는 것이 도움이 된다), 계속해서 생각하고 꿈꾸게 한다. 몇 달, 심지어 몇 년 동안 내 달력을 빽빽한 일정으로 채워놓는다. 그렇지만 이런 모든 활동은 종류만 달랐지 '일의 연속'이다. CEO로 살 때는 하루 열 시간 근무했지만, 작가로 살 때는 일이 곧 삶이 돼버렸다. 퇴근 시간 따위는 잊은 지오래다. 작가가 되니 계속해서 아드레날린이 분출되는 것 같다. 독자를만나고 언론에 얼굴을 비치고 마감일에 쫓기다 보면 늘 흥분된 상태로살아야 한다. 게다가 나는 거절하는 법을 제대로 배우지 못해 온갖 부수적 일거리를 떠맡고 결국 더 이상 감당할 수 없는 지경에 이르게 되었다. 잠시도 여유를 갖고 나를 돌아볼 짬이 없었다. 물론 나만 그런 것은 아니다. 주변에서도 다들 타임아웃이 선언될 때까지 쉼 없이 달린다. 나 역시 너무 많은 일에 치여 정신을 차릴 수 없을 때까지 달렸다. 그러다 보니 완전히 녹초가 됐다.

처음 네 권의 책을 낸 후, 나는 두 권을 더 출간하자는 압박을 많이받았다. 결국 나는 다음 단계에 어떻게 진입할지 생각하기 위해 여름동안 온전히 쉬기로 결단을 내렸다. 쉬면서 재충전할 시간이 절실했기때문이다. 인생 3.5막 정도라고 할까? 나는 육체적으로나 정신적으로너무 지쳐 있었다. 그동안 내 책은 37개 언어로 번역, 출간되었다. 나는책과 관련된 온갖 질문과 요청, 기회와 책임들로 숨 돌릴 짬도 없었다. 물론 그 점을 영광으로 생각하고 무척 감사드린다. 기업체의 조직을 이끌던 게 엊그제 같은데, 작가로 살아온 지도 벌써 4년이나 흘렀다! 그시간이 무척 즐거웠지만 때로는 진이 빠지고 멍해지기도 했다. 나를 돌아볼 시간이 절실히 필요했다.

그해 여름, 나는 프로방스의 집에서 시간을 보내는 특권을 누렸다. 4년 만에 처음으로 기사나 책이나 보고서를 하나도 쓰지 않았다. 책임 져야 할 일도 없고 초과근무나 출장도 없었다. 나만을 위해 쓸 수 있는 시간은 그야말로 최고의 사치였다. 아무런 일도 없이 남편과 한가롭게 시간을 보내고, 우리를 찾아온 방문객을 맞이하고, 평소 하고 싶었던 일을 맘껏 했다. 온전히 나로 살 수 있는 자유를 만끽했다. 학교를 졸업 하고 처음으로 맛본 휴식이었기에 더 달콤했던 것 같다. 정말 멋진 여름이었다.

인생 경험이 더해질수록 전에는 느끼지 못했던 자유로움과 여유와 자신감이 생긴다. 새로운 사람들과 어울리고 마음이 너그러워지고 새로운 목표가 생기니 나도 모르게 정서적으로 안정되고 삶의 지혜가 쌓이며 한층 더 높은 수준의 만족감과 행복을 맛보는 것 같다. 순수한 어린 시절로 돌아간 것 같다. 사람은 인생의 여러 단계를 거치며 자신의 한계를 받아들이도록 배운다. 50세가 넘어가면 더욱 그렇다. 나 역시 내 한계를 알고 인정하면서 전에는 절대로 거절하지 못했을 일도 과감히 "노No."라고 말할 수 있게 되었다. 그 덕분에 이젠 달갑지 않은 사람과 식사하는 자리를 피하고, 관심이 없는 행사에는 가지 않는다. 그해 여름은 온전히 나만을 위한 시간으로 꽉꽉 채웠고, 여유 있게 나를 돌아봤다. 참으로 뜻깊은 시간이었다. 그래서 미국의 여배우이자 극작가인 메이 웨스트가 '좋은 건 많을수록 더 좋다'고 했나 보다!

　아울러 나는 내 인생에서 가장 중요한 것이 무엇이고 내가 아끼는 것이 무엇인지 알아내려고 애썼고, 많은 것들의 우선순위도 정했다. '나를 돌아보는 시간'은 나이를 먹을수록 육체적으로 활력을 되찾는데 꼭 필요한 시간이다. 때로는 비유적 의미의 '해변 타임'이 필요하다. 다들 잠든 이른 아침에 시골길을 산책하면 머리를 식히고 마음의 평화를 찾을 수 있다. 작은 알프스라는 뜻의 알피유 산을 바라보며 명상에 잠기고, 재스민 향을 맡으며 마을길을 따라 걸어가 빵집에 이른다. 아침 일곱 시 반, 갓 구운 빵에서 풍기는 냄새에 침이 꼴깍 넘어간다. 여유로운 아침 산책과 더불어 혼자서 자전거를 타고 여기저기 쏘다니던 시간도 참으로 즐겁다. 라벤더 꽃길을 따라 신나게 달리다 보면 어느새 각종 과일 나무가 줄지어 늘어선 들판이 나온다. 간간이 양떼와 염소가 풀을 뜯는 목장도 나오고 12세기에 지어진 작은 교회도 나온다. 길을 따라 시냇물이 흐르고 작은 다리도 있다. 풍경에 반하고 향기에 취해 달리다 보면 천국에 와 있는 듯한 착각이 든다. 자연과 교감하며 사는 삶은 도시에서 사는 삶과 완전히 다르다.

　그해 9월, 넘치는 활력을 안고 뉴욕으로 돌아와서 바로 이 책을 집필하기 시작했다. 많은 생각을 쏟아냈고, 그중에 절반은 덜어내야 했다.

　내 얘기의 요점은, 직업은 건강하고 오래 사는 데 중요한 버팀목이지만 결국엔 하나의 단계이며 그 안에 여러 가지 에피소드가 있다는 점이다. 작가로서 내 인생의 3막이 다시 3.5막으로 진입했다. 나한테는 이제 소중한 독자가 있다. 내가 배우고 익힌 것을 그들과 공유하고 싶다. 처음 두 책을 쓸 때는 뭔가에 홀린 듯이 써내려갔다. 이제는 내 삶을 온전히 소유하고 주체적으로 쓴다. 건강한 삶을 위해 필요한 다른 버팀목들과 균형을 맞추고, 살면서 다가오는 기회와 불확실성에 적응하며 나아간다.

은퇴 후에 당신을 일어나게 하는 것은 무엇인가? 혹은 일어나게 할 것은 무엇일까? 당신의 네 번째 버팀목은 무엇인가? 그 버팀목이 금전적으로나 물질적으로 당신의 삶에 어떻게 보탬이 될 것인가? 고백건대, 나는 새로운 일거리를 비교적 쉽게 찾았다. 누구나 작가가 될 수 있는 것은 아니다. 그리고 우리는 여배우나 우주비행사가 되기엔 너무 늦었다. 하지만 누구든 자신을 직시하고 눈을 크게 뜨고 찾는다면 뭐든 찾을 수 있다. 나는 그렇게 믿는다. 첫 번째 시도에서 쓴맛을 볼 수도 있다. 그러면 어떤가? 포기하지 말고 또 다시 찾으라.

'고용 안정'이라는 버팀목과 관련해 한 가지 더 언급할 게 있다. 앞의 놀이에 대한 장에서 취미와 놀이의 장점을 강조했다. 어떤 취미 중에는 '고용' 기능을 겸하는 것도 있다. 땀 흘려 일하지만 전혀 일한다고 느끼지 않을 때가 있지 않은가? 그렇다면 재미 삼아 하는 일을 직업으로 승화시킬 방법이 있나 알아보라. 달리 할 일도 없다면 손해 볼 것도 없잖은가? 자원봉사를 하면서 어려운 사람을 돕는 것도 안티에이징 활동으로 제격이다.

미국과 프랑스에 사는 친구들 중에 실제로 그렇게 하는 친구들이 있다. 그들은 밖으로 나가고 싶은 열정을 골동품 수집과 결합시켜 여행 때마다 틈나는 대로 골동품을 모았다. 10년에서 100년에 이르는 물건을 싸게 구입하고자 벼룩시장과 노천시장을 뒤지고 다녔고, 결국 구색을 갖춘 수집품 목록을 가지게 되었다. 그리고 이제는 소비자로 물건을 찾아다니는 데 그치지 않고 판매자로 나서게 되었다. 시간은 그들 마음대로 활용한다. 봄부터 가을까지는 참여하고 싶은 장터를 다니면서 물품을 몇 개 팔고 돈도 조금 번다. 무엇보다도 취미가 비슷한 사람들과 어울리며 활기차게 살아간다.

보스턴 근처에 교환학생으로 갔을 때 나는 한 출판 편집자의 가정에서 지냈다. 그는 손재주가 남달라서 소일거리 삼아 의자를 고쳤다. 이웃집 주방에서 온 의자, 골동품상에서 방치되던 의자, 창고 세일에서 얻은 의자 등 온갖 구닥다리 의자가 그의 손을 거치면 쓸 만한 의자로 탈바꿈했다. 그는 의자를 고치고 나서 자신의 성과를 기념하고자 일련번호를 붙였다. 그리고 경제적으로 도움이 되진 않았지만 상징적으로나마 자신의 전문성을 인정받고자 의자 하나당 25달러를 청구했다. 그리고 은퇴 후에 뉴멕시코의 앨버커키로 이사하면서 자신의 연장도 모두 챙겨 갔다. 그가 90대였을 때 한 번 그의 집을 방문한 적이 있다. 그는 제 기능을 되찾은 의자들을 자랑스럽게 보여주며 여전히 의자 수리 비용으로 25달러씩 청구한다고 말했다. 그는 100살까지 살다 세상을 떠났다. 그가 생명을 되찾아준 의자 목록은 대단히 길었다. 그리고 작업실 한쪽에는 아직 완성하지 못한 의자들이 남아 있다.

Religion
종교의 힘

버팀목과 연결에 대해 한 가지만 더 말하고자 한다. 노년기에 접어들면 종교나 종교 단체에 귀의하는 사람들이 많다. 상당히 좋은 현상이며 그에 따른 긍정적 효과도 매우 크다. 게다가 신앙심이 깊은 사람은 좀체 외로움을 느끼지 않는다. 독실한 신앙은 확실히 삶의 질을 높여주고 삶의 방향을 좋은 길로 인도한다.

　주말 성경학교에서 학생들을 가르치던 시절, 그리고 교회 신도들과 동유럽 사람들을 돕는 일을 할 때 그 사실을 알았다. 요즘도 나는 교회를 자주 들른다. 어디에 가서든 교회가 나오면 그냥 지나치는 법이 없다. 특히 프랑스와 이탈리아, 그리스, 터키에서는 교회를 일부러 찾아다녔고, 그밖에 다른 나라에서도 회교 사원과 불당 같은 곳에 꼭 들렀다. 그런 곳에 들어설 때마다 전율이 일고 감정이 고양된다. 파리의 노트르담 대성당이나 로마의 성베드로 대성당처럼 웅장한 곳이든, 미소 짓는 천사상이 있는 랭스의 자그마한 성당이든 경이롭기는 마찬가지다. 나는 스테인드글라스를 보면 늘 가슴이 뭉클해진다. 프로방스에 있는 작고 오래된 교회가 특히 좋다. 고르드 마을의 세낭크 수도원에서는 수도사들이 아직도 라틴어로 미사를 집전한다. 이곳에서 보낸 크리스마스이브는 참으로 영적이었고, 꾸밈없는 아름다움이 깃들어 있었다.

종교를 가지고 소그룹 활동에 꾸준히 참여하는 것이 대부분 시간을 혼자 보내는 것보다 확실히 더 사교적이고 건전하다. 클럽 활동도 좋다. 클럽이나 종교 단체에 가입하면 비슷한 생각을 지닌 사람들과 어울릴 기회가 생기고 자신감도 붙는다. 또한 종교 단체에 참여하는 사람은 대개 타인을 배려하고 어려움에 처한 사람을 돕고자 애쓴다. 베풀고 도우면서 보람도 느끼고 불안감도 덜 수 있다.

무엇보다도 긍정적 마음가짐이 가장 중요하다. 마음이 젊으면 몸도 따라 젊어진다. 낙천적인 사람이 더 오래 산다는 연구 결과도 있다. 죽은 후의 삶을 믿는 것보다 더 긍정적인 게 뭐가 있겠는가? 당신은 영적인 삶을 살고 있는가? 관심사를 공유할 그룹이 있는가?

French women
Don't get facelifts °

Ｎ ｏ ｗ　　Ｗ ｈ ａ ｔ ？

당신은 늘 아름답다는
것을 기억하라°

그녀에게 오늘을 즐기며 산다는 것은, 가령 첫 수확한 옥수수나
당근 케이크 한 조각을 생전 처음 맛보는 것처럼 맛있게 먹는 것
이다. 그런 소소한 즐거움이 그녀가 추구하는 순간적 만족이다.

13°

하루아침에 이룰 수 있는 것은 없다. 날마다 꾸준히 노력해야 원하는 목적을 이루거나 근접하게라도 다가갈 수 있다. 개인적으로 나는 생각이 떠오르면 일단 종이에 적어놓는 편이다. 그러다 종이쪽지가 상당히 모이면 앉아서 꼼꼼히 살핀 다음 순서를 정해 늘어놓는다. 이렇게 하다 보면 전에 수표책 잔고를 맞추던 시절이 떠오른다. 우리는 소비와 지출에 신경 쓰듯이 삶의 균형을 잡는 데도 신경 써야 한다.

서두에서 언급한 아흔네 살 난 친구가 얼마 전에 세상을 떠났다. 그녀는 떠날 준비가 되어 있었고 살아온 삶에 만족했으며 평화롭게 작별을 고했다. 임종 직전 병원에 이송되었을 때, 손톱에는 매니큐어가 완벽하게 칠해져 있었다. '떠날 때도 완벽하게'를 부르짖던 그녀다운 모습이었다. 그녀는 사사로운 일에 연연하지 않았다. 무슨 문제가 생기면 이렇게 말했다.

"내가 6월에 살아 있으면, 그때 가서 생각해보지 뭐."

물론 그녀는 아주 많은 6월을 살아냈다. 나이를 먹을수록 지금 이 순간이 중요하다며 지난 일에 연연하지 않고 앞날을 걱정하지도 않았다. 다소 쾌락주의적 철학에 치우치긴 하지만 '당장 하라'는 뜻으로 이렇게 말하기도 했다.

"도대체 뭘 기다리는 거야?"

이것은 당당하게 나이 먹는 방법 중 하나로서, 미래의 보상을 (또는 안정을) 비교적 순간적인 만족과 맞바꾸는 것이다. 가령 휴가, 성형수술, 간절히 원하는 보석 구입 같은 건 망설이다가는 결코 얻을 수 없다. 그녀에게 오늘을 즐기며 산다는 것은, 가령 첫 수확한 옥수수나 당근 케이크 한 조각을 생전 처음 맛보는 것처럼 맛있게 먹는 것이다. 그런 소소한 즐거움이 그녀가 추구하는 순간적 만족이다. 의자에 앉아 나무와 꽃과 하늘을 바라보는 것도 똑같이 즐겁다. 그녀는 딱히 갈 곳이 없다고 말하곤 했다. 그래서 언제나 장미향을 맡을 여유가 있었다.

특별한 휴가나 해외여행은 좀 더 긴 안목에서 우리 삶에 영향을 미치는 것 같다. 내 친구는 젊었을 때부터 세계 각지를 두루 다녔다. 현실에서 벗어나 해방감을 만끽했다. 워즈워드는 그 순간을 '시간의 점 Spots of Time'이라 불렀다. 과거의 아름다운 추억 때문에 일상이 시시해지거나 무의미해지는 것은 아니다. 오히려 나중에 하는 경험을 더 생생하게 느끼도록 해준다. 나는 이제야 그것을 깨달았다. 이미 세계 각국을 여행하고 유명한 레스토랑에서 훌륭한 음식을 수없이 맛보았지만, 그래도 새로운 곳을 여행하거나 새로운 레스토랑에 늘어가면 또 다른 감흥을 느낀다. 전에 더 멋진 곳에 갔다는 기억 때문에 지금 하는 경험이 시시하게 느껴지지도 않는다. 늘 새롭고 늘 반갑다. 지금 이 순간을 만끽하며 살게 된 것이다. 친구가 가르쳐준 것처럼, 시간과 장소는 달라도 맛보는 감동은 늘 같다.

당당하게 나이 드는 것 못지않게 미래를 향한 내면의 눈을 유지하는 것도 중요하다. 젊을 때처럼 마음속에 꿈을 품고 상상력을 키우는 일을 중단하지 말라는 뜻이다. 언론인이자 TV 프로그램 사회자인 버나드 피보는 지하철에서 어린 여학생에게 자리를 양보받은 일을 떠올리며 늙는 것에 대해 이렇게 말했다.

"노화에 맞서 싸우려면 가능한 한 어떤 것도 포기하지 말아야 합니다. 일과 여행, 쇼, 책, 식도락, 사랑, 섹스, 꿈을 끝까지 추구해야 합니다. 꿈꾸는 것은 아름다운 시간을 가능한 한 많이 기억하는 것입니다. 우리 앞에 펼쳐질 멋진 나날을 생각하는 것입니다. 우리 마음을 욕망과 유토피아 사이에서 노닐게 하는 것입니다."

지금 나의 스타일과 애티튜드를 체크할 수 있는 질문들

노인학 전문가이자 정신과 의사이며 저술가인 올리비에 드 라두세트는 프랑스인을 세 범주로 분류했다. 범주별 비율은 다르겠지만 이 분류를 다른 나라 사람들에게도 적용할 수 있을 것이다.

라두세트 박사에 따르면, 프랑스인 중 20%는 도박꾼이다. 이들은 노상 주사위를 굴리고 온갖 해로운 행동을 일삼는다. 가령 담배를 피우고 비만인데다 알코올을 남용한다. 이런 행동을 바꾸려 하지 않으며, "인생은 한 방이야."라고 떠벌린다. 도박꾼과 결혼해 살거나 가깝게 지내기는 쉽지 않다.

프랑스인 중 50%는 정비공이다. 이들은 자기 몸을 자동차처럼 고칠 수 있다고 생각한다. 엔진에 첨가제를 넣듯이, 혈압이 높으면 약을 먹는다. 운전 습관이나 생활 방식을 바꿀 필요가 없다고 생각한다. 무릎이 아프면? 운동으로 근육을 단련하고 관절 운동 범위를 넓히는 게 아니라 그냥 새 무릎으로 교체하려 한다. 물론 약간의 튠업과 현대 의학과 기술의 혜택을 어느 정도 받아야 한다. 이들은 마법의 묘약을 원하고, 자초한 문제든 나이 들면서 저절로 생긴 문제든 다 고칠 수 있다고 믿는다. 프랑스에서는 여자보다 남자가 더 이런 성향을 보인다.

프랑스인 중 30%는 정원사이다. 이 범주에는 여자가 많다. 왜 아니겠는가? 이들은 장수할 가능성이 가장 큰 사람들이다. 왜냐고? 정원사는 자기 몸을 주의 깊게 관찰하고 몸이 보내는 신호에 귀를 기울이기 때문이다. 이들은 앞일을 예측하고 미리 조치를 취한다.

나도 텃밭 가꾸는 일을 무척 좋아한다. 잔디를 깎는 것처럼 지루한 일을 제외하면 웬만한 일은 내가 손수 해치운다. 사다리를 타고 올라가 가지를 치는 것 같은 힘들고 어려운 일은 전문가에게 맡기는 게 좋다. 그래서 요새는 그러려고 한다. 뜬금없이 발생하는 병충해를 예방하기 위해서라도 전문가의 손길이 필요하다. 물론 계속 노쇠해지는 내 몸도 같은 식으로 대처해야 한다.

나는 지금 원예에 관한 책(이 책)을 쓰면서 당신이 텃밭(몸)을 잘 가꾸도록 도와줄 질문을 던지고자 한다. "거울아, 거울아, 세상에서 누가 가장 아름답니?" 하고 당신 자신에게 묻는 형식이다. 현재의 내 모습을 평가할 때 내가 자주 동원하는 방법이다. 내가 평생 살아오면서 터득한 의미 있고 소중한 가치를 이러한 질문에 직접적으로, 수사적으로, 함축적으로 담아내려고 애썼다.

새 구두를 살지 말지와 같은 사소한 것에서 복잡하고 포괄적인 내용까지 총망라해 50개 질문을 준비했다. 시간을 두고 생각해서 각 질문에 답해보라. 종이에 적으면 더 좋다. 한꺼번에 다 하려고 덤비지 말고 며칠에 걸쳐서 천천히 작성하라. 그리고 시간이 한참 흐른 뒤에 다시 한 번 시도해보라. 나는 당당하게 나이 들기 위해 틈만 나면 나 자신을 똑

바로 대면하고 적절한 질문을 던진다. 미리 계획하고 오래도록 건강하게 살기 바란다.

○ 내가 만난 사람에게 내 겉모습이 어떻게 비치겠니?

○ 내 나이에 이 모습이 최상이니?

○ 노화에 대해, 나 자신에 대해 어떤 기분이 드니?

○ 만족스러운 관계를 맺고 있니?

○ 장, 단기적으로 내 건강을 개선할 방법은 뭐가 있겠니?

○ 건강 검진이나 치과 검진할 시기가 지나지 않았니?

○ 옷 입는 스타일이 내 나이와 몸매에 어울리니?

○ 비키니를 벗어던질 때가 되었니? 하이힐은 어떠니?

○ 나이를 먹으면서 고유한 내 스타일을 어떻게 간직하고 보완할 거니?

○ 선글라스를 쓰니?

○ 외출할 때마다 자외선차단제를 바르니?

○ 오늘 세안하고 나서 보습제를 발랐니? 치실은 사용했니?

○ 이번 주에 얼굴을 어떻게 관리했니?

○ 왜 얼굴에 (또다시) 칼을 대고 싶니?

○ 헤어스타일이 나에게 어울리니? 오늘 내 모습에 어울리는 헤어스타일이니?

○ 내 머리카락에 맞는 트리트먼트제를 사용하니?

○ 헤어컬러가 마음에 드니? 염색을 할래, 말래?

○ 내 인생 단계에 맞게 충분히 움직이니?

○ 얼마나 운동하는 것이 적당하겠니? 나한테 맞는 운동은 뭘까?

○ 근력 운동과 균형 운동을 하고 있니?

○ 내 관절은 든든하니? 관절 건강을 위해 뭘 하고 있니?

○ 자세를 바르게 유지하기 위해 뭘 하고 있니?

○ 계단을 이용하니? 날마다 산책하니?

○ 현재 인생 단계와 활동 수준에 맞춰 음식과 알코올 섭취량을 조절했니?

○ 현재의 식습관을 어떻게 포기할 거니? 왜 그래야 하지? 현재 식습관의 문제점
   은 뭘까?

○ 어떻게 하면 음식과 조화로운 관계를 맺을 수 있을까?

○ 집에서 즐겨 요리하니? 외식한다면 어떻게 먹는 것이 좋을까?

○ 비타민을 비롯한 보충제가 필요하니?

○ 물을 얼마나 마셔야 충분할까? 적절한 일일 섭취량은 얼마일까?

○ 하루에 몇 가지 색깔의 음식을 먹니?

○ 하루 세끼를 꼬박 챙겨 먹니? 끼니를 걸렀다가 나중에 폭식하지 않니?

○ 식사와 식사 사이에 군것질을 많이 하니? 배고프지 않아도 음식을 달고 사니?

○ 몸에 좋지 않은 음식이나 식습관을 고집하니?

○ 폐경기 이후를 준비하고 있니?

○ 에스트로겐 수치가 떨어졌니?

○ 칼슘 보충제가 필요하니?

○ 무엇 때문에 아침에 눈을 뜨니? 앞으로는 무엇 때문에 아침에 눈을 뜰 거니?

○ 장기적으로 재정 상태가 안정적이니?

○ 내 인생 3막은 뭘까? 3.5막은?

○ 날마다 '나를 위한 시간'이 있니? 휴가를 떠난 지 오래됐니?

○ 영적인 삶을 살고 있니?

○ 다양한 연령대 사람들과 관계를 유지하고 있니?

○ 의지할 수 있는 친구들이 있니?

○ 원만한 성생활을 하고 있니?

○ 잠자리에 들기 전에 취하는 의식은 뭐니?

○ 매일 몇 시간씩 자니? 그 정도면 충분하니?

○ 오늘 웃어본 적이 있니?

○ 놀이가 뭐라고 생각하니? 주로 어떤 놀이를 하니?

Women aging with attitude
당당하게 나이 드는 아름다운 여성들

나는 당당하게 나이 드는 여성들에 대해 친구 에린과 이야기를 나누었다. 강력히 지지하는 이유가 한 가지 이상 있는 인물들이었다. 우리는 이런저런 이유로 주변에서 롤모델로 존경받는 사람들을 개인적으로 많이 알고 있다. 무대를 전 세계로 넓혀 정치가와 배우, 스포츠 스타와 화제의 인물 중에서도 꼽을 수 있다. 우리는 우리를 고무시키는 유명한 여성들을 뽑아볼 요량으로 몇백 명이나 되는 친구들에게 온라인 설문지를 돌렸다.

꽤 많은 인물을 추천받았지만 프랑스 여자는 많지 않았다. 추천받은 인물들 중 600년 전에 살았던 잔 다르크는 천수를 누리지 못하고 열아홉 어린 나이에 화형에 처해졌다. 마담 클리코 Madame Clicquot 는 내가 강연에서 수백 번도 더 언급했던 유명 인사이다. '미망인' 클리코는 당당하게 나이 든 프랑스의 대표적 여성이다. 1806년에 남편과 갑자기 사별한 그녀는 남편이 운영하던 작은 샴페인 사업을 기술 혁신과 마케팅 혁신으로 세계 최고의 샴페인 회사로 키워내고, 최초의 근대 여성 사업가로 우뚝 섰다. '단 하나, 최상급 품질'만 고집한다는 모토는 그녀의 이름을 따서 지은 회사를 독보적으로 성장시켰다.

하지만 마담 클리코도 오래전에 세상을 떠났다. 그렇다면 오늘날 당당하게 나이 드는, 통찰력을 지닌 인물은 누구를 꼽을 수 있을까?

엘리자베스 2세 Elizabeth II 영국 여왕은 천수를 누리고 있으며, 평생 봉사하는 삶을 실천했고 거의 모든 사람들에게 존경받는다. 그녀는 일과 생활이 분리되지 않고 늘 일하는 것 같다. 화가 나면 손가락에 낀 결혼반지를 만지작거리거나 "즐겁지 않구나."라고 말한다고 한다. 아, 그리고 바삭하고 달콤한 쇼트 브레드 쿠키를 여전히 즐긴다.

미우치아 프라다 Miuccia Prada 는 청바지를 입지 않으며(나도 그렇다),

독특한 패션으로 자신의 당당함을 드러낸다. 오늘날 세계에서 가장 영향력 있는 디자이너 중 한 명으로 꼽힌다. 그녀는 여자가 나이에 연연한다면 크나큰 감옥에 스스로 갇히는 거라고 주장한다.

카트린느 드뇌브 Catherine Deneuve 는 프랑스 여성이다. 섹스 심벌, 예술가, 라이프스타일 모델, 사회적 우상 등 갖가지 수식어로 널리 칭송받는다. 우아한 외모와 인생의 여러 단계를 거치며 보여준 다양한 활동 덕분에 그런 영예를 누리기에 부족함이 없다. 나이 들어서도 여전히 매혹적인 모습으로 세간의 시선을 끈다. 시대를 초월한 우상으로 추앙받지만, 그녀는 정원을 가꾸며 평범한 사람처럼 살아간다. 게다가 100살 넘은 노모를 살뜰하게 보살핀다.

소피아 로렌 Sophia Loren 은 이탈리아가 배출한 최고의 영화배우로, 다시는 그녀처럼 훌륭한 여배우를 보지 못할 것이다. 여전히 스타 연기자로 사랑받는 그녀에게 "젊음의 묘약이 무엇입니까?"라고 물으면, "어머니의 DNA와 아침마다 혼자서 하는 40분의 운동이예요."이라고 대답한다. 그녀는 파티에서 온갖 달콤한 디저트에 유혹을 느끼지만 일주일 동안 쫄쫄 굶지 않으려고 조금만 먹는다고 고백한다. 혹시라도 그 달콤한 유혹에 넘어가 양껏 먹는다면, 아마 며칠 동안 엄격하게 식단을 조절할 것이다. 내가 늘 그러는 것처럼……

소니아 소토마요르^{Sonia Sotomayor}는 아메리칸드림을 실현한 여성이다. 히스패닉 최초로 미연방 대법관에 오른 입지전적 인물로, 그녀의 삶은 전설에 나오는 영웅 이야기와 유사하다. 푸에르토리코 출신 이민자 가정에서 태어나 알코올 중독인 아버지를 아홉 살 때 여의고 고아였던 무뚝뚝한 어머니 밑에서 자랐다. 뉴욕 브롱크스의 빈민촌에서 생활하고 일곱 살 때부터 1형 당뇨병을 앓았지만 영민함과 굳센 의지, 피나는 노력으로 법조계 최고 지위까지 올랐다. 2009년, 그녀가 50대 중반에 연방 대법관으로 선출되자 전 세계가 그녀의 성취와 인품에 주목했다. 1992년까지 살아온 이야기를 기록한 회고록은 수많은 사람들을 감동시켰으며, 2012년에서 2013년까지 베스트셀러에 올라 있었다.

타오 포천^{Tao Porchon}은 '뉴욕의 평범한 요가 강사'라고 자처하지만 6년만 지나면 100살이 된다. 그녀는 "목숨이 붙어 있는 한 춤을 추고 요가 수련을 할 생각이에요."라고 당당하게 말한다.

트리샤 브라운^{Trisha Brown}은 미국의 현대 무용가이자 안무가이다. 설치물을 이용한 즉흥적 움직임의 대가로서 프랑스인의 사랑을 듬뿍 받고 있다. 70대 중반까지 춤을 추고 일흔여섯 살까지 안무가로 활동했다니, 참으로 대단하다. 순수한 움직임과 우아한 몸놀림으로 자신의 색깔을 추구하면서 늘 새로운 시도를 하는 점은 더욱 더 대단하다. 지금도 트리샤 브라운 무용단을 이끌고 있다.

힐러리 클린턴 Hilary Clinton 은 내가 실시한 설문 조사에서 당당하게 나이 드는 여성으로 제일 많이 언급되었다. 사람들은 그녀의 정책이 좋든 싫든 상관없이 그녀를 대단히 존경하는 여성으로 꼽는다. 미국 여성 최초로 차기 대권 후보로 거론되고 있으며, 공인으로서 품위와 투철한 윤리의식을 지녔다.

앙겔라 메르켈 Angela Merkel 독일 총리는 탁월한 리더십과 굳은 결단력으로 남녀 지도자들 사이에서 단연 두각을 나타내는 인물이다. 독일은 물론 유럽 전체를 강력하게 이끌고 있으며, 차세대 지도자들에게 귀감이 되고 있다.

미셸 오바마 Michelle Obama 는 탁월한 교육적 성과를 거두었고 교육관도 투철하다. 또한 가족의 가치를 소중히 여기고 탄탄한 팔뚝과 뛰어난 패션 감각을 자랑하며 백악관의 아름다운 정원을 손수 가꾼다고 한다. 무엇보다도 미국인의 식습관을 바꾸려는 노력을 꾸준히 실천하고 있다. 사람들은 오바마 대통령의 두 번째 취임식에 그녀가 어떤 의상과 디자이너를 선택할지를 놓고 한참 떠들기도 했다.

메릴 스트립Meryl Streep을 언급하지 않을 수 없다. 카트린느 드뇌브는 그녀를 당대 최고 여배우라고 칭찬했다. 탁월한 언어 능력과 천부적 연기 덕분에 60대인 지금도 가장 바쁜 여배우로 활약하고 있다. 영화 흥행사에 새로운 기준을 수립한 그녀는 어떤 역할도 훌륭하게 소화한다. 품위와 스타일, 침착한 태도 면에서 단연 돋보인다.

헬렌 미렌Helen Mirren 역시 존경받아 마땅한 여배우이다. 60대 후반 나이에도 고혹적인 금발로, 때로는 이지적인 은발로 스크린을 후끈 달군다. 또한 엘리자베스 2세 여왕 역을 맡아 대중의 뇌리에서 지워지지 않는 연기를 펼쳤다. 아울러 67세에 '올해 최고의 몸짱 여성'으로 꼽혔다. 뛰어난 스타일과 성과뿐만 아니라 당당하게 나이 드는 것으로도 유명하다. 일찍부터 자유분방한 예술가로 살았으며, 53세에 결혼해 젊은 커플 못지않게 뜨겁게 살고 있다. 나이 들었다고 후줄근하게 입기보다는 늘 멋지게 차려입는다. 왼손에 새긴 별 문신은 그녀를 더욱 반짝이게 한다.

베아트리체 페랑Béatrice Ferrant은 파리의 패션 현장에서 독특한 스타일과 테크닉을 자랑하는 여성 디자이너이다. 혁신을 부르짖던 코코 샤넬은 떠나고 이젠 그녀의 브랜드만 남았다. 그래서 나는 열정적이고 독립적인 베아트리체 페랑 같은 디자이너를 좋아한다. 6번가에 있는 그녀의 작은 부티크에는 '적을수록 좋다'는 그녀의 신념이 담긴 멋진 의상들이 걸려 있다. 당당하게 나이 먹으려면 적을수록 더 좋다는 내 생각과 확실히 통하는 구석이 있다.

자하 하디드 Zaha Hadid 는 건축계의 최고상인 프리츠커 건축상 Pritzker Architecture Prize을 수상한 최초의 여성 건축가이다. 중력을 포함해 어떤 법칙도 따르지 않는 것 같은 파격적 디자인과 건축물로 유명하다.

오노 요코 Yoko Ono는 가냘픈 몸으로 온갖 인신공격과 납치, 국외 추방, 암살 위협을 꿋꿋하게 견뎌낸 여성이다. 시간이 흐르면서 자신에게 쏟아지던 온갖 혐의를 벗었고, 갖은 조롱과 비난에도 전혀 굴하지 않으며 당당하게 나이를 먹었다. 그녀는 대중의 사랑을 받지 않아도 되는 궁극적 페미니스트로 묘사된다. 사람들이 자신을 어떻게 생각하는지 전혀 신경 쓰지 않는다. 그녀의 목적은 예술 행위를 통해서, 그리고 적나라한 진실을 까발려서 사람들을 해방시키는 것이다.

아웅 산 수 치 Aung San Suu Kyi 는 미얀마의 민주화 운동을 위해 평생을 바친 여성이다. 60대 나이에도 고운 얼굴을 간직하고 있으며 1991년에 노벨 평화상을 수상했다. 아울러 그녀의 일생을 다룬 영화를 통해서 어떠한 핍박에도 굴하지 않는 강인한 의지를 만방에 알렸다.

잔느 모로Jeanne Moreau는 프랑스에서 가장 뛰어난 여배우 중 한 명이다. 가수와 감독으로도 활약하고 있다. 여든다섯을 넘긴 나이에도 여전히 활발하게 활동하고, 자극적인 말로 사람들의 경각심을 불러일으킨다. 안타깝게도 여전히 담배를 피운다. (그녀의 쪼글쪼글한 주름이 나이 때문만은 아니라고 본다.) 프랑스인다운 스타일과 당당한 태도를 간직한 여배우로, 우리 세대에게는 〈쥘과 짐Jules et Jim〉이라는 영화로 기억에 남아 있다. 2012년 상영된 코미디 영화 〈파리의 숙녀Une Estonienne à Paris〉에서 카리스마 넘치는 노부인의 모습으로 변치 않는 여성미를 보여주었다.

내가 제일 소중하게 여기는 인물은 뭐니 뭐니 해도 가장 어린 내 친구이다. 머리말에서 언급했던 남자 친구가 아니라 시몬느라는 세 살 난 여자아이다. 시몬느는 가공식품을 입에 대본 적이 없고, 어린 나이지만 요리하는 법을 배우기 시작했다. 지난 크리스마스에는 산타에게 처음으로 편지를 썼다. 크리스마스 선물로 제일 받고 싶은 물건이 스카치테이프라고 한다. 시내에서 우연히 산타클로스를 만났을 때, 시몬느는 주저하지 않고 산타에게 자기 편지를 받았느냐고 물었다.

"참, 제가 스카치테이프를 받게 될까요?"

그러자 프랑스인 기질이 다분한 산타가 이렇게 대답했다.

"암, 산타 할머니가 챙겨주실 거란다."

시몬느는 뛸 듯이 기뻐했다. 실용적인 선물을 기대하는 마음도 기특하고 아이다운 상상력도 참으로 귀여웠다.

볼테르의 작품 중 가장 유명한 〈캉디드〉의 끝 부분에서 주인공 캉디드가 이렇게 말한다.

"우리는 우리의 밭을 일궈야 한다Il faut cultiver son jardin."

이 책에서 캉디드는 실용주의를 위해 팡그로스의 유토피아적 낙관주의를 거부한다. 캉디드는 절반밖에 이해하지 못했지만 시몬느는 제대로 이해했다. 우리에게는 낙관주의와 실용주의가 둘 다 필요하다. 즉 긍정적이고 진보적인 태도를 지니는 것은 물론 밭을 가꿀 현실적 계획을 세우고 꾸준히 실천해야 한다.

밭을 일구듯 인생과 철학에서 실천적으로 노력한 볼테르는 그 사실을 잘 알았다. 밭이나 정원은 꿈과 상상력을 실현하는 공간이지만, 미적으로 보기 좋은 결과물을 얻으려면 계획하고 관리해야 하며 특히 잡초를 뽑아줘야 한다는 사실을 그도 익히 알았다. 가꾼 지 오래된 밭은 이제 막 씨를 뿌린 밭보다 더 많이 돌보고 경작해야 한다. 자연이 우리에게 최상의 모습을 보여주길 바라면서 정성껏 가꾸다 보면 기대와 희망이 생긴다. 풍성한 작물을 수확하려면 운도 따라야 한다. 병충해 등으로 수확이 신통찮아도 내년을 기약하며 최선을 다해야 한다. 밭이나 정원을 가꾸는 일은 현실에 바탕을 두고서 긍정적이고 미래지향적인 태도를 지니는 실용주의와 일맥상통한다. 어린 시몬느는 그 점을 제대로 이해했다. 물론 시몬느는 그해 크리스마스에 당연히 스카치테이프를 받았다.

　당신도 당신의 밭을 즐겁게 가꾸길 바란다. 아울러 당신에게 행운과 건강이 함께하길 간절히 빈다.

감사의 말

프랑스 여자는 친구의 도움 없이 책을 쓰지 않는다. 이 책도 여러 친구들에게 들은 조언과 이야기로 더욱 알차고 풍성해졌다. 그들의 이름을 실명으로도 언급했고, 프라이버시를 위해 가명을 쓰기도 했다. 여기에 언급하지 않은 친구들까지 포함해 모두에게 고마움을 전한다. 앞으로도 든든한 지원군이 되어줄 거라 믿는다.

이 책이 탄생하는 데 결정적으로 기여한 에이전트 케시 로빈스에게 깊이 감사드린다. 그녀는 어느 날 뜬금없이 "《프랑스 여자는 늙지 않는다》가 다음에 쓰실 책이에요."라고 말하더니 끝까지 밀어붙였다. 책 제목과 출판 계약서를 던져주고는 내용물이 채워질 때까지 2년이나 기다려주었다. 기존 독자들과 새로 합류할 독자들이 노화에 관한 내 조언을 반겨주고 많이 배우고 싶어 할 거라고 굳게 믿었기 때문이다. 그녀의 믿음이 헛되지 않기를 바란다. 혹시라도 부족하거든 나를 탓하시라. 다행히 독자들은 내게 이 책을 쓰도록 많이 격려해주었다. 내게 무한한 신뢰를 보내준 독자들에게도 깊이 감사드린다.

지금까지 여러 권의 책을 쓰는 과정에서 유능하고 든든한 팀이 탄생했다. R. '닉' 니콜스는 출간된 모든 책의 삽화를 멋지게 그려주었다. 그의 독특한 삽화 덕분에 책의 시각적 이미지가 확 살아났다. 에린 존스 아이첸스타인이 이번에도 원고를 다듬는 데 노움을 주었다. 초고를 읽고 좋은 아이디어를 제안하고 격려도 많이 해주었다. 사라 헌 모리슨도 프랑스어와 영어가 혼용된 초기 원고를 인내와 끈기로 끝까지 읽고 아이디어를 내주었다. 우연히 두 사람은 비슷한 시기에 각기 결혼했다. 결혼 준비로 바빴을 텐데도 지난번 책과 이번 책이 빛을 볼 수 있도록 도와준 두 사람에게 고마운 마음을 전한다.

팀에 새로 합류한 카렌 머골로 부사장에게도 감사드린다. 그녀는 그랜드 센트럴 라이프&스타일 출판사의 부사장 겸 편집국장이며, 이 책과 다음 책의 편집을 맡아서 진행한다. 간섭하거나 부담주지 않으면서 대단히 조직적이고 효율적으로 일을 처리한다. 그녀의 지원과 격려와 전문적 기술을 높이 산다.

남편 에드워드는 지난 몇 년 동안 거의 매일 이 책과 함께 살아야 했다. 그런데도 늘 미소를 잃지 않고 내 얘기를 들어준 걸 보면 사랑의 기적인 것 같다. 아침과 저녁 식사 중에 이 책과 관련된 온갖 아이디어와 정보를 떠들면, 그는 "흥미로운 아이디어야. 그런데 그게 당당하게 나이 먹는 것과 무슨 상관이 있지?"라는 질문을 던졌다. 그와 이야기를 나누면서 두루뭉술하던 생각을 정리하고 다듬을 수 있었다. 남편 덕분에 내 삶이 더욱 좋아지고 풍요로워졌다.